Reli Real Schule

10

Lehrerkommentar

Herausgegeben von
Prof. Dr. Georg Hilger und Prof. Dr. Elisabeth Reil

Erarbeitet von
Klaus König
Peter Slesiona
Chiara Thoma (verantwortlich)

Kösel

Reli Realschule

Unterrichtswerk für katholische Religionslehre an Realschulen in den Klassen 5-10

Herausgegeben von
Prof. Dr. Georg Hilger und Prof. Dr. Elisabeth Reil

Reli Realschule 10 – Lehrerkommentar

Erarbeitet von
Klaus König, Elisabeth Reil, Peter Slesiona, Chiara Thoma (verantwortlich)

Copyright © Kösel-Verlag, in der Verlagsgruppe Random House, München

Folgt der aktuellen Rechtschreibung (2006)
Alle Rechte vorbehalten. Das Werk und seine Teile sind urheberrechtlich geschützt.
Jede Nutzung in anderen als den gesetzlich zugelassenen Fällen bedarf deshalb der
vorherigen schriftlichen Einwilligung des Verlages.
Hinweis zu § 52 a UrhG: Weder das Werk noch seine Teile dürfen ohne eine solche
Einwilligung eingescannt und in ein Netzwerk eingestellt werden.
Das gilt auch für Intranets von Schulen oder sonstigen Bildungseinrichtungen.

Umschlag: Kaselow Design, München
Satz: Kösel-Verlag, München
Notensatz: Christa Pfletschinger, München
Druck und Bindung: Kösel, Krugzell
Printed in Germany

ISBN 10: 3-466-50686-7
ISBN 13: 978-3-466-50686-6

Der Kösel-Verlag ist Mitglied im »Verlagsring Religionsunterricht (VRU)«.

www.koesel.de

Vorwort

Liebe Kollegin, lieber Kollege,

dieser **Lehrerkommentar** zum Schülerbuch **Reli Realschule 10** will Ihnen eine Hilfe sein: informierend, inspirierend und entlastend.

Informieren will der **Lehrerkommentar** über den Aufbau und die religionsdidaktische Ausrichtung des jeweiligen Kapitels, über Verknüpfungsmöglichkeiten mit anderen Themen im Schülerbuch und über Beziehungen der Themen mit Themen anderer Fächer. Vor allem bietet er notwendiges Hintergrundwissen zu den Einzelelementen des Schülerbuchs, seien es Bilder, Lieder, erzählende Texte oder theologische Sachinformation. Absicht der Autorinnen und des Autors ist es, solche Informationen zur Verfügung zu stellen, die das Konzept und die Elemente des Schülerbuchs transparent machen und die hilfreich sind, mit dem Thema und dem Schülerbuch eigenständig umzugehen.

Inspirieren und keineswegs gängeln wollen die vielen methodischen Anregungen zur Unterrichtsgestaltung mit recht unterschiedlichem Anspruch je nach Lernmöglichkeiten der Schülerinnen und Schüler des 10. Schuljahres und mit recht unterschiedlichem Zeitbedarf. Auch hierfür, wie auch für die Elemente des Schulbuchs und die unterrichtlichen Vorschläge auf den Ideenseiten gilt: Weniger kann mehr sein: Setzen Sie sich nicht unter Druck, möglichst allen Vorschlägen zu folgen. Wählen Sie aus und lassen Sie sich durch die Angebote im **Lehrerkommentar** dazu anregen, für Ihre konkrete Situation eventuell angemessenere Unterrichtsschritte zu planen. Was in der einen Klasse nicht durchführbar erscheint, kann in einer anderen Klasse sinnvoll und produktiv sein.

Entlasten wollen sowohl die komprimierten informativen Texte und Unterrichtsskizzen im **Lehrerkommentar** als auch die zahlreichen Kopiervorlagen für Lied-, Text- und Arbeitsblätter. Welche davon übernommen, vergrößert und modifiziert werden, das bleibt natürlich Ihre Entscheidung.

Noch ein Wort zu dem denkbar knappen und sachlichen Titel der Reihe **Reli Realschule**. Verlag und Herausgeber haben sich anregen lassen von einem Werbeprospekt der katholischen und der evangelischen Kirchen zur Bedeutung des Religionsunterrichts heute. Auch dieses Unterrichtswerk will werben für einen Religionsunterricht, der seinen spezifischen Beitrag zum Bildungsauftrag der Schule leistet und der die jungen Menschen bei ihrer religiösen Entwicklung begleitet unter anderem dadurch, dass er ihre religiöse Wahrnehmungs-, Gestaltungs- und Urteilsfähigkeit stärkt.

Wir hoffen, dass das Schülerbuch **Reli Realschule 10** und der von den Autorinnen und dem Autor mit viel Engagement und Sorgfalt erstellte **Lehrerkommentar** Ihnen eine echte Hilfe sind, Sie entlasten und Sie inspirieren.

Die Herausgeber von Reli Realschule
und das Schulbuchlektorat des Kösel-Verlags

Inhalt

1 Jesus Christus neu entdecken

Das Thema im Schulbuch 10
Verknüpfungen mit anderen Themen im Schulbuch 11
Verbindungen mit anderen Fächern 11

Titelseite 7: Jesus Christus neu entdecken 11
    1. Hintergrund 11
    2. Einsatzmöglichkeiten im RU 12

Themenseite 8-9: »... für wen haltet ihr mich?« 12
    1. Hintergrund 12
    2. Einsatzmöglichkeiten im RU 14
    AB 10.1.1 *Arbeitsblatt:* Ein Gebet von Ignatius von Loyola 15

Ideenseite I 10-11 16

Deuteseite I 12-13: Das Kreuz als Symbol der Rettung 16
    1. Hintergrund 16
    2. Einsatzmöglichkeiten im RU 19

Deuteseite II 14-15: festgenagelt 19
    1. Hintergrund 19
    2. Einsatzmöglichkeiten im RU 20
    AB 10.1.2 *Kopiervorlage:* festgenagelt 21
    AB 10.1.3 *Gestaltungsvorlage:* Christus-Ikone 23

Infoseite I 16-17: Was sagen die literarischen Quellen über Jesus? 22
    1. Hintergrund 22
    2. Einsatzmöglichkeiten im RU 24
    AB 10.1.4 *Texte:* Jesus in nicht-biblischen Quellen 25
    AB 10.1.5 *Arbeitsblatt:* Der Weg Jesu nach dem Markusevangelium 27

Infoseite II 18-19: Wer ist dieser Mensch? 26
    1. Hintergrund 26
    2. Einsatzmöglichkeiten im RU 30
    AB 10.1.6 *Arbeitsblatt:* Würdetitel für Jesus 31

Deuteseite III 20-21: »Die Meinen kennen mich ...« 30
    1. Hintergrund 30
    2. Einsatzmöglichkeiten im RU 32

Deuteseite IV 22-23: Lebensbilder 33
    1. Hintergrund 33
    2. Einsatzmöglichkeiten im RU 36
    AB 10.1.7 *Arbeitsblatt:* Jesusdarstellungen in der christlichen Kunst –
    Spiegel unseres Menschseins 37

Deuteseite V 24-25: Jesus aus anderer Perspektive 38
    1. Hintergrund 38
    2. Einsatzmöglichkeiten im RU 41
    AB 10.1.8 *Arbeitsblatt:* Kreuzigung I – III 43

Stellungnahmen 26: Für wen haltet ihr mich? 42
    1. Hintergrund 42
    2. Einsatzmöglichkeiten im RU 44

Literatur 44

2 Aufbruch zu Partnerschaft, Ehe und Familie

Das Thema im Schulbuch 45
Verknüpfungen mit anderen Themen im Schulbuch 45
Verbindungen mit anderen Fächern 46

Titelseite 27: Aufbruch zu Partnerschaft, Ehe und Familie 46
    1. Hintergrund 46
    2. Einsatzmöglichkeiten im RU 46
    3. Weiterführende Anregung 47

Themenseite 28-29: Partner schaf(f)t 47
    1. Hintergrund 47
    2. Einsatzmöglichkeiten im RU 47
    AB 10.2.1 *Arbeitsblatt*: Aussprüche zur Liebe 49
    3. Weiterführende Anregung 47

Ideenseite 30-31 48

Deuteseite I 32-33: Traum-Partner/in 48
    1. Hintergrund 48
    2. Einsatzmöglichkeiten im RU 50

Deuteseite II 34-35: Über die Liebe 50
    1. Hintergrund 50
    2. Einsatzmöglichkeiten im RU 54
    AB 10.2.2 *Lied*: Lasst uns leben 51
    AB 10.2.3 *Textvorlage*: Über die Liebe 52

Infoseite I 36-37: Gott sagt »Ja« zu den Menschen 56
    1. Hintergrund 56
    2. Einsatzmöglichkeiten im RU 56
    AB 10.2.4 *Arbeitsblatt*: Warum wir kirchlich heiraten wollen 55

Deuteseite III 38-39: Blickrichtung 56
    1. Hintergrund 56
    2. Einsatzmöglichkeiten im RU 58
    AB 10.2.5 *Text*: Ein Liebesgedicht 57

Infoseite II 40-41: Liebe und ... Partnerschaft und Ehe 60
    1. Hintergrund 60
    2. Einsatzmöglichkeiten im RU 60
    AB 10.2.6 *Arbeitsblatt*: Den Rucksack packen 59
    AB 10.2.7 *Text*: Lernprozess 59
    AB 10.2.8 *Text*: Kommunikationsregeln 61

Infoseite III 42-43: Die Familie – besonders schützenswert? 62
    1. Hintergrund 62
    2. Einsatzmöglichkeiten im RU 66

AB 10.2.9 *Liedtext*: Wenn du da bist	63
AB 10.2.10 *Texte*: Spruchweisheiten über Kinder	64
AB 10.2.11 *Arbeitsblatt*: Ich wünsche mir einmal Kinder, weil ...	67
3. Weiterführende Anregung	66

Infoseite IV 44-45: Gleichgeschlechtliche Partnerschaft ... 68
    1. Hintergrund ... 68
    2. Einsatzmöglichkeiten im RU ... 68
    AB 10.2.12 *Arbeitsblatt*: Fragebogen zum Thema Homosexualität ... 69
    AB 10.2.13 *Text*: Jeder Mensch ist bisexuell ... 70
    AB 10.2.14 *Text*: Mein bester Freund ist schwul ... 71

Infoseite V 46-47: Ehelosigkeit um des Himmelreiches willen ... 72
    1. Hintergrund ... 72
    2. Einsatzmöglichkeiten im RU ... 72
    AB 10.2.15 *Text*: Wusstest du schon? ... 73
    AB 10.2.16 *Text*: Stellenangebot ... 73
    3. Weiterführende Anregung ... 72

Stellungnahmen 48: Es ist Unsinn ... 74
    1. Hintergrund ... 74
    2. Einsatzmöglichkeiten im RU ... 74
    AB 10.2.17 *Texte*: Definitionen von Liebe ... 75

Literatur ... 74

3 Dürfen wir alles, was wir können?

Das Thema im Schulbuch ... 77
Verknüpfungen mit anderen Themen im Schulbuch ... 77
Verbindungen mit anderen Fächern ... 78

Titelseite 49: Dürfen wir alles, was wir können? ... 78
    1. Hintergrund ... 78
    2. Einsatzmöglichkeiten im RU ... 79

Themenseite 50-51: Fragen am Anfang und am Ende des Lebens ... 79
    1. Hintergrund ... 79
    2. Einsatzmöglichkeiten im RU ... 80
    3. Weiterführende Anregung ... 81

Ideenseite 52-53 ... 81

Deuteseite I 54-55: Nach seinem Bilde ... 81
    1. Hintergrund ... 81
    2. Einsatzmöglichkeiten im RU ... 82
    AB 10.3.1 *Text*: Nach seinem Bilde ... 83
    AB 10.3.2 *Arbeitsblatt*: Gesicht und Kreuz ... 85

Deuteseite II 56-57: Was muss ich mir beweisen? ... 84
    1. Hintergrund ... 84
    2. Einsatzmöglichkeiten im RU ... 86
    AB 10.3.3 *Arbeitsblatt*: Ein Experiment ... 87
    AB 10.3.4 *Text*: Bitte antworten Sie! ... 88
    AB 10.3.5 *Arbeitsblatt*: Ethisches Handeln ... 89
    3. Weiterführende Anregung ... 86

Infoseite I 58-59: Präimplantationsdiagnostik: sehen 90
    1. Hintergrund 90
    2. Einsatzmöglichkeiten im RU 92
    AB 10.3.6 *Kreuzworträtsel*: Präimplantationsdiagnostik 91
    3. Weiterführende Anregung 92

Deuteseite III 60-61: ... urteilen, handeln 94
    1. Hintergrund 94
    2. Einsatzmöglichkeiten im RU 94
    AB 10.3.7 *Arbeitsblatt*: Präimplantationsdiagnostik: ... urteilen, handeln 93
    AB 10.3.8 *Arbeitsblatt*: Präimplantationsdiagnostik und Menschenwürde 95

Deuteseite IV 62-63: Bilder vom Sterben 96
    1. Hintergrund 96
    2. Einsatzmöglichkeiten im RU 98
    AB 10.3.9 *Arbeitsblatt*: Mein/e Bild/er vom Sterben 97
    AB 10.3.10 *Arbeitsblatt*: Intensivstation 99
    3. Weiterführende Anregung 100

Infoseite II 64-65: Sterbehilfe? 102
    1. Hintergrund 102
    2. Einsatzmöglichkeiten im RU 102
    AB 10.3.11 *Arbeitsblatt*: Eine Falldiskussion zur Sterbehilfe 101
    AB 10.3.12 *Text*: Die Patientenverfügung 105
    3. Weiterführende Anregung 103

Stellungnahmen 66: Das Dammbruch-Argument 103
    1. Hintergrund 103
    2. Einsatzmöglichkeiten im RU 104

Literatur 104

4 Frei werden zum Neubeginn

Das Thema im Schulbuch 106
Verknüpfungen mit anderen Themen im Schulbuch 106
Verbindungen mit anderen Fächern 106

Titelseite 67: Frei werden zum Neubeginn 107
    1. Hintergrund 107
    2. Einsatzmöglichkeiten im RU 107
107
Themenseite 68-69: Unfreiheit und Befreiung 107
    1. Hintergrund 107
    2. Einsatzmöglichkeiten im RU 107

Ideenseite 70-71 108

Deuteseite I 72-73: Kopfhaut 108
    1. Hintergrund 108
    2. Einsatzmöglichkeiten im RU 109

Deuteseite II 74-75: Soziale und strukturelle Sünde 109
    1. Hintergrund 109

  2. Einsatzmöglichkeiten im RU 110
  AB 10.4.1 *Arbeitsblatt:* Teufelskreis Armut 111
  AB 10.4.2 *Lied:* Du kannst der erste Ton sein 113

Deuteseite III 76-77: Haus ohne Mitleid 110
  1. Hintergrund 110
  2. Einsatzmöglichkeiten im RU 112

Deuteseite IV 78-79: Jesus und die Sünderin 114
  1. Hintergrund 114
  2. Einsatzmöglichkeiten im RU 114
  AB 10.4.3 *Arbeitsblatt:* Jesus und die Ehebrecherin 115
  AB 10.4.4 *Lied:* Weil du »Ja« zu mir sagst 115

Deuteseite V 80-81: Unverdiente Versöhnung 116
  1. Hintergrund 116
  2. Einsatzmöglichkeiten im RU 116
  AB 10.4.5 *Kopiervorlage:* Einfühlbilder 117
  AB 10.4.6 *Text:* Hundert weiße Bänder 119
  AB 10.4.7 *Text:* Die Heimkehr 120

Deuteseite VI 82-83: Wer hilft mir? 118
  1. Hintergrund 118
  2. Einsatzmöglichkeiten im RU 118
  AB 10.4.8 *Lied:* The Beatles, Help 121
  AB 10.4.9 *Arbeitsblatt:* Mögliche gute und schlechte lebendige Eigenschaften der Menschen 123
  AB 10.4.10 *Text:* Dein Leben 125

Infoseite I 84-85: Verschiedene Schritte der Versöhnung 122
  1. Hintergrund 122
  2. Einsatzmöglichkeiten im RU 122
  AB 10.4.11 *Text:* Moderner Beichtspiegel 126
  3. Weiterführende Anregung 124

Stellungnahmen 86: Wie ein Fest nach langer Trauer 124
  1. Hintergrund 124
  2. Einsatzmöglichkeiten im RU 124
  3. Weiterführende Anregungen 124

Literatur 124

5 (Über)Morgen leben

Das Thema im Schulbuch 127
Verknüpfungen mit anderen Themen im Schulbuch 127
Verbindungen mit anderen Fächern 127

Titelseite 87: (Über)Morgen leben 128
  1. Hintergrund 128
  2. Einsatzmöglichkeiten im RU 128
  3. Weiterführende Anregung 129

Themenseite 88-89: Wege in die Zukunft 129
  1. Hintergrund 129

2. Einsatzmöglichkeiten im RU	130
AB 10.5.1 *Arbeitsblatt*: Wege in die Zukunft	131

Ideenseite 90-91 130

Deuteseite I 92-93: Vom Ende her denken 132
    1. Hintergrund 132
    2. Einsatzmöglichkeiten im RU 134
    AB 10.5.2 *Arbeitsblatt*: Vorhandenes + Mögliches = Wirklichkeit! 133
    3. Weiterführende Anregung 134

Infoseite I 94-95: Christen mischen sich ein 136
    1. Hintergrund 136
    2. Einsatzmöglichkeiten im RU 136
    AB 10.5.3 *Text*: Grundsätze der katholischen Soziallehre 135
    AB 10.5.4 *Text*: Stopp dem Pleitegeier: Wege aus der Überschuldung 137

Infoseite II 96-97: Kein Überleben ohne Weltethos? 138
    1. Hintergrund 138
    2. Einsatzmöglichkeiten im RU 140
    AB 10.5.5 *Text*: Erklärung zum Weltethos 139
    AB 10.5.6 *Arbeitsblatt*: Für eine Kultur der Gewaltlosigkeit und der Ehrfurcht vor dem Leben:
Die Frage nach dem Schwangerschaftsabbruch 141

Infoseite III 98-99: Zukunft für die Eine Welt 142
    1. Hintergrund 142
    2. Einsatzmöglichkeiten im RU 144
    AB 10.5.7 *Text*: Bananen – fair gehandelt 143
    AB 10.5.8 *Arbeitsblatt*: Zwar ist Geld nicht alles, aber 145
    3. Weiterführende Anregungen 144

Deuteseite II 100-101: Kampf und Kontemplation 146
    1. Hintergrund 146
    2. Einsatzmöglichkeiten im RU 146
    AB 10.5.9 *Text*: Jacques Chéry, Die Welt der Bibel. Das Hungertuch aus Haiti 147
    AB 10.5.10 *Kopiervorlage*: Ein aktualisiertes Hungertuch 149

Stellungnahmen 102-103: Das Freiwillige Soziale Jahr 148
    1. Hintergrund 148
    2. Einsatzmöglichkeiten im RU 150

Literatur 150

Text- und Bildnachweis 151

Jesus Christus neu entdecken

Das Thema im Schulbuch

Jesus Christus – ein Thema, das Sch erwartungsgemäß mit dem Lesen und Erarbeiten biblischer Texte und Inhalte assoziieren und ebenso erwartungsgemäß diesem Umstand mit wenig Interesse oder sogar ablehnend begegnen werden.

Sicherlich ist dieses Kapitel wie wohl kein anderes in diesem Buch an biblischen Befunden orientiert. Bei der Auswahl und Aufbereitung der Kapitelinhalte wurde bewusst darauf geachtet, den Sch eine Begegnung mit Jesus Christus in einer ihnen unbekannten, überraschenden Art zu ermöglichen.

In der 6. Jgst. haben sich Sch im Themenbereich *Jesus von Nazaret: Wer war er wirklich?* (vgl. *Reli Real* 6.3) bereits mit der Person und der Botschaft Jesu Christi auseinandergesetzt. Diese Inhalte werden im vorliegenden Kapitel einerseits aufgegriffen und altersgemäß weitergeführt bzw. ergänzt. Andererseits verlangen die Inhalte von den Sch die Bereitschaft zur kritischen Auseinandersetzung mit dem Bild Jesu Christi in Kirche und Gesellschaft und den Mut zum persönlichen Urteil, indem sie ihnen vielfältige Möglichkeiten einer individuellen Stellungnahme eröffnen.

Das Kapitel bietet eine Vielfalt an Christuszeugnissen an, ausgehend von prägnanten Christusbildern des NT, über die unterschiedlichsten Christusdarstellungen aus verschiedenen Epochen, bis zu aktuellen, bisweilen auch provokanten christologischen Ansätzen der Gegenwart, damit Sch sich am Beispiel Jesu Christi selbst finden und neu orientieren können. Diese »Christologie von unten« macht deutlich, weshalb Christinnen und Christen bekennen, dass Gott in Jesus Mensch geworden ist, und weshalb das Kreuz für sie zum Symbol ihrer Rettung werden konnte (vgl. LP 10.1).

Die *Titelseite 7* zeigt eine von Wolf Vostells Jesus-Variationen. In seiner provozierenden Gestaltung kann das Bild Sch zur kontroversen Stellungnahme und Diskussion anregen. Und es soll Sch auffordern, Fragen zu stellen: Inwieweit lassen sich historische Christusbilder mit aktuellen Aussagen über und Darstellungen von Christus vergleichen? Ist das Heilshandeln Jesu für uns heute relevant?

Themenseite 8-9 gibt mit vielschichtigen Stellungnahmen, Aussagen und Texten zur Person Jesu Christi einen ersten Einblick in die Problematik historischer und moderner Christusrezeption. Gleichzeitig können Sch die eigene Sicht auf Jesus Christus überprüfen und konkretisieren. Die Karikatur verweist auf die Schwierigkeiten einer zeitgemäßen und verständlichen Vermittlung des Heilshandelns Jesu Christi und auf die Gefahren leerer Worthülsen.

Unterschiedliche Ansätze einer persönlichen Begegnung mit Christus hält *Ideenseite 10-11* bereit. Eine erste tiefer gehende Auseinandersetzung mit dem eigenen Christusbild und christologischen Würdetiteln des NT erfahren Sch in den Aufgabenstellungen, die sie zum kreativen Umgang mit der Thematik auffordern.

Person und Wirken Jesu Christi als Erfüllung der atl. Heilsprophezeiung thematisiert *Deuteseite I 12-13*. Die heilsbringende Bedeutung des Todes Jesu und damit verbunden »Das Kreuz als Symbol der Rettung« wird den Sch anhand ausgewählter Textstellen aus AT und NT zugänglich und durch eine Gegenüberstellung bzw. einen Vergleich der beiden Bilder für sie nachvollziehbar.

Der Text »Festgenagelt« auf *Deuteseite II 14-15* schildert Fragen und Probleme, auf die das Heilshandeln Jesu Christi hier und heute eine befreiende und Mut machende Antwort darstellt. Die Christusübermalung von Arnulf Rainer ergänzt und interpretiert das Kernanliegen dieses Textes.

Infoseite I 16-17 stellt zusammen, was aus historischen Quellen über das Leben des historischen Jesus bekannt ist. Die Karte von Palästina bietet die Möglichkeit, den Weg und die Stationen des Lebens Jesu geografisch nachzuvollziehen.

Einen Einblick in die Vielgestaltigkeit von Hoheitstiteln, Bildern und Symbolen für Jesus Christus und deren christologische Relevanz vermittelt *Infoseite II 18-19*.

Exemplarisch für die vielen Symbole und Motive, die im NT auf Jesus Christus angewendet werden, wird auf der *Deuteseite III 20-21* das Bild des »guten Hirten« genauer beleuchtet.

Jesusdarstellungen in Literatur und bildender Kunst enthält *Deuteseite IV 22-23*. Eine durchaus ungewöhnliche und eigenwillige Betrachtung des Lebens und Sterbens Jesu bietet der Text von Peter Handke.

Das Thema »Jesus in der Kunst« soll Sch für die grundlegende Erkenntnis öffnen, dass das über die Jh. stets gewandelte Bild von Christus in der Kunst letztlich ein Spiegelbild der Zeitgenossen und deren Erfahrungen darstellt. Auch dadurch wird die eigenständige Auseinandersetzung und Gestaltung der Sch motiviert.

Auf *Deuteseite V 24-25* werden Person und Botschaft Jesu Christi aus der Perspektive von Frauen analysiert und interpretiert, die gesellschaftlich-emanzipatorische

Relevanz seines Erlösungswerkes vor dem Hintergrund einer feministischen Theologie ausgedeutet.

»Wer bist du?« – »Für wen hältst du mich?« Die Ambivalenz dieser Fragestellung und möglicher Antworten greifen *Stellungnahmen* **26** auf. Durch den Rückbezug auf das Kameramotiv der *Titelseite* erfährt das Kapitel eine Abrundung.

Verknüpfungen mit anderen Themen im Schulbuch

Kapitel 4 Frei werden zum Neubeginn: Die Erfahrung von Umkehr und Versöhnung ist ein zentraler Inhalt der Reich-Gottes-Botschaft Jesu und nicht zuletzt die befreiende Konsequenz seiner Erlösung.

Kapitel 5 (Über)Morgen leben: In radikaler Deutlichkeit und Einfachheit betonte Jesus in seiner Predigt die unantastbare Würde des Menschen. Alle Menschen sind, als Abbild und Geschöpf Gottes, gleich vor Gott und zur Freiheit berufen.

Solidarität im Sinne Jesu bedeutet ein unerschütterliches Eintreten für Würde und Freiheit des Menschen. Jesu Solidarität mit uns war ebenso radikal wie seine Predigt – für unsere Würde und unsere Freiheit starb er den Tod am Kreuz.

Verbindungen mit anderen Fächern

Es ergeben sich einige interessante Anknüpfungspunkte für fächerübergreifende Zusammenarbeit:

Evangelische Religionslehre: Christliche Begründung politischer und gesellschaftlicher Mitverantwortung (10.4)

Deutsch: Texte erschließen (10.4)

Musik: Musik und Sprache (10.2)

Kunsterziehung: Bildliche Interpretation von Text und Musik (10.2), Interaktive Kunstformen (10.3)

Jesus Christus neu entdecken   Titelseite

1. Hintergrund

Die *Titelseite* vermittelt den Sch einen Eindruck des Kapitels: unkonventionell, etwas provozierend, im positiven Sinne anstößig und dennoch an der Person des biblischen Jesus orientiert. Das Objektbild von Wolf Vostell kann dazu beitragen, das möglicherweise traditionell geprägte Bild von Jesus, das den Sch bisher vermittelt wurde, auf den Prüfstand zu stellen, und soll Sch zu Fragen und zur Stellungnahme anstoßen.

> **Wolf Vostell (1932-1998)**
> Wolf Vostell wurde 1932 in Leverkusen geboren. Von 1950 bis 1953 absolvierte er eine Lehre als Fotolithograf und begann 1954 an der Werkkunstschule Wuppertal freie Malerei und experimentelle Typografie zu studieren. Nach weiteren Studien in Paris und Düsseldorf beschloss Vostell, dass sich Kunst auf der Straße ereignen müsse, und bezog als einer der Ersten das Publikum in seine Happenings ein. Er zählte zu den Gründungsvätern und Vertretern der Fluxusbewegung. Vostells Grafiken, Videos und Installationen sind stark gesellschaftspolitisch motiviert und zeugen von seinem Engagement für die Ausgestaltung öffentlicher Räume. Zahlreiche Gruppen- und Einzelausstellungen u. a. in New York, Berlin, Madrid und die Teilnahme an der documenta 6 in Kassel 1977 zeugen von der internationalen Anerkennung seines Werks. Wolf Vostell starb 1998 in Berlin.

Wolf Vostell: »Jesus-Variationen« (über El Greco), 1978/79

Die Augen weit geöffnet, den Blick zum Himmel gerichtet – der spanische Maler El Greco hat einen leidenden, verzweifelten Jesus gezeigt, theatralisch, fast pathetisch überzeichnet. Eine Art der Darstellung, die so gar nicht mehr in unsere moderne, sachliche Zeit passen will.

Wolf Vostell hat in den Jahren 1978-1979 einen Zyklus sogenannter Jesus-Variationen geschaffen. Er griff dabei auf Kreuzigungsbilder aus der europäischen Kunstgeschichte zurück, verwendet Jesusdarstellungen von Velásquez, Tizian, El Greco u. a.

Mit Mitteln der Decollage und Montage stellte Vostell Jesus in seinen Werken in einen völlig neuen, überraschenden Zusammenhang – dieser Jesus will polarisieren und provozieren.

Das Gesicht Jesu wurde fototechnisch auf Leinwand reproduziert, künstlerisch entstellt, verwischt, übermalt. Mitten in das Bild hat der Künstler eine Kleinbildkamera Jesus direkt »vor die Nase« gesetzt. Damit holt er eine Momentaufnahme des Leidens Jesu aus einer längst vergangenen, historischen Zeit in die Gegenwart und stellt sie einer Momentaufnahme der aktuellen Situation des Betrachters gegenüber. Der Betrachter wird so zum Betrachteten. Er wird gleichsam durch das Kameraobjektiv als handelndes Subjekt, als Gegenstand in die Bildkomposition einbezogen. Das Werk gewinnt durch die Person des Betrachters seine eigentliche Botschaft und Aussagekraft.

Vostells Vorstellung, dass jeder Mensch für sich genommen ein Kunstwerk sei, erfährt durch die Umkehrung der Blickrichtung eine überraschende Aktualität. Der Betrachter, dessen Rolle sich vom Subjekt zum Objekt der Betrachtung wandelt, verliert somit den Anspruch der maßgebenden Instanz. Er steht nun im Mittelpunkt des Interesses. So hebt der Künstler die Grenzen zwischen Heute und Gestern, zwischen Leben und Kunst auf.

Jesus Christus, der durch die Kamera auf den Betrachter blickt, der leidende, verzweifelte Jesus fällt sein Urteil über denjenigen, den das Objektiv der Kamera erfasst. Sein ethischer Anspruch, sein Maßstab ist es, an dem sich der Betrachter als das eigentliche Objekt messen lassen muss.

2. Einsatzmöglichkeiten im RU

Original und Übermalung parallel betrachten
- Sch betrachten einige Zeit in Ruhe das Bild von Vostell (OHP).
  Nun treten Sch wie bei einem Museumsbesuch nacheinander vor das Bild, lassen es für kurze Zeit auf sich wirken.
- Sch notieren, welche Gedanken und Empfindungen sie hatten.
- Sch überlegen und notieren, was sie den Mann hinter der Kamera gerne fragen würden und was der Mann hinter der Kamera sie fragen könnte.
- Sch stellen ihre Notizen im Plenum vor und sammeln sie auf einem Plakat oder einer Wandzeitung.

Jesus als Fotoreporter
- Sch überlegen in GA, nach welchen Motiven Jesus Ausschau halten könnte, wenn er heute als Fotoreporter unterwegs wäre.
- Sch entwickeln aus ihren Ideen ein pantomimisches oder szenisches Bild oder ein Bild bzw. eine Collage.

Dies können z. B. Szenen aus dem Alltag sein: Menschen, die Not leiden; Menschen, die sich freuen; Menschen, denen Gewalt angetan wird etc. Oder Einstellungen und Haltungen Jesus gegenüber: ein Tiefgläubiger, ein Zweifler, ein Gleichgültiger etc.

Wo es notwendig ist, kann die Aussage durch Requisiten, Bilder oder Text ergänzt und verdeutlicht werden.

Jede Idee, jedes Bild wird mit einer Digitalkamera aufgenommen, die Bilder werden ausgedruckt und zunächst unkommentiert im Klassenraum ausgestellt.

»... für wen haltet ihr mich?« Themenseite 8 9

1. Hintergrund

Die *Themenseite* eröffnet das Kapitel mit einigen exemplarischen Zeugnissen und Einschätzungen über Jesus aus mehreren Jh. Aussagen bedeutender Persönlichkeiten, von Heiligen der Kirche, aber auch Aussagen heutiger Jugendlicher ermöglichen den Sch entweder Identifikation oder kritische Distanz, lässt sie sich ihrer eigenen Einstellungen bewusst werden und hilft, sich einander mitzuteilen. Im Zentrum steht die zentrale Frage aus Mk 8,29, die Jesus an seine Jünger richtet: »... für wen haltet ihr mich?« Sie zieht sich als Leitwort durch das Kapitel und fordert zu immer neuen Stellungnahmen heraus. Auf *Stellungnahmen* 26 wird noch einmal darauf zurückgegriffen, um Sch zu einer eigenen Antwort auf diese Frage zu ermutigen. Damit schließt sich das Kapitel eng an die Lehrplanvorgabe an, die das Christusbekenntnis nicht imperativisch, sondern als Entscheidungsangebot formuliert: »Sag, wer bist du? – Jesus Christus neu entdecken«. Zwar geht es in diesem Kapitel um das Christusbekenntnis, wie es die Bibel formuliert, aber nicht im Sinne eines dogmatisch präzisierten Glaubensgegenstandes, sondern im Sinne eines personalen Bekenntnisaktes. Der Akzent liegt weniger auf der kognitiven als auf der existenziellen Ebene, denn das Christusbekenntnis ist eine Stellungnahme von Menschen zur Person Jesu mit allen Konsequenzen für das Leben des Einzelnen. Die Intention dieses Kapitels richtet sich auf die persönliche Auseinandersetzung der Sch mit der Person Jesu als existenziellem Orientierungspunkt. Es geht um die eigene Beziehung zu Christus und die Chance, diese zu klären und ggf. zu vertiefen. Der **Comic** »Christ is the answer ...« kann hierfür als Einstiegselement dienen. Er enthält ein irritierendes Moment, vor dem man nicht in objektiv distanzierendes Reden »über« Jesus ausweichen kann. Worauf ist Jesus Christus die Antwort? Wer fragt nach ihm? Kommt er in dieser Welt überhaupt noch ins Spiel oder ist er nicht mehr gefragt? Frage ich noch nach ihm oder komme ich ohne ihn aus? Warum soll ich überhaupt nach ihm fragen? Was »bringt's«?

Was er anderen Menschen »gebracht« hat und wie sie zu ihm stehen, können exemplarisch die **Aussagen** auf der *Themenseite* zeigen. Die Aussagen stammen von Menschen, die sich bereits für Jesus Christus entschieden oder eine feste Einstellung zu ihm haben, aber auch von Menschen, die ihn skeptisch betrachten. Die Textformen, die diese Aussagen transportieren, sind entweder Stellungnahmen oder Gebete. Beide Formen können konfessorischer Natur sein; das Christusbekenntnis artikuliert sich entweder in argumentativer Sprache oder in der Sprache des unmittelbaren Glaubensvollzugs. Die Argumentation wiederum selbst kann Ablehnung, Skepsis oder Zustimmung zum Ausdruck bringen.

Stellungnahmen (Er-Aussagen)	Gebet (Du-Aussagen)
Lena, Thomas, Udo, Internetbeitrag, Napoleon, Kurt Marti, Mahatma Gandhi	Teresa von Avila, Ignatius von Loyola, Ernst Eggimann

In **Lenas** Stellungnahme drückt sich Desinteresse aus. Jesus hat für ihr Leben keine Bedeutung. Lenas Aussage deckt vermutlich eine weitverbreitete Haltung ab.

Thomas empfindet Jesus als persönlichen Beistand, hält dies aber vor seinen Freunden geheim. Er scheut den offenen Austausch mit anderen Menschen über den Glauben. Damit repräsentiert Thomas ebenfalls einen weitverbreiteten Typus.

Udo glaubt zwar an die Existenz Jesu, auch daran, dass er ein bedeutsamer Mensch war, hat aber keinen persönlichen Bezug zu ihm.

Ein Lob über Jesus aus dem Mund des französischen Kaisers und Feldherrn **Napoleon Bonaparte** zu hören, wirkt befremdlich, denn sein Machtstreben und seine Selbststilisierung sind das Gegenteil von dem, was Jesus verkörpert: Menschenliebe bis zur Selbsthingabe im Tod. Napoleon hat dieses Bekenntnis zu Jesus vermutlich gegen Ende seines Lebens in der Verbannung auf der Insel St. Helena gesprochen. Es zeugt von tiefem Respekt vor Jesus, auch wenn er wohl kaum in seinem Leben die Botschaft Jesu verwirklicht hat. Insofern ist Napoleon ein Beispiel, dass Menschen Jesus hoch schätzen können, auch wenn sie nicht nach seiner Weisung handeln.

Im scherzhaften **Internetbeitrag** wird Jesus ganz den eigenen Vorstellungen angepasst. Der Beitrag stammt vermutlich von einer Frau, die Jesus mit der eigenen Lebenssituation identifiziert.

Die Mystikerin **Teresa von Avila** wurde 1515 in Avila in Spanien geboren. Mit 21 Jahren trat sie in ein Kloster der Karmelitinnen ein. Mit 45 Jahren begann sie, den Karmelitenorden zu reformieren. Ihre Reform prägt den Karmelitenorden weltweit bis heute. Teresa hatte zeitlebens ein innerliches, sehr persönliches Verhältnis zu Jesus. Bei diesem Gebet spürt man, dass sie mit der Theologie des Apostels Paulus vertraut ist: Was vor den Augen der Menschen eine Torheit ist – die Kreuzigung –, ist in Wirklichkeit Gottes Kraft (vgl. 1 Kor 1,18ff.). Die Verfasserin stellt die Sicht der »Welt« und die des Glaubens kontrastierend dar, indem sie die Entehrung Jesu als Gewinn deutet. Teresa drückt in diesem Gebet die Überzeugung aus, dass sich im Schicksal Jesu alles umgekehrt hat, was unter den Menschen Geltung hat. In seiner tiefsten Demütigung, dem Tod am Kreuz, wird Jesus zu Gott erhöht. Für Teresa hat dieses Gebet eine entgrenzende Wirkung, die sich auf das eigene Tun überträgt, nämlich dass in den Augen Gottes die Niederlage zum Gewinn wird. Durch diesen Blick auf das Schicksal Jesu steht auch das Schicksal des Menschen unter anderen Vorzeichen.

Kurt Marti (*1921), Schweizer Schriftsteller und reformierter Pfarrer, trägt in seinen Gedichten oft eine subtile Kritik am herrschenden Kirchen- und Frömmigkeitsbetrieb vor. In dem sprachlich dichten Vierzeiler drückt er mit wenigen Worten eine ganze Theologie aus. Dabei spielt er mit zwei Gegensatzpaaren:

bekannt – unbekannt: Jesus ist in aller Munde: Selbst in gedankenlosen Alltagsseufzern (»Jesses!«, »O Jesus!«, »Jesses und Maria!« etc.) ruft man ihn an. Theologen haben unzählige lange Traktate über ihn verfasst. Kirchen und Museen sind voll mit Bildern von ihm. Trotzdem ist er weder in seinem Schicksal noch in seiner Botschaft ganz zu erfassen, weil er auf die Seite Gottes gehört.

letztes Wort – nicht gesagt: »Letzte Worte« sind immer endgültige Worte. Das letzte Wort eines Sterbenden, das autoritäre Wort einer Respektsperson, bevor sie zu Konsequenzen greift, z. B. wenn Eltern zu ihren Kindern sagen: »Das ist mein letztes Wort!« – Jesus ist für die, die an ihn glauben, nicht tot. Er lebt und wird am Ende der Zeit wiederkehren; deshalb haben die Christen von ihm das »letzte Wort« noch nicht gehört. Damit drückt der Autor aus, dass von Jesus Christus auch in der Zukunft etwas zu erwarten ist.

Ignatius von Loyola (1491-1556) ist der Gründer des Jesuitenordens (Gesellschaft Jesu), des heute weltweit größten Männerordens der katholischen Kirche. Sein Gebet drückt eine innige Beziehung zu Jesus aus. Im 16. Jh. war diese Art zu beten etwas Neues, ja geradezu Emanzipatorisches. Die Glaubenswächter der Inquisition beargwöhnten besonders jene Frommen, die sich nicht an die alten, fest gefügten Gebetsformeln hielten, sondern ihre Gebete frei formulierten und ein inniges, individuelles Verhältnis zu Gott und Jesus pflegten. Man witterte darin einen unstatthaften Individualismus, der möglicherweise die kirchlichen Strukturen missachtete. Oft wurden sie der Häresie verdächtigt und mit Strafen belegt. Die Idee eines freien Zugangs zu Gott, die sich durch kein Verbot aufhalten ließ, war eine Folge des Humanismus und der Renaissance, die den Menschen als Individuum entdeckten. Durch Gebete wie dieses wurde der Gebetsschatz der Kirche maßgeblich erweitert. Der Betende verlässt in diesem Gebet die Position der Unterwerfung unter eine gebieterische, göttliche Majestät und entwickelt ein intimes Verhältnis zur Menschlichkeit Jesu wie zu einem Geliebten. Jedes Detail am anderen ist wichtig. Jesus wird hier in seiner Menschlichkeit, ja Körperlichkeit betrachtet. Leib, Seele, Blut, Wunden Jesu werden zum Gegenstand der Sehnsucht des Betenden. Diese Einstellung zeichnete in damaliger Zeit vor allem die spanischen Mystiker aus, deren bedeutendste Ignatius von Loyola und Teresa von Avila waren.

Mahatma Gandhi (1869-1948), der Führer der indischen Freiheitsbewegung, sieht als religiöser Hindu in Jesus nicht den Sohn Gottes, aber ein Vorbild, das sein Leben nachhaltig geprägt hat. Der Text zeigt, dass Jesus als Menschheitslehrer auch über die Grenzen des Christentums hinaus hohe Wertschätzung genießt. Insofern »gehört« Jesus nicht nur den Christen, sondern der ganzen Welt.

Das Gedicht von **Ernst Eggimann** (*1936), Lehrer und Schweizer Gegenwartsschriftsteller, korrespondiert mit dem Text von Kurt Marti. Es zählt verschiedenste Bilder von Jesus auf, entweder als wertvolle Kunst (»rembrandtblick«) oder als billige Anhänger. D. h., jeder bastelt sich seinen Jesus, wie er ihn braucht. Für den einen ist er etwas feierlich Erhabenes, ein kostbares Bild (Rembrandt), für den anderen ein wenig beachteter Gebrauchsgegenstand (Silberanhänger), für wieder einen anderen ein in der bürgerlichen Gesellschaft nicht ernst zu nehmender Mensch, ein Hippie. Alle unsere Bilder und Vorstellungen sind wie Masken, hinter denen das wahre Antlitz Jesu zu suchen ist. Die Aussage, dass Jesus alle Masken fallen lässt, spielt mit der Glaubensformel von Chalkedon, dass Jesus »wahrer Gott und *wahrer Mensch*« ist. Das hat Aufforderungscharakter für die Leserin und den Leser, die eigenen Masken fallen zu lassen, d. h. authentisch zu sein.

2. Einsatzmöglichkeiten im RU

Biografien erforschen

Die Aussagen über Jesus, die auf der *Themenseite* abgedruckt sind, können von Sch nicht unabhängig vom Lebenskontext der sich äußernden Menschen erschlossen werden. Daher sind biografische Zuordnungen zu den Personen notwendig. Bei den anonymen Beispielen können solche Kontexte freilich nur aus der Aussage selbst gefolgert werden.

- Sch informieren sich auf unterschiedliche Weise über die Biografien:
- L teilt die biografischen Informationen nach den o. a. Texten unmittelbar mit.
- Sch recherchieren im Internet, z. B. bei Wikipedia oder einem Online-Kirchenlexikon (de.wikipedia.org, www.heiligenlexikon.de, www.bautz.de/bbkl) oder in einem herkömmlichen Nachschlagewerk.
- Sch erstellen ein Psychogramm der Menschen, die sich in den Aussagen auf der *Themenseite* offenbaren. Leitfragen: Was erfahren wir aus dem Text über den Menschen dahinter, über seine Einstellung, seine Weltanschauung, seinen Glauben oder Unglauben? Welche Erfahrungen drücken sich darin aus?

Stellung beziehen

- Sch formulieren in PA oder EA ihre Meinungen, Stellungnahmen und Deutungen zu den Texten und fassen sie auf einem Plakat zusammen, das dann der Klasse präsentiert wird. Leitfragen für die Bearbeitung sind z. B.
- Was sagen die jeweiligen Texte über Jesus aus?
- Welche biografischen Erfahrungen stehen möglicherweise dahinter?
- Welche Übereinstimmungen zwischen Biografie und Aussage sind zu entdecken?
- Welche eigenen Erfahrungen haben meine Einstellungen zu Jesus bisher geprägt?
- Wo decken sich meine Erfahrungen, wo nicht?

Das Gebet von Ignatius von Loyola verstehen

Durch den sprachlichen Stil und die für heutige Sch ungewöhnlichen Bilder ist das Gebet von Ignatius von Loyola für Sch nicht leicht zugänglich. In Anlehnung an die meditative Betrachtung von Peter Lippert zu diesem Gebet (vgl. Literatur) wird auf AB 10.1.1 jedem Vers eine Erläuterung beigefügt.

- Sch erhalten **AB 10.1.1, Lehrerkommentar S. 15**. Reihum tragen jeweils zwei Sch abwechselnd einen Gebetsvers und den Deutungsansatz als Meditation vor.
- Zum Schluss verharren Sch kurz in Stille und lassen die Worte auf sich wirken.

Fragen stellen

- Ausgehend von der Frage des Comics »What was the question?« formulieren Sch die entsprechenden Fragen. Sie werden damit allerdings schnell an Grenzen stoßen. So wird ihnen bewusst, dass Jesus für viele Menschen heute gar keine Frage mehr ist. Sie merken: Dieser Comic zielt nicht auf das vorschnelle Finden einer Antwort ab, sondern auf das Offenhalten einer Frage, die sich im Lauf des Kapitels klären soll. Der Comic übernimmt für das gesamte Kapitel eine retardierende Funktion und verhindert vorschnelle Antworten.

Ein Gebet von Ignatius von Loyola

Seele Christi, heilige mich. — in dir ist Liebe.

Leib Christi, rette mich — von allem Bösen und dem ewigen Höllenfeuer.

Blut Christi, tränke mich. — Du wirst zu meinem Heil vergossen.

Wasser der Seite Christi, wasche mich. — Du wäschst mich von allen Sünden rein.

Leiden Christi, stärke mich. — Du gibst mir Kraft und Zuversicht.

O, guter Jesus, erhöre mich — in deiner unendlichen Güte.

Birg in deinen Wunden mich. — Ich finde Schutz und Wärme darin.

Von dir lass nimmer scheiden mich. — Das wäre mein Unglück auf ewig.

Vor dem bösen Feind beschütze mich, — dass er mich nicht von dir trennt.

In meiner Todesstunde rufe mich — und nimm mir meine Todesangst,

zu dir zu kommen heiße mich, — weil ich bei dir ein ewiges Zuhause finde.

mit deinen Heiligen zu loben dich

in deinem Reiche ewiglich.

Amen.

Ignatius von Loyola zugeschrieben

Ideenseite

Die Impulse der *Ideenseite* werden im Lehrerkommentar auf folgenden Seiten aufgegriffen:

Jesus goes Multimedia: S. 19
Zimmermann – toter Mann – Supermann: S. 20 und 31
Jesus – die erste: S. 19 und 36
Werbung mit Jesus – Werbung für Jesus?: S. 30
Das Kreuz Jesu Christi spürbar und erfahrbar machen: S. 44
Jesuskalligrafie: S. 30

Das Kreuz als Symbol der Rettung — Deuteseite I

1. Hintergrund

Deuteseite I und *Deuteseite II* thematisieren das Passionsgeschehen. Sie sind auf Kunstbilder und wenige Texte reduziert und sollen in ruhiger Atmosphäre betrachtet werden. In der Frömmigkeitsgeschichte der westlichen Kirche mit ihrer vorherrschend christozentrischen Theologie war die persönliche Annäherung an Jesus Christus immer schon stark durch das Kreuz bestimmt. Die weitaus meisten Jesusdarstellungen, die bei Betrachtung und Gebet Verwendung fanden, waren Kreuzesdarstellungen. Das Kreuz begleitet die Menschen seit vielen Jahrhunderten durch ihren Alltag und ihr Leben. Davon künden die Kreuze in Wohnungen, auf Fluren und Berggipfeln, auf Friedhöfen, in Todesanzeigen und neuerdings auch für Jugendliche ohne christliche Sozialisation als Halsschmuck. Die hitzigen Debatten um das Kreuz im Klassenzimmer sind abgeflaut, doch auch sie zeugten von einer starken Emotionalisierung im Zusammenhang mit dem Kreuz. Immer noch ist es ein Symbol, an dem man nicht unberührt vorbeikommt. In den vielen Messkompositionen wurde gerade das »Crucifixus etiam pro nobis« als ein Teil des Credo musikalisch besonders ausdrucksvoll gestaltet.

Beim Weltjugendtag 2005 in Köln spielte das Kreuz eine zentrale Rolle, nicht zuletzt deshalb, weil es auf Anregung des verstorbenen Papstes Johannes Paul II. als Versöhnungskreuz ein Jahr lang durch 26 europäische Länder getragen wurde und für viele junge Menschen dadurch zu einem intensiven Zeichen ihres gemeinsamen Glaubens wurde.

Auch wenn in der bildenden Kunst der Moderne seit Beginn des 20. Jahrhunderts ein Traditionsabbruch zu verzeichnen ist, scheint dieser Prozess ausdrücklich vor dem Kreuzmotiv haltgemacht zu haben. Im Gekreuzigten wurde nicht mehr vorrangig der Erlöser abgebildet, sondern z. B. Anklage geführt gegen die Leiden der Menschen angesichts der Tötungsmaschinerien moderner Kriege. Selbst Künstler, die dem Christentum distanziert gegenüberstanden, erblickten im Kreuz ein Symbol der Identifikation und Parteinahme für die Gescheiterten und Verachteten und für die Universalität der Menschenwürde. Künstler der Nachkriegszeit setzten sich in ihren Kreuzesdarstellungen auch mit gesellschaftlichen Missständen auseinander. Davon zeugt die Plastik von Joseph Beuys auf *Deuteseite I 13*.

Dieselbe Rolle, die das Kreuz in der modernen bildenden Kunst spielt, spielt es auch in der Dichtung. Mit der Kreuzigungsmetapher lassen sich die Spuren des Leidens, der Angst und Einsamkeit der Menschen, aber auch ihre Widersprüche und Entfremdungen immer wieder neu zum Ausdruck bringen.

Diese neuen Darstellungsweisen haben aber auch anregend auf das christliche Glaubensverständnis selbst zurückgewirkt. Mit ihrer oft verfremdenden und irritierenden Wirkung stellen sie die hinlänglich bekannten Texte der Passionserzählungen in neue Zusammenhänge und verleihen ihnen damit neue Brisanz.

Die LP-Vorgabe »für uns gekreuzigt« und »das Kreuz als Zeichen des Heils« soll daher für Sch durch die Kombination von Bibeltext und künstlerischer Gestaltung die Möglichkeit bieten, eigene existenzielle Erfahrungen als Glaubenserfahrungen auszudrücken.

Missale aus Lilienfeld: »Kreuzigung«, um 1310

Die Illumination entstammt einem Missale aus dem Zisterzienserstift Lilienfeld in Niederösterreich. Sie ist wahrscheinlich um 1310/20 im Umkreis von Regensburg entstanden und damit ein Bild aus der Zeit der Gotik. Die Maße betragen 31,5 x 22 cm. Anders als bei noch älteren Buchhandschriften, die in der Regel von Bischöfen oder Kaisern in Auftrag gegeben wurden, war diese für eine Mönchsgemeinde bestimmt, die nach dem Armutsideal lebte. Deswegen sind die Bilder darin nicht so prunkvoll und weniger aufwendig hergestellt. Sie dienten ausschließlich dem Gebet und der Betrachtung der Mönche, damit diese sich besser in die Geheimnisse des Glaubens versenken konnten. Zwar ist auch bei diesem Bild der Hintergrund noch aus Blattgold gefertigt, wie es den Abbildungen des Göttlichen stets zukam, es wird aber auf ausschmückendes Beiwerk verzichtet. Auch die Figuren sind ohne Gepränge ausgeführt. Im Grunde kam man mit drei Farben aus: Rot, Grün und Blau. Ausdrucksstark sind die Gesichter. Sie entsprechen ganz dem Stil der neuen Innerlichkeit, einer gefühlsstarken Christusminne, wie sie in dieser Zeit in den Klöstern gepflegt wurde. Das zeigt sich ganz besonders an der Haltung Marias. Ihr Blick scheint mit dem Blick Jesu zu verschmelzen. Zwar hält Jesus die Augen geschlossen bzw. den Blick gesenkt, sodass man die Augen nicht sehen kann, sein Antlitz wirkt jedoch liebend zugewandt. Seine Hände sind zwar faktisch am Kreuz befestigt, dennoch hat man den Eindruck, dass sie wie zu einer Umarmung ausgebreitet sind, als wollten sie die ganze Welt einschließen. Marias Gewand ist von derselben grünen Farbe wie das Kreuz Jesu. Auch die beiden Nimben Jesu und Marias sind in derselben blauen Farbe ausgeführt. Damit wollte der Künstler wohl die enge Beziehung zwischen den beiden verdeutlichen: Maria ist die Mutter Jesu. Maria auf seiner rechten und der Apostel Johannes auf seiner linken Seite unterscheiden sich nur in ihrer Kopf- und Handhaltung, ansonsten stehen sich die Figuren symmetrisch gegenüber. Der Nimbus von Johannes ist grün – wie das Kreuz –, sodass auch seine Beziehung zu Jesus einen farbigen Ausdruck findet. Grün ist die Farbe eines lebendigen Baumes und zugleich des Kreuzes, das der Künstler als Lebensbaum darstellt. Noch ein anderes Merkmal des Bildes deutet auf die Leben spendende Wirkung des Kreuzestodes Jesu hin: die große Seitenwunde, aus der Blut fließt, ebenso aus seinen Händen und Füßen. Dieselbe fließende Struktur wiederholt sich in seinem Lendenschurz. Schließlich kehrt das Rot intensiv im Gewand des Johannes und im Mantel Marias wieder. Damit wird eine Verbindung zwischen Kreuzestod Jesu und dem Abendmahl hergestellt, wo Jesus nach Mk 14,24 sagt: »Das ist mein Blut des Bundes, das für viele vergossen wird.« An dem Bild fällt auch auf, dass die rote Farbe – sieht man vom Rahmen einmal ab – nur unterhalb der Wunden Jesu auftaucht: in den Gewändern, aber auch am Boden, der ebenfalls mit Blut getränkt zu sein scheint. Da dieses Bild Bestandteil eines Messbuchs ist, ist der Zusammenhang von Kreuz und Eucharistie beabsichtigt. Das Bild will also nicht nur den geschichtlichen Augenblick des Kreuzestodes Jesu festhalten, sondern ebenso die Bedeutung dieses Todes als Hingabe Jesu »für euch«, d. h. für das Heil aller Menschen.

Der Vers **Jes 53,4** ist dem vierten Gottesknechtlied im so genannten Deuterojesaja entnommen (52,13 – 53,12). Es lässt sich nicht eindeutig festlegen, wer mit dem Gottesknecht ursprünglich gemeint war. In Jes 41,8.9 wird Israel/Jakob als Knecht Gottes genannt. Im 4. Gottesknechtlied rückt der Knecht ganz in die Nähe Gottes. Da Deuterojesaja nach dem Exil (386-338 v. Chr.) geschrieben wird, könnte damit nicht eine Ein-

---

Viertes Gottesknechtlied Jes 53,4-7

53,4: Aber er hat unsere Krankheit getragen und unsere Schmerzen auf sich geladen. Wir meinten, er sei von Gott geschlagen, von ihm getroffen und gebeugt.

53,5: Doch er wurde durchbohrt wegen unserer Verbrechen, wegen unserer Sünden zermalmt. Zu unserem Heil lag die Strafe auf ihm, durch seine Wunden sind wir geheilt.

53,6: Wir hatten uns alle verirrt wie Schafe, jeder ging für sich seinen Weg. Doch der Herr lud auf ihn die Schuld von uns allen.

53,7: Er wurde misshandelt und niedergedrückt, aber er tat seinen Mund nicht auf. Wie ein Lamm, das man zum Schlachten führt, und wie ein Schaf angesichts seiner Scherer, so tat auch er seinen Mund nicht auf.

Neutestamentliche Interpretationen

Mt 8,16b: Er trieb mit seinem Wort die Geister aus und heilte alle Kranken. Dadurch sollte sich erfüllen, was durch den Propheten Jesaja gesagt worden ist.

Gal 3,13: Christus hat uns vom Fluch des Gesetzes freigekauft; indem er für uns zum Fluch geworden ist.

Röm 4,25: Wegen unserer Verfehlungen wurde er hingegeben, wegen unserer Gerechtmachung wurde er auferweckt.

1 Petr 2,24bf.: Durch seine Wunden seid ihr geheilt. Denn ihr hattet euch verirrt wie Schafe, jetzt aber seid ihr heimgekehrt zum Hirten und Bischof eurer Seelen.

Joh 1,29: Am Tag darauf sah er (Johannes) Jesus auf sich zukommen und sagte: Seht das Lamm Gottes, das die Sünde der Welt hinwegnimmt.
Mt 27,14: Er aber antwortete ihm auf keine Frage, sodass der Statthalter sehr verwundert war.

zelperson, sondern eine jüdische Gruppe gemeint sein, die von Babylon nach Jerusalem zurückkehrt. Auch das ganze Volk Israel könnte gemeint sein. Spätere Lesarten sehen im Gottesknecht eine individuelle Gestalt, die stellvertretend für andere leidet und die Strafe für deren Vergehen auf sich nimmt. Damit wird schon früh im AT der Tun-Ergehens-Zusammenhang durchbrochen, der im Leiden eine Vergeltung für die eigenen Sünden sieht. Religionsgeschichtlich stellt das stellvertretende Leiden eine neue Dimension des theologischen Bewusstseins dar. In dieser Tradition interpretiert später die junge Christengemeinde die Gottesknechttheologie auf Christus hin und deutet sie als prophetische Ankündigung für Jesus, der nicht wegen seiner eigenen Sünden leidet, sondern einen stellvertretenden Tod für die Menschheit stirbt. Dieser Jesajatext lässt sich bis in den Wortlaut hinein im NT wieder finden. Außerdem ist er als Lesung in die Karfreitagsliturgie aufgenommen worden.

Joseph Beuys (1921-1986)
Joseph Beuys zählt als Zeichner, Plastiker, Aktionskünstler, Kunstprofessor und als Pädagoge zu den provozierendsten und einflussreichsten Künstlern der zweiten Hälfte des vorigen Jahrhunderts. 1947-54 studierte er an der Kunstakademie in Düsseldorf und wurde dort 1961 Professor, 1972 aber aus seinem Lehramt entlassen, weil er mit Studenten das Sekretariat der Akademie besetzt hatte. Zu seinem erweiterten Kunstverständnis gehörte das bewusstseinsbildende politische Engagement. Beuys forderte, dass Kunst und aus der Kunst gewonnene Erkenntnisse für das Leben wirksam gemacht werden und zu transformierendem Handeln führen sollten. Dem international bekanntesten deutschen Künstler der Gegenwart wurde 1979 in New York eine Retrospektive gewidmet. Er starb 1986 in Düsseldorf.
Beuys verstand sich nicht als Christ, setzte sich aber mit christlichen Motiven (z. B. Pieta, Kreuzweg) und über die Jahre intensiv mit dem Kruzifix künstlerisch auseinander – anfangs noch relativ gegenständlich und figürlich, dann zunehmend abstrakt und unter Verzicht auf das Abbildende.

Joseph Beuys: »Kreuzigung«, 1962/63
Die Skulptur ist als Folie 27 in der Mappe *Kunststücke 8, 9, 10* enthalten, vgl. S. 152.
Obwohl äußerlich sehr unterschiedlich, haben die beiden Kreuzigungsdarstellungen von ihrer Idee her vieles gemeinsam. Wie bei der Illumination aus Lilienfeld geht es auch bei Beuys Darstellung um Schlichtheit. Sie äußert sich in der Einfachheit der Materialien.

Als Zeitgenosse des wirtschaftlich aufstrebenden Deutschlands der Nachkriegszeit benutzte der Künstler auf provokante Weise die verachteten Relikte der Wegwerfgesellschaft. Alle Gegenstände an dieser Skulptur sind schon einmal gebraucht. Der Sockel für die beiden verschmutzten Infusionsflaschen besteht aus altem Bauholz – man sieht noch die Spuren der Malerfarbe daran. Alte rostige Nägel halten das Gebilde zusammen. Zwischen den beiden Flaschen erhebt sich eine Holzlatte, die mit einem alten Kabel umwickelt ist. An ihrem oberen Ende ist ein mit einem roten Kreuz bemalter Zeitungsausriss befestigt.
Wenn man die Skulptur ohne das mittelalterliche Bild betrachtet, assoziiert man es zunächst mit Utensilien aus der Unfallmedizin. Kombiniert mit dem mittelalterlichen Bild ist das Zitat der Kreuzigung Christi augenfällig. Vom Aufbau her gleichen sich die beiden Bilder fast vollständig. Die Infusionsflaschen nehmen unvermittelt Leben an und erinnern an Maria und Johannes unter dem Kreuz. Das rote Kreuz steht wie das Kreuz Christi für eine »Rettungsorganisation«, im übertragenen Sinn »Heil(s)vermittlerin«, wie die Kirche mit den Sakramenten. Freilich vermag diese Anspielung nur der zu verstehen, der die Verbindung zur christlich abendländischen Tradition noch herstellen kann. Viele Jugendliche können dies wahrscheinlich nicht mehr ohne die interpretierende Präsenz des anderen Bildes. Was beide Bilder zutiefst verbindet, ist die Bedeutung des Blutes. Beide Male fokussiert sich der Rettungsgedanke auf das Moment der Blutspende. Im Kunstschaffen von Beuys spielte die Einbeziehung organischer Stoffe stets eine herausragende Rolle, weil er damit das Prinzip der Lebenserhaltung darstellen wollte. Nach Dtn 12,23 ist das Blut der Sitz des Lebens. Für den alttestamentlichen Menschen war es so kostbar, dass nicht einmal das Blut von Tieren genossen werden durfte, anders wiederum bei den Riten mancher archaischer Kulturen, bei denen man sich durch das Genießen fremden Blutes der Seele des Geopferten bemächtigen wollte. Auch das bestätigt, dass man im Blut den Sitz des Lebens sah. Vor diesem Hintergrund bedeutet das Vergießen des Blutes Christi seine Totalhingabe an die Menschen ebenso wie seine Heiligung, Rettung, Hineinnahme in die göttliche Sphäre (Auferweckung von den Toten). Dieses starke Symbol hat im Verlauf der Frömmigkeitsgeschichte zu einer besonderen Verehrung des »kostbaren Blutes« mit eigenem Fest, auch zu religiösen Orden gleichen Namens geführt. Beuys greift es mit geradezu drastischer Anstößigkeit neu auf und stellt es in einen verfremdenden Zusammenhang. Er holt es heraus aus der Spiritualisierung und verleiht damit den überkommenen ikonografischen Ausdrucksformen eine neue Brisanz.

2. Einsatzmöglichkeiten im RU

Verschiedene Kreuzbilder finden
- Sch sammeln im Bekanntenkreis Kreuzbilder, z. B. auch Sterbebildchen. Im Plenum berichtet, wer möchte, woher die Bilder stammen und welche Erfahrungen und Erlebnisse sich damit verbinden.

Kreuze im öffentlichen Raum entdecken
- Sch suchen Feld- oder Wegkreuze o. Ä. in ihrer Umgebung auf und erkundigen sich nach der Herkunft dieser Kreuze.
  Dabei wird sich zeigen, dass sie an bestimmte Ereignisse im Leben von Menschen erinnern, z. B. Wegkreuze an Unfälle in der Landwirtschaft oder im Straßenverkehr, auf Kriegerdenkmälern an den Soldatentod, aber auch als Zeichen des Gotteslobs in der Natur.

Vergleichende Bildbetrachtung

Hauptthema der *Deuteseite I* **12-13** sind die beiden Bilder, denen Texte aus dem NT zugeordnet sind. Die Bilder lassen sich am besten im Vergleich erschließen. Im Kontext der Illumination können Sch wahrscheinlich auch die Skulptur von Beuys als Kreuzigungsdarstellung erkennen.

- Sch betrachten die Bilder in Ruhe, evtl. mit meditativer Musik im Hintergrund (z. B. Schlusschor aus der Matthäus-Passion von J. S. Bach: »Wir setzen uns in Tränen nieder«).

Den Film »Jesus von Montreal« anschauen

Ein junger Schauspieler wird von einem Pater beauftragt, das jährlich auf dem Gelände seiner Kirche stattfindende Passionsspiel zu modernisieren. Der Schauspieler identifiziert sich selbst immer mehr mit der Figur Jesu. Als er gerade am Kreuz hängt, will die Polizei das Gelände räumen. Das Kreuz kippt um und der Christusdarsteller wird schwer verletzt. Auf dem Weg ins Krankenhaus stirbt er. Seine Organe werden zur Spende freigegeben. Das transplantierte Herz rettet einem anderen Menschen das Leben, die Augen schenken einer Patientin wieder das Sehvermögen. Der Film enthält unzählige Anspielungen auf den Opfertod Jesu. Auch wenn bisweilen zu freizügig mit exegetischen Erkenntnissen umgegangen wird, kann der Film für Sch einen neuen Zugang zu Person und Sendung Jesu ermöglichen, gerade in seiner soteriologischen Dimension. Außerdem lassen sich von diesem Film aus gut Assoziationen zu Joseph Beuys' »Kreuzigung« herstellen. Möglicherweise ist dieses Werk für Sch nach der Begegnung mit diesem Film leichter zu erschließen.

Der Film (120 Min., 1989, ab 16 J.) ist in den AV-Medienzentralen der Diözesen erhältlich.

Ein musikalischer Zugang zur Kreuzigungsdarstellung IDEENSEITE (10)

- Wenn eine Klasse musikalisch ist, können verschiedene Sätze des »Crucifixus« aus einer Messkomposition angehört werden, am besten eignet sich dazu eine kleine Messe von J. Haydn oder W. A. Mozart.
- Mit Orff-Instrumenten oder anderen Instrumenten gestalten Sch selbst eine kleine »Cruzifixus«-Komposition musikalisch oder versuchen eine Gesangsimprovisation zu den Bibeltexten auf *Deuteseite I* **12**.

Eine Kreuzigungsdarstellung gestalten
- Sch gestalten mit selbst gewählten Materialien eine eigene Kreuzigungsskulptur.

Bibelstellen aus AT und NT vergleichen
- Sch lesen die o. g. Verse aus Jes und die ntl. Bezugsstellen. Sch vergleichen die Stellen aus dem NT mit dem Jesaja-Text.
- Sch diskutieren vor diesem Hintergrund auch die Stellen Mk 10,45; 1 Kor 15,3-5 und 2 Kor 5,19. Sie suchen eine gemeinsame Überschrift für alle Stellen, z. B. »Einer für alle!«, »Er trägt unsere Lasten!«, »Er sucht nicht fremde Sündenböcke, er macht sich selbst zum Sündenbock!« etc.

festgenagelt   Deuteseite II (14)(15)

1. Hintergrund

Deuteseite II **14-15** gibt den Sch die Möglichkeit, sich mit der Erfahrung von Auferstehung und Erlösung auseinanderzusetzen. Das befreiende Heilswirken Jesu Christi ist ohne die Erfahrung von »Festgenageltsein« nicht möglich. Die Gedanken und Erfahrungen, die der Text thematisiert, lassen sich durchaus im Alltag der Sch entdecken.

In Auseinandersetzungen neigen Menschen dazu, andere festzunageln. »Ich habe es nicht vergessen, wie du mir ...«, »Du hast doch gesagt, ...«, »Du hast wohl schon vergessen, ...?«, »Hast du nicht damals ...?«

Aufs Kreuz legen und festnageln – so ist es in Joh 19,16a-18 von Jesus beschrieben und so geschieht es im übertragenen Sinne bis heute im Umgang der Menschen miteinander. Es scheint, als würden diese Verhaltensweisen heutzutage von immer weniger Menschen infrage gestellt werden. »Der Ehrliche ist der Dumme«, »Draufhaun ist besser als geschlagen werden!« – Solche und ähnliche »Weisheiten« gehören heute zum gedanklichen Allgemeingut.

Wo ein Mensch durch Strukturen oder Mitmenschen in eine Rolle gedrängt, in einen Rahmen gepresst wird, wo im Konkurrenzkampf andere um des eigenen Vorteils willen ausgebootet werden, wo der Mensch und seine Freiheit äußeren Sachzwängen oder ganz subjektiven Absichten und Überzeugungen untergeordnet wird, dort wird er »festgenagelt«.

Auch Jesus wird immer wieder festgenagelt auf eine Rolle, auf Erwartungen etc. Jesus, der Tröster, der Wunderheiler, der Lückenbüßer, der großartige Mensch. Es ist durchaus legitim, auf diese Bilder zurückzugreifen und Jesus dadurch in das Leben einzubeziehen, doch dürfen nicht das Wesen und die Botschaft Jesu vor dem Hintergrund dieser vielfältigen Rollen und Masken verschleiert und unkenntlich gemacht werden. In diesem Sinn ist auch Ernst Eggimanns Gedicht auf *Ideenseite* **9** zu verstehen.

Jesus ist der, der alle Masken fallen lässt und der barmherzig demaskiert. Er holte die Menschen aus festgefahrenen Strukturen heraus, befreite sie aus dem Gefängnis ihrer von außen auferlegten Rollenerwartungen. Er führte sie ihrer eigentlichen und gottgewollten Bestimmung zu – ihrem Menschsein.

Jesu Botschaft von der befreienden Liebe Gottes hat sich eindrucksvoll bestätigt. Das Kreuz Jesu befreit von den Fesseln der Unfreiheit, es löst die Nägel der Unmenschlichkeit und ermöglicht uns, in eine dauerhafte, befreiende Beziehung zu Gott zu treten.

Auch wir können Fesseln lösen und unsere Mitmenschen »freigeben«, z. B. wenn wir falsche Anschuldigungen zurücknehmen, Vorurteile abbauen, Schaden wieder gutmachen etc. Von Fesseln befreien bedeutet aber auch, die Hand, die uns zur Versöhnung entgegengestreckt wird, nicht auszuschlagen. Und es bedeutet auch, die Fesseln und Nägel zu lösen, mit denen wir uns selbst »festnageln«, uns Zwänge auferlegen, unter Druck setzen und so unser eigenes Ich daran hindern, sich frei und den eigenen Möglichkeiten entsprechend zu entwickeln.

> **Arnulf Rainer (*1929)**
> Arnulf Rainer besuchte 1940 eine nationalsozialistische Erziehungsanstalt, die er 1944 verließ, weil ihn sein Kunstlehrer zwingen wollte, naturalistisch zu zeichnen. Das Studium an der Kunstakademie Wien beendete er 1949 schon nach drei Tagen, um als Autodidakt eine eigenständige künstlerische Ausdrucksform zu finden. Ab 1953 setzte er sich intensiv, aber wenig erfolgreich mit Farbe als künstlerischem Ausdrucksmittel auseinander. 1954 begann er mit der Technik der Übermalung, die anfangs auf Ablehnung stieß, ihn aber später berühmt machen sollte.

Arnulf Rainer: »Christusübermalung«, 1996-1998
Das Bild ist als Folie 28 in der Mappe *Kunststücke 8, 9, 10* enthalten, vgl. S. 152.

Die vielen Christusübermalungen von Rainer sind u. a. inspiriert durch seine Auseinandersetzung mit der Mystik. Im Übermalen der Bildvorlage, des Farbdrucks einer Ikone oder eines Christuskopfes aus der Renaissance, sieht er die Wahrheit wachsen und eine Annäherung an das Absolute. Der Christuskopf entzieht sich durch seine Übermalung weitgehend dem direkten Blick. Was aber sichtbar bleibt, wird dadurch akzentuiert. Spuren eines emotionsgeladenen und körperlich fast aggressiven Ringens mit dem Christusgesicht werden sichtbar. Sie lassen sich entdecken in den mit einem schwarzen Stift gleichsam hingekritzelten Linien und Strichen, wodurch die schmale Gesichtsform hervorgehoben wird, oder in der gold-gelben Farbe des Hintergrunds mit den fein eingearbeiteten roten Farbtupfern. Die schwarzen Umkreisungen setzen in Scheitelhöhe an und ziehen sich bis zum unteren Bildrand. Blautöne überdecken an manchen Stellen das Gelb, welches dadurch an Kontrast und Leuchtkraft gewinnt. Einige schwarze Striche in Stirnhöhe lassen unwillkürlich an eine Dornenkrone denken.

In dieser Christusübermalung werden Spuren einer emotional-aktiven Auseinandersetzung einerseits und einer eher meditativen Durchdringung der Bildvorlage andererseits deutlich: Die Farben Gelb, Rot, Blaugrün, welche von dem relativ sparsam verwendeten Schwarz kontrastiert werden, ermöglichen es, in der Dunkelheit als Symbol des Leidens das Aufleuchten von Herrlichkeit und Hoffnung zu erkennen. Und das Christusgesicht, das, wie hinter einem Vorhang, den Betrachter prüfend anblickt, behält dabei stets seine Würde. Wer Jesus in diesem Bild entdecken möchte, muss sich gleichsam auf den Weg machen, sich die Mühe machen, genauer hinter die Fassade zu schauen. »Wer bin ich für dich?«, scheint er uns zu fragen.

2. Einsatzmöglichkeiten im RU

Durch Sprache »festnageln«
- Sch sammeln Redensarten und Aussprüche, mit denen man andere Menschen auf bestimmte Rollen, Erwartungen, vergangene Ereignisse etc. festlegt.

Zimmermann, toter Mann, Supermann ...
- Sch überlegen, auf welche Rollen und Erwartungen Menschen heutzutage Jesus festnageln.
- Sie schreiben ihre Antworten auf kleine Zettel und lesen sie im Plenum vor. Alle Zettel werden anschließend in Kreuzform an der Wand im Klassenraum angeordnet.

festgenagelt

Wo bin ich »festgenagelt«?
- Sch erhalten **AB 10.1.2, Lehrerkommentar S. 20**, mit der Vorlage eines Kreuzes und überlegen sich, wo sie durch andere in ihrer Freiheit und Selbstbestimmung beeinträchtigt werden und wo sie andere oder sich selbst durch ihr Denken und Handeln »festnageln« (evtl. meditative Musik im Hintergrund).
- Ihre Gedanken tragen Sch in Worten, Symbolen oder Zeichnungen in die einzelnen Zettel des Kreuzes ein.
- AB 10.1.2 kann auch zur Stoffsammlung als Vorbereitung zum ersten AA auf *Deuteseite II* **14** verwendet werden.

Schreibmeditation
- L zeigt die »Christusübermalung« mittels Folie 28 auf OHP. Sch betrachten das Bild schweigend. An der Tafel oder Pinnwand ist ein leeres Plakat befestigt. L hält einen geeigneten Stift bereit. Wer einen Eindruck oder eine Frage anbringen möchte, steht auf und schreibt seine Idee auf das Plakat. Danach wird der Stift an diejenige Person weitergereicht, die als nächste etwas aufschreiben möchte.
- Die Ergebnisse dienen als Ausgangspunkt für die Bildbetrachtung.

Die Christusübermalung mit einem Gedicht verknüpfen
- Sch erhalten **AB 10.1.3, Lehrerkommentar S. 23**, mit der Kopie eines Christuskopfes (ggf. auf farbigem Papier vergrößern) und betrachten das Bild. Danach lesen sie das Gedicht von Ernst Eggimann (*Themenseite* **8**) und benennen Anknüpfungspunkte und Parallelen zwischen Bild und Gedicht.
- Danach sammeln Sch Namen, Bilder und Würdetitel für Jesus Christus.
  Die gesammelten Begriffe schreiben Sch kreuz und quer über das Blatt mit dem Christuskopf, bis die Abbildung in dem Maß überschrieben und verdeckt ist, wie Sch es für angemessen halten.

Was sagen die literarischen Quellen über Jesus? — Infoseite I

1. Hintergrund

Die Historizität Jesu wird heute kaum mehr in Zweifel gezogen, Rückschlüsse auf eine zusammenhängende Jesusbiografie gibt es jedoch kaum. Die synoptischen Evangelien zeichnen einen biografischen Rahmen, der eindeutig sekundär, also nachösterlich geprägt ist. Nahezu sämtliche für eine schlüssige Biografie notwendigen Details fehlen. Dies trifft auch auf die Persönlichkeitsmerkmale Jesu zu: die Evangelien berichten über sein Aussehen genauso wenig wie über prägnante Charakterzüge oder Jesu innere Entwicklung. Lediglich die Gleichnisse Jesu lassen auf das Milieu, in dem Jesus sich bewegte, schließen: Es ist die Welt der einfachen Landbevölkerung und Fischer. Aber auch Frauen der (römischen) Oberschicht unterstützten die Jesusbewegung.

Hilfreich für die Klärung des biografischen Rahmens sind auch die Berichte in außerbiblischen, nichtchristlichen Quellen.

Die auf *Infoseite I* **16** zusammengetragene Information gehört zu den mehr oder weniger gesicherten Einzelheiten der Biografie Jesu. Seine Botschaft und sein Selbstbewusstsein bekommen aber erst vor dem Hintergrund seines sozialen und religiösen Umfeldes klare Konturen.

Das Leben des Volkes Gottes ist reglementiert durch das Gefüge der Gesetze, Traditionen und prophetischen Verheißungen. Jedem Einzelnen ist ein fester Platz in diesem Gefüge vorgegeben. Wer diesen An-

Politik und Religion in Palästina
Jesu Zeit war geprägt durch die enge Verzahnung von Politik und Religion. Zwar war Palästina abhängig vom Einfluss Roms, die Juden besaßen jedoch in Palästina eine Reihe von Privilegien.
Herodes Antipas regierte als Tetrarch (Klientelfürst) Galiläa und Peräa. Er war im Jahr 20 v. Chr. in Judäa geboren und in Rom erzogen worden. Herodes Antipas wird im NT meist als König Herodes erwähnt.
Als direkter Vertreter des Kaisers wurde in Judäa ein Prokurator eingesetzt. Pontius Pilatus, römischer Prokurator von 26-36 n. Chr., verurteilte Jesus zum Tod. Ob Pilatus wegen seiner anti-jüdischen Haltung bewusst zum Präfekten von Judäa berufen worden war, ist nicht belegbar. Flavius Josephus berichtet von seiner ungeschickten und grausamen Amtsführung. Pilatus verwaltete die Provinz Judäa dennoch zehn Jahre lang.
An der Spitze der jüdischen Selbstverwaltung in Judäa stand der Hohe Priester. Er war Vorsitzender des Synhedriums, vertrat sein Volk politisch gegenüber dem Prokurator und führte gleichzeitig die Aufsicht über den Tempelkult.
Die Kreuzigung Jesu wurde von den Juden aus religiösen Gründen (Gotteslästerung) betrieben, die Römer dagegen sahen die politische Gefahr des Aufruhrs gegen den Kaiser. Die Kreuzigung war die grausamste aller Strafen, die die Besatzungsmacht für Schwerverbrecher und Verräter verhängt.

Christus-Ikone

forderungen genügt, hat Anspruch auf das von Gott versprochene ewige Heil. Das diesseitige Leben gilt als Durchgangsstation, als Bewährungszeit – eine Zeit zwischen der Verheißung Gottes und deren sehnlichst erwarteter Erfüllung. Das Jetzt existierte für die Juden in Palästina eigentlich nicht; sie lebten in einer Welt zwischen Erstarrung und Erschütterung.

Zunächst schließt sich Jesus der Bewegung Johannes des Täufers an, der das bevorstehende Gericht Gottes verkündete. Kurze Zeit nach seiner Taufe tritt Jesus unabhängig vom Täufer als Wanderprediger auf. In seiner Predigt erschließt Jesus den Willen Gottes nicht mehr nur aus der Interpretation vorgegebener, heiliger Schrifttexte, in seinen Worten wird der Wille Gottes zum unmittelbaren Ereignis, die Präsenz Gottes zur Realität. Die Souveränität, mit der Jesus auftritt, und die Unmittelbarkeit des Willens Gottes im Hier und Jetzt war den Juden, die ihn predigen hörten, völlig fremd. Jesus brach in seinem Tun und Reden das beengende Gefüge von Vergangenheit und Zukunft auf, setzte sich über erstarrte Traditionen hinweg und holte die Zukunft in das gegenwärtige Geschehen hinein.

Dieses souveräne Selbstbewusstsein, die Evangelien sprechen von der »Vollmacht« Jesu, wird vor allem in den Szenen deutlich, die von der Begegnung Jesu mit seinen Mitmenschen berichten.

Die Menschen, denen Jesus begegnet, sind in das engmaschige Netz von Schrift und Tradition eingebunden und von ihm geprägt. Schriftgelehrte, Zöllner, Kranke werden von Jesus aus ihrer Befangenheit herausgeholt, er lässt sie die Fesseln ihrer Herkunft ablegen. Jesus kehrt in ihnen hervor, was ihre eigentliche Bestimmung ist, und fordert sie auf, das zu sein, was sie wirklich sind. Der Mensch als Abbild Gottes steht im Mittelpunkt der befreienden Botschaft Jesu vom bereits angebrochenen Gottesreich. Das Jesuswort »Der Sabbat ist für den Menschen da, nicht der Mensch für den Sabbat« (Mk 2,27) gehört zu den Sätzen der Botschaft Jesu, in denen die Freiheit des Menschen als eigentlicher Wille Gottes unmittelbar zum Ausdruck kommt.

Gott ist wirklich gegenwärtig: Diese Botschaft setzt Jesus seinem öffentlichen Wirken voran (Mk 1,14f). Die radikale Botschaft Jesu, die den Menschen zu seiner wahren Bestimmung befreien will, findet ihre Entsprechung in seinem Tun und Wirken, im Umgang mit Kranken und Armen, mit Besessenen, Zöllnern und Sündern. Sie alle nimmt er als Menschen an und in seine Tischgemeinschaft auf.

Das Bild von Jesus wäre ohne die Unmittelbarkeit seiner Lehre unvollständig. Er führte den Menschen unmittelbar vor Augen, dass ihre alte Welt beendet und eine neue Welt bereits angebrochen sei. Dies erweckte in seinen Zuhörern Hoffnungen und Erwartungen, welche Jesus jedoch anders, als seine Zeitgenossen es erwarteten, zur Erfüllung brachte.

2. Einsatzmöglichkeiten im RU

Den historischen Jesus entdecken
- Sch erhalten **AB 10.1.4**, Lehrerkommentar S. 25, mit einer Sammlung außerbiblischer Quellen über Jesus. In PA oder GA erarbeiten sie die darin enthaltenen Aussagen über den historischen Jesus und tragen sie in Form einer tabellarischen Übersicht zusammen.
- Anschließend vergleichen Sch ihre Ergebnisse mit den Lebensdaten Jesu auf *Infoseite I 16*.

Was war außergewöhnlich an Jesus?
- Sch lesen *Infoseite I 16* und sammeln als TA (s. unten), was an Jesu Tun und Wirken einerseits und Jesu Botschaft andererseits außergewöhnlich war.

TA:

Das Außergewöhnliche an Jesus ist in seinem Wirken und in seiner Botschaft zu suchen.

Besonderheiten des Wirkens Jesu:	Besonderheiten der Botschaft Jesu:
– Er wirkt mehrere Wunder. – Er verkehrt mit »Sündern«, mit sozialen Randgruppen. (Mt 11,19) – Er verstößt gegen die Kultgesetze, z. B. das Sabbatgebot. (Mt 12,9-14)	– Das Reich Gottes ist angebrochen. Umkehr: Damit Gottes Wille sich erfüllen kann, müssen die Menschen sich ändern. (Mk 1,14f) – Jesus beansprucht, die Gesetze des AT zu erfüllen. Maßstab der neuen Gerechtigkeit ist die Nächstenliebe. (Mt 5,17-20) – Durch Jesus wird Gottes Wille zur Gewissheit, er befreit zum wahren Menschsein: »Der Sabbat ist für den Menschen da, nicht der Mensch für den Sabbat.« (Mk 2,27)

Jesu Tun und Handeln entspricht den Forderungen seiner Botschaft.

Jesus in nicht-biblischen Quellen

»Um diese Zeit lebte Jesus, ein weiser Mann, wenn man ihn überhaupt einen Menschen nennen darf. Er vollbrachte nämlich ganz unglaubliche Taten und war der Lehrer aller Menschen, die mit Lust die Wahrheit aufnahmen. So zog er viele Juden und auch viele Heiden an sich. Dieser war der Christus. Und obgleich ihn Pilatus auf Betreiben der Vornehmsten unseres Volkes zum Kreuzestod verurteilte, wurden doch seine früheren Anhänger ihm nicht untreu. Denn er erschien ihnen am dritten Tage wieder lebend, wie gottgesandte Propheten dies und tausend andere wunderbare Dinge von ihm vorhergesagt hatten. Und bis auf den heutigen Tag besteht das Volk der Christen, die sich nach ihm nennen, fort.«
Flavius Josephus (37/38 - ca. 100 n. Chr.)

»Was hatten die Juden davon, dass sie ihren weisen König umbrachten? Bald darauf wurde ihnen ihr Reich weggenommen ...
Und auch der weise König der Juden starb nicht umsonst; er lebt weiter in den neuen Geboten, die er verkündet hat.«
Mara Bar Sarapion (Brief zw. 73 und ca. 135 n. Chr.)

»Um das Gerücht aus der Welt zu schaffen, schob er [Kaiser Nero] die Schuld auf andere und verhängte die ausgesuchtesten Strafen über die wegen ihrer Verbrechen Verhassten, die das Volk ›Chrestianer‹ nannte. Der Urheber dieses Namens ist Christus, der unter der Regierung des Tiberius vom Prokurator Pontius Pilatus hingerichtet worden war. (Für den Augenblick war [so] der verderbliche Aberglaube unterdrückt worden, trat aber später wieder hervor und verbreitete sich nicht nur in Judäa, wo das Übel aufgekommen war, sondern auch in Rom, wo alle Gräuel und Abscheulichkeiten der ganzen Welt zusammenströmen und gefeiert werden.)«
Tacitus (55/56 - ca. 120 n. Chr.)

»Die Juden, welche von einem gewissen Chrestos aufgehetzt, fortwährend Unruhe stifteten, vertrieb er [Kaiser Claudius] aus Rom.«
Sueton (70-130 n. Chr.)

»Am Vorabend des Pessach-Festes hängte man Jeschu. Vierzig Tage vorher hatte der Herold ausgerufen: Er wird zur Steinigung hinausgeführt, weil er Zauberei getrieben und Israel verführt und abtrünnig gemacht hat; wer etwas zu seiner Verteidigung zu sagen hat, der komme und sage es. Da aber nichts zu seiner Verteidigung vorgebracht wurde, so hängte man ihn am Vorabend des Pessach-Festes ...«
Talmud (jüdischer Kommentar zu den Fünf Büchern Moses)

»Sie [die Christen] versicherten, ihre ganze Schuld oder ihr Irrtum habe darin bestanden, dass sie sich regelmäßig an einem bestimmten Tag vor Dämmerung versammelten, um Christus als ihrem Gott ein Lied darzubringen und sich durch Eid zu verpflichten – nicht etwa zu einem Verbrechen, sondern zur Unterlassung von Diebstahl, Raub, Ehebruch, Treulosigkeit, Unterschlagung von anvertrautem Gut.«
Plinius d. Jüngere (61- ca. 120 n. Chr.)

Der Weg Jesu nach dem Markusevangelium
- Sch bearbeiten **AB 10.1.5, Lehrerkommentar S. 27**, unter Verwendung der genannten Bibelstellen.

Die Bibelstellen wurden so ausgewählt, dass sie den Weg Jesu als Weg ans Kreuz aufzeigen und Hinweise auf den sich anbahnenden Konflikt zwischen Jesus und der religiös-politischen Führung geben.

Einen Personalbogen für Jesus schreiben
Jesus bewirbt sich um eine Arbeitsstelle bei einem großen Zimmereibetrieb. Dazu muss er alle relevanten personenbezogenen Daten angeben.

- Sch entwerfen einen solchen Personalbogen und ergänzen die entsprechenden Angaben. Evtl. stellt L die aramäische Unterschrift (s. u.) zur Verfügung.

Wer ist dieser Mensch?

Infoseite II

1. Hintergrund

Auf der *Infoseite II* **18-19** geht es vordergründig um den Versuch der ersten Christen, das unfassbare Geschehen um die Person Jesu Christi zu erklären und zu deuten. Den Sch soll dabei verdeutlicht werden, wie der »Ostergraben« zwischen dem historischen Jesus und dem auferstandenen Christus überbrückt und christologisch »aufgeschüttet« wurde.
Sch lernen nicht nur markante christologische Hoheitstitel, Bilder und Symbole kennen, ebenso wichtig ist es, Sch für diese frühchristliche Denkweise und den damit einhergehenden Deutungsansatz zu öffnen. Gleichzeitig sollen sie auf die fast schon verwirrende Vielfalt unterschiedlichster Christologien aufmerksam gemacht werden.
Wer war Jesus? Um sich dem Geheimnis der Person Jesu Christi zu nähern, werden seit dem Urchristentum Hoheitstitel und Würdenamen für ihn verwendet. In Bekenntnissen, Hymnen oder Glaubensformeln bringen Christen zum Ausdruck, wer Jesus ist und was er für sie bedeutet.

Titel und Namen für Jesus Christus
Insgesamt gibt es im NT etwa 50 verschiedene Titel und Namen für den irdischen Jesus bzw. den nachösterlichen Christus.
Die wahrscheinlich größte Nähe zum historischen Jesus dürfte die Würdebezeichnung **Menschensohn** haben. Der aramäische Begriff *bar-nascha* steht im übertragenen Sinn entweder generell für den Menschen allgemein oder für irgendeinen Menschen. Selten kann es auch vorkommen, dass sich die sprechende Person selbst damit bezeichnet (»ich«).
Die jüdische Apokalyptik erwähnt eine himmlische Gestalt, die »wie ein Menschensohn« aussieht. In der in Dan 7 beschriebenen Vision werden die Weltmächte durch Gott überwunden und die Herrschaft auf ein solches himmlisches Wesen übertragen. Spätere Schriften greifen den in Dan 7 grundgelegten Begriff auf und sprechen von einer kommenden Richtergestalt als Menschensohn bzw. als Mensch.
Drei Bedeutungsebenen des Menschensohntitels lassen sich in den Evangelien unterscheiden:
– Worte, die sich *auf den in der Gegenwart agierenden Menschensohn* beziehen. Der in dieser Welt wirkende Menschensohn hat die Vollmacht zur Sündenvergebung (Mk 2,10). Daneben gibt es in der Logienquelle Stellen, in denen der Menschensohn als Fresser und Säufer (Mt 11,18) oder als Heimatloser (Mt 8,20) bezeichnet wird.
– Worte, die *vom kommenden Menschensohn* berichten. Der heilsbringende Menschensohn findet Entsprechungen in typischen Gestalten und Ereignissen der Vergangenheit, so z. B. in Jona (Lk 11,30) oder in den Katastrophen zur Zeit Noachs (Lk 17,26) oder Lots (Lk 17,28). Als aktuelles Zitat von Dan 7,13f. darf insbesondere die synoptische Apokalypse in Mt 13,24-27 gesehen werden, wo vom zukünftigen »Sehen« eines mit Macht kommenden Menschensohnes die Rede ist.
– Worte, die *vom Ausgeliefertsein und Leiden des Menschensohnes* berichten, begegnen z. B. bei Mk (8,31; 9,31) und Lk (17,25; 24,7). Seine Verwendung in den Weissagungen des Leidens Jesu stellt sicherlich eine nachösterliche Erhöhung dar.
Der Menschensohntitel galt im Judentum als unbelastet und wurde allgemein verstanden. In seiner Predigt betonte Jesus stets das wesentlich »Menschliche« – wenn Jesus vom Menschensohn spricht, meint er konkret einen Menschen und kein menschenähnliches Wesen. Jesus stellte auf diese Weise eine Verbindung des alltagssprachlichen Begriffs (»Mensch«) mit dem visionären Begriff (»Himmelswesen« = einem Menschen vergleichbar) her. Damit scheint sicher, dass Jesus sich selbst in der Rolle des Repräsentanten eines bereits im Himmel gegenwärtigen Menschensohnes sah.

Der Weg Jesu nach dem Markusevangelium

1 Mk 1,9
2 Mk 1,9
3 Mk 1,9
4 Mk 1,16
5 Mk 1,21
6 Mk 10,46-52
7 Mk 11,27-33
8 Mk 14,3-9
9 Mk 14,17-25

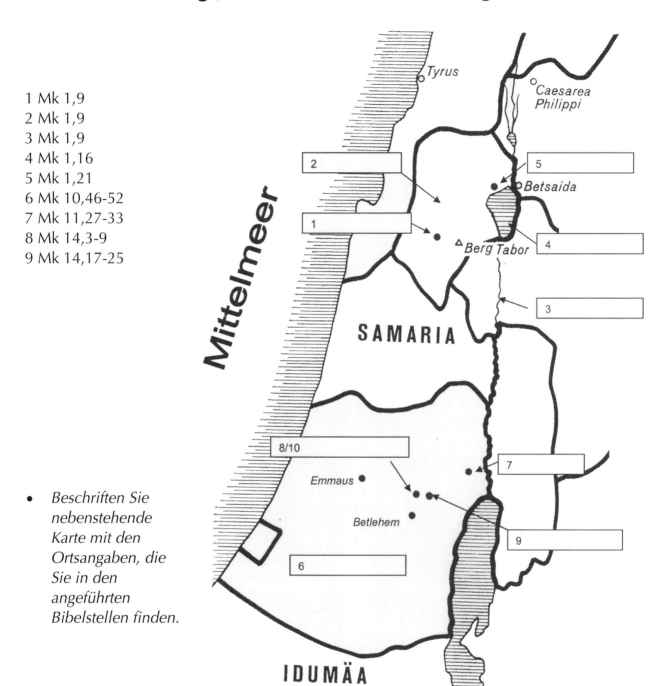

- *Beschriften Sie nebenstehende Karte mit den Ortsangaben, die Sie in den angeführten Bibelstellen finden.*

- *Übertragen Sie zu den angegebenen Stellen die Überschrift des zugehörigen Abschnitts.*

1 Mk 1,9 _____

2 Mk 1,9 _____

3 Mk 1,9 _____

4 Mk 1,16 _____

5 Mk 1,21 _____

6 Mk 10,1 _____

7 Mk 10,46-52 _____

8 Mk 11,27-33 _____

9 Mk 14,3-9 _____

10 Mk 14,17-25 _____

Der alltägliche Menschensohnbegriff hat also durch das Selbstbewusstsein Jesu eine messianische Erhöhung und Aufwertung erfahren, welche in der nachösterlichen Gemeinde christologisch aufgegriffen und interpretiert wurde.

Der Menschensohnbegriff ist der einzige Hoheitstitel, den Jesus in der Überlieferung der Evangelien selbst gebraucht. Für 37 von 51 Menschensohnaussagen in den Evangelien gibt es zudem parallele Stellen, in denen »ich« steht.

Der am häufigsten verwendete Würdename (500 Mal) ist **Christus** (*griech.*) bzw. **Messias** (*aram.*), der sehr bald zum festen Namensbestandteil und einem Synonym für Jesus wurde. Im AT deutet der Name »Gesalbter« auf ein Salbungsritual hin, das für Könige, Hohe Priester oder Propheten belegt ist. Messianische Gestalten im AT müssen mehrere Merkmale erfüllen: Durch sie bricht eine neue, alles überbietende Welt herein, sie bringen Israel Heil und sie weisen eine gottähnliche Würde auf. Die klassischen messianischen Texte des AT übertragen die altorientalische Bedeutung des Salbungsrituals, das den gesalbten Königen eine gottnahe Aura verlieh, auf die Erwartung eines Heilsbringers, der als König Israel befreien und dem Volk Frieden bringen wird (vgl. Jes 8,23 – 9,6; Nathansweissagung 2 Sam 7,12 ff.).

Eine Radikalisierung des Messiasbegriffes im Judentum erfolgte bereits im zweiten vorchristlichen Jh. Unter dem Eindruck der römischen Besetzung (seit 63 v. Chr.) war klar geworden, dass Friede und Freiheit nicht durch einen irdischen Messias herbeigeführt werden konnten. Der kommende Messias musste göttlicher Herkunft sein und das Gericht herbeiführen. Zur Zeit des NT verbanden vor allem Rebellen, Eiferer (Zeloten) oder charismatische Prediger die Erwartung des Messias mit der Idee einer politischen Befreierfigur. Andere Kreise wiederum vertraten die Erwartung einer eschatologischen Zeitenwende, die allein von Gott ausgehen konnte.

Die Erzählungen in den Evangelien berichten davon, dass der Titel Messias von seinen Jüngern an Jesus herangetragen wurde (z. B. Mk 8,27-30). Jesus wird in und von der Öffentlichkeit mit der Messiaserwartung konfrontiert: Der blinde Bartimäus begrüßt ihn als »Davidssohn« (Mk 10,46). Und wegen seines Königtums wird Jesus in Jerusalem angeklagt.

Der weitestreichende christologische Titel ist **Kyrios** bzw. **Herr**. Jesus hat sich gegen die Überschätzung und Überhöhung seiner Person durch andere konsequent gewehrt und forderte seine Anhänger zu bewusster Zurückhaltung auf. Diese Zurückhaltung gaben die Jüngerinnen und Jünger Jesu jedoch nach dem Ostergeschehen auf. In keiner anderen Bezeichnung zeigt sich dies deutlicher als im Kyrios-Titel. Kyrios war im alltäglichen Sprachgebrauch eine Anrede für Respektspersonen, für Personen, die Macht ausüben konnten, z. B. für Kaiser. Auch Sklaven bezeichneten ihre Besitzer als Herren.

In der Sprache der Religion diente der Begriff »Herr« als Anrede für ein göttliches Wesen, von den griechisch sprechenden Juden wurde er auch als Bezeichnung für Gott verwendet. Der Titel Kyrios setzt nach Röm 10,9 den Osterglauben voraus, die Auferstehung gilt als Ursache für die Verehrung Jesu als Kyrios. Der Maranatha-Ruf nach dem Kommen des Herrn (nach 1 Kor 16,22) bringt die Parusie-Erwartung des frühen Christentums zum Ausdruck.

Markant herausgehoben und betont wird der Titel Kyrios im Philipperhymnus Phil 2,5-11. Dem Herrn Jesus Christus gebührt besondere Verehrung, im Himmel und auf Erden.

Die Anrufung »es ist ein Gott« wird in 1 Kor 8,6 mit den Worten »es ist ein Herr« auf Jesus Christus übertragen. Jesus wird offensichtlich in Gottes direkte Nähe gerückt (vgl. 1 Kor 8,6; Phil 2,9). So wird das in Röm 14,11 verwendete Zitat aus Jesaja 45,23 über die Verehrung Gottes im Philipperhymnus auf die Verehrung Jesu übertragen.

Die Auferstehung hat Jesus unwiderruflich mit göttlicher Würde ausgezeichnet. Dem Auferstandenen gebührt neben Gott die höchste Verehrung, er sitzt zu seiner Rechten und hat direkten Anteil an der Macht Gottes.

Seine eigentlich christliche Prägung erhielt der Kyrios-Titel nicht so sehr durch die direkte Nähe zu Gott, in welche Jesus nach Ostern christologisch gerückt worden war, es war vielmehr die kultische Verehrung des Auferstandenen (vgl. Philipperhymnus), die nach jüdischer Überzeugung einzig und allein Gott bezeugt werden durfte.

Der urchristliche Hoheitstitel **Sohn Gottes**, in der Kirche die gebräuchlichste Bezeichnung für Jesus, findet seine Entsprechung in der Eschatologie der jüdischen Tradition. Am Ende der Zeiten werden alle Israeliten »Söhne Gottes« sein (z. B. Ps 17,27.30). In der vorpaulinischen Formel Röm 1,3f. wird Jesus »aus dem Geschlecht Davids« zum »Sohn Gottes ... durch die Auferstehung«. Apg 13,33 zitiert Ps 2,7: Der dort erwähnte »Sohn« wird gleichgesetzt mit dem Auferstandenen. In Mt 11,27, ebenfalls eine Aussage der Gemeindechristologie, wird Jesu Allmacht an die Beziehung des Sohnes zum göttlichen Vater geknüpft. Als erster Mensch erkennt der heidnische Hauptmann unter dem Kreuz Jesus, den König der Juden, als wahren Sohn Gottes (Mk 15,39).

Frühe Bilder von Jesus, dem Christus

Die Evangelien schweigen zur Frage, wie Jesus ausgesehen hat. Eine detaillierte Beschreibung des historischen Jesus und seines Aussehens lag nicht in der Intention der Verfasser. Die wohl früheste Beschreibung der Person Jesu findet sich bei Flavius Josephus (*37/38 n. Chr.), der Jesus selbst nicht gekannt hat. Insofern ist seine Schilderung (vgl. *Infoseite II* 19) mit Vorsicht zu genießen.

Professor Richard Neave von der Universität Manchester hat aufgrund von Skelettfunden und zeitgenössischen Beschreibungen und unter Anwendung modernster forensischer Techniken das Gesicht eines Mannes aus Palästina zur Zeit Jesu vom Computer errechnen und erstellen lassen. Das Ergebnis war das »Durchschnittsgesicht« eines palästinensischen Juden vor ca. 2000 Jahren. Die Abbildung gibt also nicht Aufschluss darüber, wie Jesus ausgesehen hat, vielmehr vermittelt sie eine realistische Vorstellung davon, wie Jesus ausgesehen haben könnte.

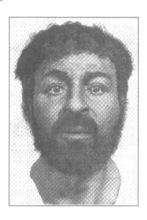

Die ersten Christen allerdings vermieden in den ersten nachchristlichen Jh. eine bildliche Darstellung bzw. Beschreibung Jesu. Für sie war das atl. **Bilderverbot** noch bindend. Erste Bilder von Jesus Christus und Heiligen entstanden ab dem 3. Jh. als Zeichen und Ausdruck des Glaubens und der Frömmigkeit. Von der Theologie wurden diese bildlichen Darstellungen zunächst weiterhin abgelehnt. Erst allmählich fanden sie auch in der Lehre Anerkennung durch das Inkarnationsprinzip. Das bedeutet, dass in Bildern Jesus Christus gegenwärtig ist, ohne mit ihnen identisch zu sein, genauso, wie auch Gott Mensch wurde in Jesus Christus, ohne dabei seine Göttlichkeit vollständig zu veräußern.

Die **Fresken** aus einem christlichen Versammlungsgebäude (»Haus der Gemeinde«) in Dura-Europos gelten als die ältesten derzeit bekannten christlichen Bilder. Dura-Europos war ursprünglich eine griechische Stadt. Sie liegt am Eufrat im heutigen Syrien, nahe der Grenze zum Irak; ihr heutiger Name ist Es-Salahije. Seit 150 v. Chr. erlebte die Stadt eine erste Blütezeit. In den folgenden Jahrhunderten befand sich Dura-Europos abwechselnd unter der Herrschaft Roms und dem Machteinfluss der Parther. Die Sassaniden eroberten und zerstörten die Stadt im Jahr 256 n. Chr. Erst in den 30er-Jahren des vergangenen Jahrhunderts entdeckte man die Ruinen der Stadt im Wüstensand. Einer der sensationellen Funde bei den Ausgrabungen war der bislang nachweislich älteste christliche Versammlungsraum, ungefähr datiert auf das Jahr 232. Ob das Gebäude zu Messfeiern genutzt worden war, ist nicht eindeutig zu klären. Das darin befindliche Baptisterium enthält die frühesten datierbaren Abbildungen, auf denen Jesus Christus dargestellt ist. Diese zeigen beispielsweise Jesus mit Petrus, die Samariterin am Brunnen, die Heilung des Gelähmten oder Jesus als Guten Hirten. Die erstaunlich gut erhaltenen Fresken gelten als die einzig bekannten ihrer Art, die aus der Zeit vor der konstantinischen Wende stammen. Sie befinden sich heute in der Yale Gallery in New Haven, USA.

Um das Christusgeheimnis in seiner ganzen Dimension erfassen und der Vielfalt christologischer Anschauungen und Aspekte gerecht werden zu können, bedienten sich die ersten Christen schon sehr bald der Möglichkeit, das eigentlich Unsagbare in Bildern, Formeln und Symbolen auszudrücken und begreifbar zu machen. Auch Jesus bediente sich in seinen Predigten bewusst der Sprache der Bilder und Symbole.

Der Rückgriff auf eine symbolbehaftete Bildsprache wurde mit dem Beginn der Christenverfolgungen ab dem Jahr 64 n. Chr. umso notwendiger.

Der **Anker** entspricht in seiner Symbolaussage der Glaubenshaltung der ersten Christen: Vergleichbar mit dem Schiff im Hafen verweist der Anker auf das »Verankertsein« im Glauben, auf Vertrauen und Standhaftigkeit in der Zeit der Verfolgung. Er gilt als eines der ursprünglichsten Hoffnungssymbole im frühen Christentum. In Hebr 6,19-20 schreibt Paulus von der Hoffnung der Christen: »In ihr haben wir einen sicheren und festen Anker der Seele ...« Von Anfang an stand das Zeichen des Ankers stellvertretend für das Kreuz. Seit der zweiten Hälfte des 2. Jh. tauchte der Anker zunehmend zusammen mit anderen Symbolen auf, am häufigsten in Verbindung mit dem Symbol des Fisches.

Grundsätzlich gilt der **Fisch** in vielen Religionen und Kulturen als Symbol der Fruchtbarkeit und des Lebens. Im Zeichen des Fisches versteckt sich aber auch ein kurzes Glaubensbekenntnis. Den frühen Christen während der Christenverfolgungen diente er ursprünglich als geheimes Erkennungszeichen. Die einzelnen Buchstaben des griechischen Wortes für Fisch, *ichthys*, ergeben die Grundlage für eine bekenntnishafte Glaubensformel, die das Geheimnis Jesu Christi zum Ausdruck bringt:

I	**I**esos	Jesus
X	**Ch**ristos	Christus
Θ	**Th**eou	Gott(es)
Y	**Y**ios	Sohn
Σ	**S**oter	Erlöser

Als Symbol wurde der Fisch bis in das 4. Jh. verwendet und in bildlicher Darstellung auch in den frühen Werken christlicher Kunst.

Das konstantinische Christusmonogramm aus den griechischen Buchstaben X und P war schon in der Antike als stenografisches Zeichen für unterschiedliche Worte, welche mit diesen Buchstaben beginnen, bekannt. Ab der ersten Hälfte des 2. Jh. wurde das allgemein geläufige Zeichen von den Christen als Kurzform für den Christusbegriff übernommen. Die beiden Buchstaben X (*Chi*) und P (*Rho*) stehen dabei stellvertretend für das griechische Wort für Christus. Eusebius von Caesarea berichtet in seinem »Leben Konstantins« davon, dass es dieses Zeichen war, das Konstantin in seiner Vision gesehen haben musste und mit dessen Hilfe er den Sieg gegen seinen Widersacher erringen konnte. Seitdem ließ Konstantin dieses Zeichen all seinen Heeren als Banner vorantragen. Auch auf Münzen ließ der Kaiser das Monogramm prägen, das seither auch das »konstantinische« genannt wird.

2. Einsatzmöglichkeiten im RU

Heutige Würdetitel sammeln

- Sch suchen in GA nach Beispielen für »moderne Würdetitel« bedeutender Persönlichkeiten, Berufsgruppen etc. aus den verschiedensten Lebensbereichen (z. B. Kaiser Franz, King of Rock 'n Roll, Götter in Weiß etc.).
- Im UG diskutieren Sch über Herkunft und Bedeutung der gefundenen Titel.
- Im Anschluss daran suchen Sch nach geeigneten Bezeichnungen und Titel für Jesus. Die Resultate können in Einzelbildern oder als Collage zusammengetragen werden.

Jesuskalligrafie IDEENSEITE 10

- Sch überlegen, warum sich für Jesus so viele unterschiedliche Titel und Bezeichnungen finden lassen.
- Sch erhalten **AB 10.1.6, Lehrerkommentar S. 31**.
- Sch suchen aus der Liste einen Titel aus, der sie besonders anspricht, und verfassen dazu einen kurzen Text, in welchem sie den Bezug des gewählten Titels zur Person Jesu begründen und deuten.

Zimmermann – toter Mann – Supermann IDEENSEITE 10

- Sch diskutieren die Frage, ob man Jesus als »lebende Legende« bezeichnen kann.

Symbole entdecken

- Als Hinführung zum Thema gibt L einen stillen Impuls, z. B. in Form eines symbolischen Gegenstandes oder einer symbolischen Geste.
- Sch suchen nach Beispielen und Situationen aus dem Alltag, wo Symbole gezielt verwendet werden, und erschließen aus ihren Überlegungen das Grundanliegen von Symbolen.

Ein Symbol entwerfen IDEENSEITE 10

- Sch entwerfen ein Zeichen oder Symbol für Jesus Christus. In einem kurzen Text beschreiben und interpretieren sie ihre Idee.
- Sch sammeln die Ergebnisse und gestalten daraus eine Ausstellung, die z. B. im Rahmen eines Projekttages gezeigt werden kann.

Zu ersten christlichen Zeugnissen recherchieren

- Sch informieren sich im Internet über Dura-Europos, seine Geschichte, seine Bedeutung. Die Ergebnisse tragen sie als Info-Blatt oder als Werbeflyer, z. B. für ein fiktives kirchliches Reiseunternehmen, zusammen.

»Die Meinen kennen mich ...« Deuteseite III 20 21

1. Hintergrund

Als die Christen im 3. Jh. begannen, ihre Begräbnisstätten in den Katakomben auszumalen, war das Christusbild des Guten Hirten eines der ersten Motive. Ursprünglich war der Hirte nichts anderes als der heidnische Schafträger, eine Personifikation des antiken Ideals der Philanthropia (Menschenfreundlichkeit). Es wurde also ein bereits bestehendes Motiv mit dem ntl. Gleichnis vom Guten Hirten (Lk 15,3-7) und der Hirtenrede (Joh 10,1-10) verbunden.

Das Bild des Guten Hirten ist insofern eine Fortführung der Kreuzestheologie, als damit das »Für euch« über den Rahmen des NT hinaus für die Christen der folgenden Generationen fortgeschrieben wird. Damit geht auch eine Spiritualisierung des Kreuzigungsmotivs einher. Das »Für euch« meint nun nicht mehr nur das Vergießen des Blutes, sondern auch die umfassende Fürsorge Christi für die Seinen und schließlich für die ganze Welt. »Für euch vergossen« bedeutet jetzt auch »Immer für euch da«. Innerhalb des Kapitels wird damit der Bogen gespannt vom Geschehen

Würdetitel für Jesus

A und O (Anfang und Ende; Offb 1,8)

Arzt (Mk 2,17)

Auferstehung, die (Joh 11,25)

Bräutigam (Mk 2,20)

Brot des Lebens (Joh 6,35)

Bruder (Hebr 2,11.17)

Eckstein (Eph 2,20)

Friedensfürst (Jes 9,5)

Gottesknecht (Jes 52,13)

Guter Hirte (Joh 10,11)

Heiland (Lk 2,11)

Hoher Priester (Hebr 4,14; 7,26)

König (Joh 18,33-37)

Lamm Gottes (Joh 1,29)

Leben, das (Joh 11,25)

Licht der Welt (Joh 8,12)

Mittler des neuen Bundes (Hebr 8,6)

Nachkomme Davids (Röm 1,3)

Opferlamm (Joh 1,29; Offb 5,6)

Prophet (Joh 6,14; 7,40)

Rabbi (Lehrer; Lk 10,25)

Retter (Lk 2,11)

Sohn Davids (Mt 15,21)

Sohn des Höchsten (Lk 1,23)

Sündopfer (Röm 8,3; 2 Kor 5,21)

Zweiter Adam (1 Kor 15,45)

- *Wählen Sie aus der Liste den Namen Jesu aus, der Sie gegenwärtig am meisten anspricht.*
- *Verfassen Sie einen kurzen Text darüber, warum Jesus diesen Namen erhielt. Deuten Sie den Namen.*

der Kreuzigung im geschichtlichen Kontext zum Rettungs- und Erlösungsgeschehen in eschatologischer Perspektive.

Die **Übertragung von Joh 10,1-9** durch Walter Jens verwendet eine Sprache, die frei ist von jeder frömmelnden Patina, die auch bibelentwöhnte Menschen und kritische Bibelleser unmittelbar anzusprechen vermag. So wird z. B. dem »Amen«, das den meisten nur als Gebetsschluss bekannt ist, durch die Übersetzung seine bekräftigende Funktion zurückgegeben: »und das ist wahr«. Indem Jens vor allem kurze Hauptsätze verwendet, kommt er der gesprochenen Sprache sehr nahe. Deswegen sollte der Text unbedingt laut gelesen werden – auch von den Sch. An bestimmten Stellen ist der Text sogar dramatisch ausgestaltet, wenn z. B. anstelle eines berichtenden Aussagesatzes die wörtliche Rede eingesetzt wird, wie etwa in V1, wo der Dieb mit sich selber redet: »Da steig ich ein! Da ist eine Luke!«

Das Mosaik befindet sich in einer Lünette (frz. *Möndchen*), einem halbkreisförmigen Bogenfeld im Gewölbe des sogenannten Mausoleums der Kaiserin Galla Placidia († 450) in Ravenna. Der Innenraum dieses verhältnismäßig kleinen Baus ist mit überwältigend schönen farbintensiven Mosaiken dekoriert. Auf unserem Bild sieht man über dem mit einem Rahmen eingesäumten Bild noch Teile des verzierten Gewölbes. Ein intensives Indigo-Blau bildet den Grundton, auf dem sich Sterne und bunte Ornamente absetzen. Darunter erblickt man in der das Gewölbe abschließenden Lünette die jugendliche Gestalt des Guten Hirten inmitten seiner Herde. Ein goldener Nimbus umgibt seinen braun gelockten Kopf. Er trägt eine goldfarbene Tunika und einen Purpurmantel, was ihn eindeutig als königliche Gestalt kennzeichnet; auch sitzt er auf einer Felsentreppe wie auf einem Thron. Mit der Linken stützt er sich auf ein hohes goldenes Kreuz, mit der Rechten streichelt er liebevoll das Kinn eines Schafes, das ergeben zu ihm aufblickt. Die anderen Schafe ruhen entweder auf der Weide oder stehen auf dem Felsen, aber alle haben sie ihren Blick dem Hirten zugewandt. Die Felslandschaft und der blaue Himmel im Hintergrund vermitteln in ihrer geschickten Gliederung den Eindruck von Raumfülle und Raumtiefe. Die Pflanzen und Sträucher sind detailgetreu ausgestaltet und vermitteln die Vielfalt der wirklichen Natur.

Christus als Guter Hirte
In diesem Bild verrät sich ein dreifaches Interesse. Erstens folgt der Künstler darin dem idyllischen Landschaftswunschbild des bukolischen Arkadien, das schon in antiken Hirtengedichten als Paradies der Hirten gepriesen wird (Theokrit: Eidýllia; Vergil: Bucolica). Zweitens wird dieser Hirte dennoch klar von der reinen Idylle abgegrenzt, indem er gleichzeitig als König und Lehrer dargestellt wird. Beim Königs-Hirten der Antike verband sich das Hirtenamt immer mit dem Regierungsamt, so bei den Pharaonen (Hirtenstab als Signum des Herrschers), aber auch in diversen Texten des AT, so bei Ez 34, dem Vorbild für die johanneische Stelle, und bei Jer 2,8, bei dem die Herrscher als Hirten des Volkes bezeichnet werden. Die bekannteste Hirtenstelle ist allerdings der Psalm 23. Drittens kehrt das Motiv von der idyllischen Landschaft auf einer Metaebene wieder als Symbol für den eschatologischen Endzustand, in den Gott sein Volk ruft: zur ewigen Seligkeit ins himmlische Paradies. Somit ist das Hirtenbild nicht nur die Darstellung einer biblisch-historischen Erzählung, sondern einer kommenden Erfahrung des ewigen Glücks der Erlösten. Bemerkenswert an diesem Bild ist auch die Funktion des Kreuzes. Es ist hier nicht mehr erniedrigendes Folterwerkzeug, sondern Zeichen der Gottesherrschaft. Im Stil ist es der römischen Standarte nachgebildet, die in vorkonstantinischer Zeit den Adler trug. Seitdem wurde das Kreuz auch zum Herrschaftszeichen, wenn auch in den Händen Jesu zum Zeichen einer milden Herrschaft. Man fühlt sich bei diesem Kreuz aber auch an die paulinische Theologie von der Umkehrung der Werte nach 1 Kor 18,31 erinnert: Für die Welt ist das Kreuz Ärgernis und Torheit, für die Berufenen aber Gottes Kraft und Weisheit.

2. Einsatzmöglichkeiten im RU

Das Motiv des Guten Hirten ergründen
- Mit Powerpoint, Diaprojektor oder OHP zeigt L ein oder mehrere Fotos von Schafhirten. Sch ergründen, warum wir von solchen Bildern berührt werden.
- Da Sch in der Regel ein sehr emotionales Verhältnis zu Tieren und insbesondere zu (ihren) Haustieren haben, können sie von eigenen Erfahrungen berichten, wie sie Tiere beschützt haben. Welche Gefühle wurden in ihnen geweckt?
- Ein/e Sch trägt den Text von Walter Jens auf *Deuteseite III* **20** langsam vor. Sch betrachten dabei die Hirtenbilder.

- Anschließend vergleichen Sch die Hirtenbilder mit dem Mosaik aus Ravenna.

Ein Detail aus dem Mosaik gestalten
- Sch wählen einen Ausschnitt des Mosaiks auf *Deuteseite III* **21**, z. B. die rechte Hand des Hirten, die das Kinn des Schafes streichelt, und gestalten mit Schnipseln aus buntem Papier ein Papiermosaik. *Alternativ* malen sie mit Wasserfarben das Detail nach. Um das Mosaik bzw. Bild ordnen sie Textelemente aus Joh 10 oder aus Ps 23 an.

Der Gute Hirte in der Musik
- Sch hören die Arie »Er weidet seine Herde« aus dem Messias von G. F. Händel und singen sie evtl. nach (einfache Melodie!).
- Dazu können Sch auch Formen meditativen Tanzes ausprobieren.

Lebensbilder Deuteseite IV

1. Hintergrund

Auf *Deuteseite IV* werden den Sch unterschiedliche Ansätze und Möglichkeiten vorgestellt, die Person Jesu Christi und ihre Bedeutung für uns zum Ausdruck zu bringen.

Dabei unterscheidet sich der literarische Ansatz in seinem Anliegen wesentlich von den unterschiedlichen Jesusdarstellungen aus dem Bereich der Kunst.

Während bei Peter Handke aktuelle Probleme der Versprachlichung und Vermittlung von Botschaft und Person Jesu im Vordergrund stehen, zeigen die Bilder, wie Künstler die Bedeutung (des Kreuzestodes) Jesu vor dem Hintergrund ihrer Zeit umgesetzt haben.

> **Peter Handke (*1942)**
> Peter Handke gilt als einer der herausragenden und zugleich umstrittensten deutschsprachigen Autoren der Gegenwart. Sein Werk umfasst die Bereiche Lyrik, Erzählung, Drama, Essay, Theaterstück und Hörspiel. Darüber hinaus ist er auch erfolgreich als Übersetzer tätig. Ein erster aufsehenerregender Auftritt in der Öffentlichkeit gelang ihm beim Treffen der »Gruppe 47« im Jahr 1966 in Princeton, wo er sein provokantes Werk »Publikumsbeschimpfung« vorstellte.
> Handkes Frühwerk ist geprägt von einer sprachkritischen Haltung. Seine Kritik richtete sich vornehmlich gegen Beschränkungen, Gewohnheiten und Konventionen; er versuchte, auf dieser Grundlage Erfahrungen und wahrgenommene Wirklichkeiten sprachlich zu artikulieren. Zur Selbstverwirklichung und Wahrnehmung der Realität kann Sprache nur über die Reflexion ihres Entfremdungspotenzials führen. Seit Mitte der 70er Jahre des vergangenen Jh. näherte sich Peter Handke in seinen Erzählungen selbst wieder traditionellen Erzähltechniken.

In dem Text »**Lebensbilder**« (1965) zeichnet Handke ein Bild vom Leben Jesu in ungewohnter, fast provokanter Sprach- und Ausdrucksweise. Er mischt dabei unterschiedliche Sprachebenen: Die gehobene, bildreiche Sprache der Bibel, moderne Alltagssprache und die offizielle Sprache der Nachrichten- und Informationsmedien.

Der Text reduziert die Lebensbeschreibung Jesu auf eine knappe Schreibmaschinenseite, erfasst dabei aber die wesentlichen Grundzüge seines Lebens. Die Mischung kaum vereinbarer Sprachstile und die versteckte, teilweise auch offen zutage tretende Ironie verleiht der Lebensbeschreibung absurde Züge.

Die Sprache der Bibel als verklärendes Element erscheint überwiegend zu Beginn des Textes. Die unbekannten Jahre des Lebens Jesu, seine Kindheit und Jugend, werden fast legendenhaft dargestellt.

Dann ändert sich der Sprachstil. Kurze, aneinandergereihte Sätze einer unbeholfenen Erzählsprache »und dann ... und dann ... und dann ...« folgen aufeinander. Da hinein mischen sich vereinzelt Formulierungen, wie sie in der Nachrichtensprache üblich sind: »Verhindern des geregelten Geldverkehrs«, »Nichtbeachtung des Versammlungsverbotes«, »ein Erdbeben mittlerer Stärke verursachte geringe Sachschäden«. Die Berichte der Evangelien über das Leben Jesu werden, ohne sie zu hinterfragen, gleichsam als biografische Tatsachen verwendet.

Die Auswahl der Einzelheiten des Lebens Jesu erfasst wohl die wichtigsten Stationen, bleibt aber im Detail willkürlich und kindlich unreflektiert. Einer Parabel gleich hält Handke dem Christentum, insbesondere aber der Amtskirche, einen Spiegel vor. Er agiert dabei nach dem Beispiel der Gleichnisse Jesu: Handke verwendet aktuelle, alltägliche Sprachbilder, um den eigentlichen Inhalt seiner Botschaft zu transportieren.

Wo Inhalte unreflektiert übernommen und als leere Worthülsen formuliert werden, wo Sprache von »oben« aufgesetzt wird, ohne die Situation der Adressaten zu berücksichtigen, da müssen die Verkündigung der Wahrheit und die Vermittlung sinngebender Inhalte zum Scheitern verurteilt sein. Die offizielle »Verwaltungssprache« der Kirche mit ihrer genormten Ausdrucksweise und ihren überkommenen Bildern kann das Kirchenvolk nicht erreichen, weil sie nicht die Sprache des Volkes ist. Da, wo sie genau dieses versucht, wirkt sie unglaubwürdig, lächerlich, ja manchmal absurd.

Der Versuch, das Christusmysterium auf diesem Weg glaubhaft und begreifbar zu machen, wird so zur Ironie. Die Ironie in Handkes Text gipfelt in der Verkehrung des Jesuswortes Mt 16,26, das der Autor der Lebensbeschreibung voranstellt: »Was nützt es dem Menschen, wenn er an Seele gewinnt, an der Welt aber Schaden leidet?«

Christusdarstellungen aus drei ausgewählten Epochen der (Kunst-)Geschichte begegnen den Sch auf *Deuteseite IV* 23. Sie stellen nur einen kleinen Ausschnitt innerhalb der enormen ikonografischen Vielfalt dar: triumphierend und leidend, barmherzig und aufbrausend, hässlich und schön, Richter und Hingerichteter, menschlich und göttlich. Diese Bilder von Jesus stellen stets ein Spiegelbild der Menschen und des gesellschaftlich-historischen Erfahrungshorizonts ihrer Entstehungszeit dar.

Gleichzeitig ist die Vielschichtigkeit der Christusdarstellungen von den Anfängen der Kirche bis heute jedoch kaum mehr bewusst. Vielmehr haben sich im zeitgenössischen Denken zwei Christusmotive in den Vordergrund geschoben: der leidende Jesus am Kreuz, wie ihn z. B. die Künstler des Barock abbildeten, und der sanftmütige, milde Jesus, wie er vor allem im 19. Jh. dargestellt wurde.

Vor diesem Hintergrund sind Bildauswahl und Aufgabenstellung der *Deuteseite* 23 zu verstehen.

Die **Christus-Ikone** (Sinai, 6. Jh.) befindet sich heute im Katharinenkloster auf dem Sinai. Die 1962 von einer Übermalung befreite Ikone gehört zu den wertvollsten Kunstschätzen des Klosters. Sie datiert aus der Zeit vor dem Bilderstreit (726-843) und ist damit eines der frühesten vollständig erhaltenen Beispiele der ostkirchlichen Ikonenkunst, in dem sich deren strenge Regeln widerspiegeln. So ist deutlich eine Längung und Dehnung des dargestellten Körpers zu erkennen, was die Vergeistigung der abgebildeten Person darstellt, ebenso eine die Ewigkeit symbolisierende Reglosigkeit. Das Gewand aus Tunika und Mantel zeigt den kaiserlichen Purpur, der Nimbus (hier als Kreuznimbus) ist dem Kaiserkult entlehnt, der Goldgrund weist auf die Göttlichkeit Jesu Christi hin. Sein grundsätzlich menschlich-beseelter Habitus verweist auf die Menschnatur Jesu.

Die majestätische Christusgestalt ist in Frontalansicht dargestellt. Ihr Gesicht, strahlend und klar gezeichnet, ist leicht aus der Bildmittelachse gerückt. Die Augen blicken ernst und erhaben. Mit der Segenshand stellt Christus die Kirche unter seinen göttlichen Beistand. Das Buch in der Linken ist das Buch der Lehre.

Die staatliche Anerkennung des Christentums nach Konstantin und die Erklärung des Konzils von Nicäa (325), dass der Sohn mit Gott »gleichwesentlich« ist, befreit die frühesten Christusdarstellungen aus den unterirdischen Katakomben. Ein neuer, repräsentativer Ort wird für das Abbild Jesu Christi erschlossen – Christus thront nun majestätisch in der Apsis der neu entstandenen Sakralbauten. In diesen Christusikonen wird Christus dem Gott-Kaiser, dem Herrscher über das Römische Reich, gleichgesetzt. Die *Majestas Domini* stellt damit seit dem ausgehenden 4. Jh. einen völlig neuen Bildtyp dar, der sich im frühen Mittelalter zum Typus des Christus Pantokrator weiterentwickelt.

> **Mathis Gothard Neithard, genannt Matthias Grünewald (ca. 1455/80-1528)**
> Die Angaben seines Geburtsjahres schwanken zwischen 1455 und 1480. Über sein Leben ist nur wenig bekannt. 1505 hat er in Aschaffenburg als »Meister Mathis« gewohnt und gearbeitet. Aufträge führten ihn u. a. nach Frankfurt und Mainz. Ab 1511 stand er im Dienst des Erzbischofs von Mainz. In den folgenden Jahren entstanden mehrere sakrale Werke, z. B. Altäre für den Dom in Mainz und die Spitalkirche in Isenheim. Vermutlich ist er 1528 in Halle gestorben.

Matthias Grünewald: »Der Gekreuzigte«, 1512/15 (Ausschnitt des Isenheimer Altars)
Die Kreuzigungsszene (269 x 307 cm) ist das Schaubild des geschlossenen Flügelaltars, den Grünewald für die Isenheimer Spitalkirche anfertigte. Der Altar entstand zwischen 1512 und 1515; er ist heute in Colmar zu sehen und gilt als eines der bedeutendsten Werke des 16. Jh., das die Passionsthematik aufgreift. Der Bildausschnitt zeigt den qualvoll leidenden Christus, seinen geschundenen Oberkörper und sein zermartertes Gesicht, das von der mächtigen Dornenkrone zerkratzt ist. Die ganze Grausamkeit des Leidens und Sterbens kommt in dem nach vorn gesunkenen Gesicht Jesu zum Ausdruck. Das Gesicht ist erstarrt von der Kälte des Todes, der weit geöffnete Mund hat sich bereits grünlich verfärbt. Kräftige Farbkontraste (Schwarz, Blutrot und Weiß) tragen dazu bei, die Ausweglosigkeit und die scheinbare Endgültigkeit dieser Szene zu unterstreichen.

Dieser Jesus ist tot. Während in der Romanik der aufrechte Körper am Kreuz gezeigt wurde, geschieht hier in der Gotik bewusst die Darstellung des am Kreuz hängenden Leichnams Jesu. Der Tod war der ständige Begleiter der Menschen im 15. und 16. Jh. Seuchen und Epidemien gehörten zu deren prägenden Erfahrungen. Zwischen 1400 und 1500 gab es insgesamt 41, von 1500 bis 1600 30 Pestjahre. Das Antoniterspital in Isenheim beherbergte im 16. Jh. zahlreiche Opfer der Pestepidemien. Bevor die Kranken in das Spital aufgenommen wurden, brachte man sie in die Spitalkirche und stellte sie dem Altarbild des geschundenen Christus gegenüber.

An der Schwelle zur Neuzeit lebten und arbeiteten ca. 90 % der Bevölkerung auf dem Lande. Das mittelalterliche Menschenbild sah den Menschen während seines irdischen Lebens als grundsätzlich erlösungsbedürftig, die Erde als Jammertal.

Zu dieser resignierenden Lebenshaltung kamen die neuartigen, verunsichernden Erfahrungen eines Zeitalters, das sich im Umbruch befand. Das bisherige Lebensgefüge drohte auseinanderzubrechen, die Menschen verloren ihren Halt, sie drohten zu entwurzeln. Erste Ausprägungen eines frühkapitalistischen Denkens und die Verschärfung der Gegensätze zwischen Arm und Reich erhöhten die sozialen Spannungen innerhalb der Gesellschaft. Unruhen und Aufstände waren die Folge.

Auch die Kirche befand sich in einer Phase des Umbruchs. Eine zunehmende Vernachlässigung kirchlicher Aufgaben, besonders auf dem Gebiet der Seelsorge und der Verkündigung, durch einen mehr und mehr verweltlichten und schlecht ausgebildeten Klerus leistete einer religiösen Entwurzelung und der Zunahme von Aberglauben und Magie im Volke Vorschub.

> **Pompeo Girolamo Batoni (1708-1787)**
> Batoni wurde in Lucca geboren und gilt als einer der herausragenden Maler im Rom des 18. Jh. Er entwickelte bald seinen eigenen Stil, der sich an antiken Vorbildern und der Kunst Raphaels orientierte. Besondere Wertschätzung erfuhr er als Porträtmaler. Unter seinen Bildnissen finden sich Porträts zahlreicher Päpste sowie der Kaiserin Maria Theresia, die ihn in den Adelsstand erhob. Der Künstler starb 1787 in Rom.

Pompeo Girolamo Batoni: »Il Sacro Cuore di Gesù«, um 1740

Das Bild zeigt eine Herz-Jesu-Darstellung in einer für die damalige Zeit typischen Art mit einem schönen, sanftmütigen Jesus, der sein blutendes, dornenbekränztes, von einem Strahlenkranz umgebenes Herz vor seiner Brust in Händen hält. Hier ist kein leidender, kein herrschender Christus dargestellt – Batoni zeigt einen zutiefst menschlichen, man ist geneigt zu sagen »menschelnden« Christus. In geradezu psychologisierender Weise wird dieser Christus zum Mitmenschen stilisiert. Ein Mensch in einem privaten, intimen Augenblick wird hier gezeigt, ein Mensch, der sein Innerstes nach außen kehrt. Fast erotisierend ist der Blick, der gleichzeitig Melancholie, Sanftmut und Barmherzigkeit in sich vereint. Das leicht geneigte Haupt des Gottessohnes impliziert einerseits eine mitfühlende Hinwendung zum Betrachter. Andererseits verleiht diese Haltung dem Gesichtsausdruck etwas Prüfendes, Fragendes.

Dieser Christus bringt den BetrachterInnen seine ganze Liebe und Barmherzigkeit entgegen, er schenkt ihnen sein Herz, das er in der linken Hand vor seiner Brust hält. Das blutende Herz verweist mit den Symbolen des Dornenkranzes und des Kreuzes auf das Leiden und den Tod Jesu. Ist der Nimbus, der das Haupt umgibt, nur angedeutet, so erstrahlt das Herz, das sie in ihrer Linken hält, im Glanz eines gloriolenartigen Strahlenkranzes. Im Herzen Jesu erstrahlt die vollkommene Liebe und Barmherzigkeit Gottes.

Durch den Lichteinfall von rechts wird Jesus in Szene gesetzt wie ein Akteur, der auf der Bühne mit seinem Publikum kommuniziert. Den prüfenden Blick der Christusgestalt mag der Betrachter als Angebot verstehen, sich am Geschehen zu beteiligen, sich auf Christus einzulassen. Der Ort der Kommunikation zwischen Jesus und Mensch ist das Herz, die gemeinsame Basis die Sprache der Herzen.

»Herz« gehört zu den Urworten der Heiligen Schrift. Der Begriff bezeichnet die gesamte Person, den Sitz des Seelenlebens, des Gemüts und des Willens. Die Herz-Jesu-Verehrung geht auf die Auslegung von Texten aus dem Johannesevangelium in der frühen Kirche zurück. Die Anfänge der Verehrung des heiligsten Herzens Jesu finden sich in der Mystik des 13. und 14. Jh. besonders ausgeprägt bei den Kartäusern. Später hat der Jesuiten-Orden diese Form der Frömmigkeit gepflegt. Andachtsbilder zeigten das blutende Herz zusammen mit den Leidenswerkzeugen, mit denen Jesus am Kreuz gefoltert wurde. Einen starken Impuls empfing diese mystische Frömmigkeitsform ab 1673 durch Visionen der französischen Nonne Margareta Maria Alacoque (1647-1690), die das Bild des blutenden Herzens Jesu als himmlische Offenbarung vor sich sah.

Die katholische Kirche kämpfte zu Beginn des 18. Jh. gegen den Geist der Aufklärung, die die Position von Religion und Kirche in der Gesellschaft erschütterte. Kritik und Zweifel an den kirchlichen Dogmen wurden laut, denn wie sollten die Lehrsätze der Kirche mit einem auf Vernunft und Erfahrung gegründeten Denken vereinbar sein? Insbesondere die Natur- und Geisteswissenschaften beanspruchten in Bereichen, die bisher der Kirche unterstanden, eine eigenständige und unabhängige Autorität, z. B. in Fragen der Evolution, der Ethik und des Rechts. Die Folge war eine zunehmende Verschiebung der Religion ins Private, hin zur Religiosität, zur inneren Haltung des frommen Individuums. Die pietistischen Strömungen unterstützten den Wandel im Religionsverständnis. Die »Gefühlsreligion« stand also in bewusster Abkehr zu einer Religion, die Vernunft zur Grundlage ihrer Erklärungsversuche und ihres Weltbildes machte. Das Werk Gottes musste nicht begriffen werden, vielmehr sollte es gelebt, gefühlt und angenommen werden.

Die mystische Verehrung des durchbohrten Herzens Jesu stößt heute kaum mehr auf Akzeptanz. Das Symbol »Herz« ist entmythologisiert, heute ist das Herz das Symbol für Verliebtsein, das Herz als Organ ist Gegenstand der Medizin. Gleichzeitig sammeln Sch Andachtsbildchen, sodass eine Auseinandersetzung mit dieser Tradition sinnvoll ist.

2. Einsatzmöglichkeiten im RU

Bibelstellen umarbeiten
- Sch schlagen die Bibelstellen aus AA 2 auf *Deuteseite IV 22* nach.
- In GA arbeiten Sch je eine Bibelstelle um. Dabei wählen sie einen ganz neuen Stil, z. B. eine kommentierende Nacherzählung, kurze Inhaltsangabe, Zeitungsmeldung, Brief, Polizeibericht etc.
- Anschließend stellen Sch die Ergebnisse vor und vergleichen sie bzgl. ihrer Wirkung und ihres Aussagegehaltes.

Eine Textkritik verfassen
- Sch geben eine persönliche Stellungnahme zum Text von Peter Handke ab und fassen kurz schriftlich zusammen, was sie an dem Text stört, was ihnen daran gefällt etc. Danach werden die Ergebnisse vorgestellt und diskutiert.

Einen Lebensbericht Jesu verfassen
- Sch sammeln alle für sie relevanten Daten und Details aus Jesu Leben und verfassen damit in ihren eigenen Worten eine neue Kurzbiografie.
- Sch stellen ihre Texte im Plenum vor und vergleichen sie z. B. bzgl. der Inhalte, des Stils etc.

Jesusdarstellungen in der Kunst betrachten
- Sch betrachten die Bilder von *Deuteseite IV 23* in ungeordneter Folge (OHP) für einige Zeit in Stille. In die Stille hinein spricht L z. B. folgende Schlagworte:
  Anerkennung – Herrschaft – Einheit
  Krankheit – Resignation – Unruhen
  Abhängigkeit – Sehnsucht – Frömmigkeit
  und lädt Sch ein, ihre Gedanken zum jeweiligen Bild zu äußern.
- Im UG erarbeiten und deuten Sch und L gemeinsam die Zuordnungen der Bilder zu den Schlagwortgruppen und den historischen Hintergrund der Bilder.
- Sch erhalten **AB 10.1.7, Lehrerkommentar S. 37**, und halten dort die Ergebnisse schriftlich fest.

Vorschlag für möglichen Arbeitsblatteintrag

Anerkennung – Herrschaft – Einheit:
Das Christentum wird nach der »Konstantinischen Wende« zur Staatsreligion im Römischen Reich erhoben. Viele Christusdarstellungen dieser Zeit zeigen Christus als neuen Herrscher und Kaiser (Kaisertoga), aber auch als Lehrer (Buch), als Hüter von Gesetz und Wahrheit, der dem jungen Christentum Ordnung und Halt geben kann.

Krankheit – Resignation – Unruhen:
Prägende Erfahrungen dieser Zeit sind die Verweltlichung der Kirche, Kriege, die Kreuzzüge. Insbesondere aber die Pest und die damit verbundenen Leiden der Menschen spiegeln sich in den Christusbildern der Spätgotik wider.
Diese zeigen einen leidenden, von Wunden übersäten Christus, der alle unsere Schmerzen auf sich nimmt und mit uns teilt.

Abhängigkeit – Sehnsucht – Frömmigkeit:
Das 18. Jh. ist die Zeit des Absolutismus und der Aufklärung. Die Menschen leiden unter der Abhängigkeit von den absolutistischen Herrschern und sehnen sich nach mehr politischer Selbstbestimmung. Die vernunftgemäße Ausrichtung von Religion und Glaube durch die Aufklärung erweckt die Sehnsucht nach Gefühl und verinnerlichter Frömmigkeit.

Jesusdarstellungen mit Musik verbinden IDEENSEITE

- Sch betrachten die Bilder von *Deuteseite IV 23* in ungeordneter Folge (OHP) für einige Zeit in Stille. Dazu spielt L nacheinander drei kurze Ausschnitte aus unterschiedlichen Musikstücken ein und fordert Sch auf, jedem Bild eines der Musikstücke zuzuordnen.
  Der Hörvorgang wird mindestens einmal wiederholt.
- Im UG präsentieren Sch ihre Zuordnungen und begründen sie.
  Musikvorschläge zu den einzelnen Bildern:
  Sinai: G. F. Händel, Wassermusik, Feuerwerksmusik; J. S. Bach, Brandenburgische Konzerte; G. Verdi, Triumphmarsch aus Aida; A. L. Webber, Jesus Christ Superstar (Titelthema);
  Isenheimer Altar: J. S. Bach, Instrumentaleinleitung zum Eingangschor der Matthäuspassion; H. Schütz, Die sieben Worte Jesu am Kreuz;
  Sacro Cuore di Gesù: P. I. Tschaikowski, Streicherserenade C-Dur; W. A. Mozart, Klavierkonzert Nr. 20 d-moll; A. L. Webber, War Requiem, Pie Jesu.

Jesusdarstellungen in der christlichen Kunst – Spiegel unseres Menschseins

Schlagworte

4./5. Jh.: Pantokrator – Jesus, der Alleinherrscher

_____
_____
_____
_____

15./16. Jh.: Jesus, der Schmerzensmann

_____
_____
_____
_____

18. Jh.: Das Herz Jesu

_____
_____
_____
_____

Sinai

Matthias Grünewald

Pompeo Batoni

Jesus aus anderer Perspektive — Deuteseite V ㉔ ㉕

1. Hintergrund

Sch werfen mit *Deuteseite V* einen Blick auf Jesus Christus aus für sie vielleicht ungewöhnlicher, ja erstaunlicher Perspektive. Kernanliegen der Texte und Bilder ist eine Christologie aus dem Blickwinkel der feministischen Theologie. Erfahrungsgemäß wird die Auseinandersetzung mit dieser Thematik je nach Zusammensetzung der Lerngruppe unterschiedlich kontrovers verlaufen. Insbesondere in gemischten Klassen ist darauf zu achten, dass das Grundanliegen eines feministisch geprägten Christusbildes von allen Sch, insbesondere vom männlichen Teil der Gruppe, akzeptiert und toleriert wird.

Bettina Rheims
Als Fotografin erforscht Bettina Rheims seit 1978 insbesondere die weibliche Erotik, veröffentlichte Bücher über Stripperinnen oder Transsexuelle. Regelmäßig arbeitet sie für große Magazine (Elle, Paris Match u. a.), für die Werbe-, Film- und Musikbranche. Ihre Heimatstadt Paris verlieh ihr 1994 den *Grand Prix de la Photographie*.

Bettina Rheims/Serge Bramly: »Kreuzigung I-III«, 1994-1998

Die Fotografie ist als Folie 29 in der Mappe *Kunststücke 8, 9, 10* enthalten, vgl. S. 152.

Zusammen mit Serge Bramly, ihrem zweiten Ehemann, hat Bettina Rheims zwischen 1994 und 1998 das ungewöhnliche Fotoprojekt »I.N.R.I« über das Leben Jesu realisiert. Die Bildmittel: Hochglanzästhetik, männliche und weibliche Models an unterschiedlichen Schauplätzen vom Mittelmeer bis zum Gleisdreieck – Der Fotoband löste bei seinem Erscheinen 1998 in Frankreich heftige Kontroversen aus. Die für religiöse Themen ungewohnte moderne Ästhetik mag auf den ersten Blick irritieren, auch faszinieren. Die vordergründige Oberflächlichkeit der Fotografien erweist sich bei näherem Hinsehen als ein klug durchdachtes Arrangement voll symbolischer Bezüge auf unser tägliches Leben.

In der Mitte ein leeres Kreuz. Links eine Frau, rechts ein Mann am Kreuz, christusähnlich mit Lendentuch und Dornenkrone. Die Frau mit vornüber geneigtem Haupt, der Mann, das Haupt erhoben, nach rechts blickend. Der Hintergrund verliert sich in absoluter Dunkelheit. Die Gekreuzigten erscheinen in hellem Licht. Der Text, den die Fotokünstler neben das Triptychon gestellt haben, lautet: »KREUZIGUNG. Sie haben den Menschensohn hingerichtet. Männer, Frauen, die gesamte Menschheit wurde an diesem Tage gekreuzigt.« In dieser modernen Darstellung wird der Kreuzestod Christi als universales Heilsgeschehen, als Erlösung für alle Menschen gedeutet. Wir werden also, bildlich gesprochen, mit ihm gekreuzigt, um mit ihm aufzuerstehen (vgl. Gal 2,19f.). Das Bildangebot verfolgt zwei Strategien, um diese Botschaft zu veranschaulichen: Einerseits ermöglicht uns das leere Kreuz in der Mitte, diesen Platz einzunehmen. Es ist nicht ein Christuskreuz. Zum anderen können sich Männer und Frauen in den beiden Mitgekreuzigten unmittelbar selbst finden. Die Auferstehung als Überwindung des Kreuzes wird in der Unversehrtheit der Körper von Mann und Frau, ihrer im Licht erstrahlenden Schönheit symbolisiert. Das Leiden am Kreuz wird eindringlich in den Blutspuren am mittleren, leeren Kreuz symbolisiert. Das leere Kreuz legt aber noch eine Reihe anderer Deutungen nahe. Ist es nicht an sich schon ein Zeichen für die Auferstehung? Ist der »Bildverzicht« in dieser Darstellung des Gekreuzigten ein Hinweis auf das Gottesbildverbot oder kann man ihn als wohltuende Diskretion empfinden, wo sonst die Medien keinerlei Distanz mehr finden zum Leid der Menschen?

Die Mitgekreuzigten lassen sich ebenso vielfältig interpretieren. Man kann sie an die Stelle der Schächer stellen, die mit Christus gekreuzigt wurden. Die Verheißung für einen von ihnen bekommt dann einen ganz neuen Gegenwartsbezug: »Heute noch wirst du mit mir im Paradies sein«. Auch zu Maria und Johannes, in der Tradition des Mittelalters als »Mit-Leidende« dargestellt, ließe sich ein aktueller Bezug herstellen.

Kann ein männlicher Erlöser Frauen erlösen? – In dieser pointierten Anfrage von Rosemary Radford Ruether konzentriert sich die feministische Kritik an der traditionellen Christologie der Kirche. Es entwickelte sich schon früh ein deutlich herrschaftlich-patriarchales Christusbild, mit dem die zunehmend männlich-klerikale Ausrichtung der Amtskirche einherging. Die Menschwerdung Gottes in Gestalt eines Mannes bestätigt in einer patriarchalen Welt das Mannsein als Norm für das Menschsein. Die christliche Anthropologie entwickelte – trotz der beiden Geschlechtern zugesprochenen Gottebenbildlichkeit – die Vorstellung, dass der Mann gottähnlicher sei als die Frau, was im Laufe der Geschichte zu leidvollen Erfahrungen der Abwertung und Diskriminierung in Kirche und Gesellschaft geführt hat (vgl. z. B. Hexenverbrennungen). Bis heute wird in der katholischen Kirche mit dem Mann-Sein Jesu argumentiert, um Frauen vom Priesteramt auszuschließen, weil sie nicht Abbild Christi sein können.

Feministische Theologie
Feministische Theologie ist eine Theologie von feministisch orientierten Frauen, die das Patriarchat in Gesellschaft, Kirche und Zusammenleben erkennen, benennen, kritisieren und überwinden wollen. Auf der Basis der zweiten Frauenbewegung haben sich zunächst Theologinnen im deutschsprachigen Raum zur Zeit des Zweiten Vatikanischen Konzils um eine Anerkennung ihrer Rechte und Gleichwertigkeit bemüht (z. B. Gertrud Heinzelmann, Wir schweigen nicht länger (1964)). Der Begriff der feministischen Theologie wurde dann ab etwa Mitte der 70er Jahre des vergangenen Jh. für christliche Initiativen und Aktionen, die die gesellschaftliche und theologische Gleichstellung der Frauen zum Anliegen hatte, verwendet. Feministische Theologie versteht sich heute nicht als Ergänzung traditioneller Theologie, sondern als Kritik und Neukonzeption von Theologie überhaupt. Da sie Glaubens- und Lebenserfahrungen von Unterdrückung, Verschwiegenwerden und Marginalisierung, aber auch von Befreiung und gelungener Menschwerdung theologisch zur Geltung bringen will, beleuchtet sie nicht nur das Geschlechterverhältnis. Sie will als Befreiungstheologie vielmehr alle Formen von Dualismen überwinden, die zur Überbewertung des Einen (des Mannes, Weißen, Reichen, Gesunden, Vernunftbegabten ...) und Marginalisierung des Anderen (der Frau, Schwarzen, Armen, Kranken, der Natur ...) und zu ungerechten Herrschaftsbeziehungen führen. Vor diesem Hintergrund werden alle »Disziplinen« und Fragen der klassischen Theologie und der gesellschaftlichen Praxis neu buchstabiert.

Literatur:
Halkes, Catharina J. M./Meyer-Wilmes, Hedwig, Art. Feministische Theologie/Feminismus/Frauenbewegung, in: Elisabeth Gössmann u. a. (Hg.), Wörterbuch der Feministischen Theologie, Gütersloh 1991, S. 102-111, hier: 102-105
Radford Ruether, Rosemary, Sexismus und die Rede von Gott, Gütersloh 1985
Strahm, Doris, Art. Jesus Christus, in: Wörterbuch der Feministischen Theologie, Gütersloh 1991, S. 200-207
Strahm, Doris/Strobel, Regula (Hg.), Vom Verlangen nach Heilwerden. Christologie in feministisch-theologischer Sicht, Fribourg/Luzern 1991

Ausgehend von diesen grundsätzlichen Überlegungen entwickelte die feministische Theologie unterschiedliche christologische Ansätze, von denen die markantesten im Folgenden thesenartig vorgestellt werden sollen:

a. Ausgangspunkt eines feministischen Christusbildes ist der Wunsch nach Erlösung und Gerechtigkeit für *alle* Menschen.
b. Nicht erst mit Kreuz und Auferstehung Jesu Christi wird Erlösung verbunden, Erlösung beginnt bereits mit Leben und Wirken des biblischen Jesus und seiner frohen Botschaft. Sein Handeln hat für sich genommen bereits heilsbringenden Charakter. Die Frauen um Jesus waren damit nicht nur Empfängerinnen, sondern auch Trägerinnen der Heilsbotschaft Jesu und beteiligten sich in Verantwortung aktiv an deren Vermittlung.
c. Der Dualismus der beiden in Jesus vereinten Naturen, Mensch und Gott, wird zugunsten einer relationalen Sichtweise aufgegeben. Gott wird da erfahrbar, wo die Beziehungen unter den Menschen Befreiung und Gerechtigkeit hervorbringen.
d. Christus ist Fülle, die Fülle aller Beziehungen und Gemeinschaften, in denen Menschen bedrängende und unterdrückende Verhältnisse durch ihr erlösendes Tun überwinden und beseitigen.
e. Die »Ganzheit« Jesu, sein Menschsein – nicht sein Mannsein – ist das Frauen und Männer gleichsam erlösende Merkmal Jesu Christi. Christus und Christa sind die männlichen und weiblichen Wesenszüge, die sich heilsbringend in der Person Jesu vereinen. Während in Christus die Sehnsucht des Mannes nach Erlösung und die damit verbundene Heilserfahrung gebündelt werden können, steht Christa als Symbol für das Heilsverlangen der Frau und ihre Erfahrungen mit Kreuz und Auferstehung.

Vor dem Hintergrund der o. g. Christologie sind die beiden Texte auf *Deuteseite V 24* zu verstehen.

Im Text von Inga von Thomsen, **»Jesus war ein Mann ...«**, geht es um eine Hinführung zur Thematik der feministischen Theologie und die Definition ihres Grundanliegens. Die Männlichkeit Jesu, die Bibel und Kirche bestimmenden männlichen Erfahrungen, stehen für die Autorin in deutlichem Widerspruch zur Bedeutung der Frauen, die für das Leben Jesu prägend waren und die die Heilsbotschaft zusammen mit den Jüngern weitertrugen.

Dem Text **»Glaubensbekenntnis einer Frau«** liegt zunächst die gleiche Prämisse zugrunde: Auch Frauen sind von Jesus zur Verkündigung der Heilsbotschaft auserwählt. Darüber hinaus enthalten die Textpassagen bereits deutliche Anklänge an die o. g. Thesen unter d. und e. Insbesondere wird die heilbringende Nähe und Zuwendung Jesu zur Frau am Brunnen betont. Dies wird klar erkennbar, legt man den Inhalt der gesamten Perikope Joh 4,1-26 zugrunde.

Ingeborg Drewitz (1923-1986)
Die Schriftstellerin wurde 1923 in Berlin geboren. In den ersten Nachkriegsjahren verfasste sie v. a. Theaterstücke, wandte sich ab Mitte der 50er Jahre jedoch den literarischen Erzählformen und der Lyrik zu. 1958 erschien ihr erster Roman »Der Anstoß«. Sie sympathisierte mit der Studentenbewegung 1968 in Berlin und zeigte nach der Erschießung des Studenten Benno Ohnesorg den Verleger Axel Springer wegen »Anstiftung zur Körperverletzung« an. Sie beteiligte sich aktiv an der Friedensbewegung der 70er Jahre. In ihren Werken thematisierte sie die Einsamkeit und die Kontaktarmut der Menschen in der modernen Gesellschaft. Häufig standen dabei die Probleme der »Frau von heute« im Mittelpunkt. Ingeborg Drewitz starb 1986.

Der Rückgriff auf biblische Bilder in den Werken von Ingeborg Drewitz wird gerne als Metapher für den aktuellen gesellschaftlichen Kontext verwendet. Das Gedicht **»Ostern«** wurde 1978 veröffentlicht.

Der Text bietet konträre Perspektiven an: Auf der einen Seite diejenigen, für die Ostern einfach vier Urlaubstage wie alle anderen sind, mit Reisen, Staus, Verkehrstoten. Die anderen, die zur selben Zeit nichts anderes zu tun haben, als mit ihrem Gerede von Karfreitag und Kreuzigung die wertvolle Zeit zu vergeuden. »Wir verstehen das nicht«, sagen sie und »Es geht uns nichts an«. Gleichzeitig wird Ostern »gespielt«, in leeren Worthülsen einem medienversessenen Publikum präsentiert. Ostern, das ist nicht mehr das Fest der Auferstehung – Ostern wird hier zum Fest der statistisch erfassten Verkehrstoten.

Deutlicher könnte der Kontrast nicht gezeichnet werden. Die Perspektive des Sich-Einlassens auf Tod und Auferstehung Jesu Christi wird einer Perspektive der Perspektivlosigkeit gegenübergestellt. Die einen begegnen der »Geschichte mit Ostern und so« mit verständnisloser Ablehnung und distanzieren sich von dem »Spinner« am Kreuz, für die anderen ist dieser »Spinner« sinntragendes Element eines in der Welt erlösten Daseins geworden.

Durch den eher beiläufig angebrachten Zusatz »sagst du« werden die einzelnen LeserInnen in diesen Meinungskonflikt einbezogen. Sie werden sich fragen müssen, ob sie das auch so »sagen« oder ob sie sich eher auf die Seite derer schlagen wollen, denen die Osterbotschaft auch heute noch etwas zu sagen hat. Welche Perspektiven kann der Kreuzestod Jesu uns heute aufzeigen? Eine Frage, die herausfordert zur Stellungnahme, zur Entscheidung.

Candace Carter (*1950)
Candace Carter wurde 1950 im US-Bundesstaat Indiana geboren. Sie lebt seit 1970 in Deutschland, von 1974-82 studierte sie an der Hochschule für bildende Künste in Hamburg. Beteiligungen an Ausstellungen im In- und Ausland und ihre bundesweit durchgeführten Workshops zu Themen experimenteller Körperwahrnehmung und Körperspiritualität machten sie einer breiten Öffentlichkeit bekannt. Zu ihren bekanntesten Werken zählen der 1991/92 entstandene »Frauenaltar« sowie der 13-teilige Bilderzyklus »Engel, Kreuz und Körper: Reizwäsche und Passionsfahnen« (1999). Die Malerin und Performancekünstlerin lebt und arbeitet in Karlsruhe und in Seltz, Elsass.

Candace Carter: »Frauenaltar«, 1991/92
Das Bild ist als Folie 30 in der Mappe *Kunststücke 8, 9, 10* enthalten, vgl. S. 152.

Candace Carters »Frauenaltar« verweist formal und inhaltlich auf eine der christlichen Kunst verschriebene Tradition. Mit der Form des »Triptychon mit Predella«, einem dreiflügeligen Altar mit unten, mittig angebrachter Aufsatztafel, greift die Künstlerin Elemente auf, die seit dem späten Mittelalter fester Bestandteil der christlich sakralen Ikonografie sind. Der Altar hat eine in leuchtenden Farben gehaltene Feiertagsseite

(innen) und eine »unbunte« in Grautönen gestaltete Werktagsseite (außen).

»Vorbereitung zum Mahl« nennt Candace Carter die Darstellung auf der Innenseite, auf der dreizehn Frauen mit Kind um eine große Tafel versammelt sind – eine Darstellung, die unverkennbar Bezüge zum Abendmahlsbericht der Evangelien erkennen lässt. Die Predella, der Ort des Leichnams Jesu im Grab, trägt den Titel »Tote« und zeigt den Leichnam einer vergewaltigten Frau. (Sie ist auf *Deuteseite V* **25** nicht mit abgebildet.)

Ansatzpunkt der Begegnung mit dem Kunstwerk ist der Kontrast von vertrauten Formen und irritierendem Inhalt, Irritation, so die Künstlerin, die zum Dialog einladen soll. So möchte das Vertraute, Alltägliche dieser Szene den Blick des Betrachters öffnen auf die Verbindung zwischen Alltag und Transzendenz.

Annehmen und angenommen sein – dreizehn Frauen, die in gelöst-heiterer Atmosphäre zusammensitzen, sich unterhalten, lachen oder mit den Betrachtern in Blickkontakt treten, jede von ihnen mit eigener Gestik und Körpersprache dargestellt. Frauen aus unterschiedlichen Altersgruppen, von verschiedenem Typus, darunter eine Schwangere, eine Mutter, eine Nonne, versammelt Candace Carter auf dem Altarbild. Gleichzeitig gelingt es ihr, diese Gruppe von dreizehn Individuen in Erwartung des gemeinsamen Mahles, als Gemeinschaft, als geistige Einheit zu präsentieren. Eine Gemeinschaft, in der sich alle gegenseitig annehmen, braucht keine Hierarchie und Machtstrukturen. Abseits von jeder patriarchalischen Ordnung wird hier die hierarchische Gliederung traditioneller Abendmahlsdarstellungen aufgelöst durch den Verzicht auf eine zentrale Figur innerhalb der Frauengruppe und eine ungleiche Verteilung der Figuren auf den beiden Seitenflügeln.

Unterhalb dieser Gemeinschaft zeigt die Predella den Leichnam einer vergewaltigten Frau. Düster, morbid scheint die Darstellung der Ermordeten die Stimmung des darüber liegenden Altarbildes zu pervertieren. Doch es ist dieses extreme Spannungsverhältnis zwischen Altarbild und Predella, mit dem die Künstlerin den Betrachter in seinen Lebensalltag zurückführen möchte. »Ich möchte dieses Bild einspannen zwischen die zwei Pole Weltlust und Kreuz: Das sind die Pole unseres Lebens.« In diesem Spannungsbogen erkennt Carter die Allgegenwart Gottes, die nicht nur da gegeben ist, wo Menschen sich in Eintracht annehmen. Sie ist vor allem in der Solidarität Jesu Christi mit den Leidenden zu erkennen, mit denen, die allein gelassen sind.

Dieses Spannungsfeld wird aufgenommen in der kontrastierenden Farbgestaltung beider Altarteile: Die Orange- und Rottöne des Triptychons stehen für Liebe, Lust, Freude. Das Schwarz der Predella dagegen steht für Kreuz und Leiden.

Eine »Hommage an die Frauen« möchte Candace Carters Bild sein, kein emanzipatorisch-feministisches Bollwerk gegen traditionelle, überkommene Strukturen einer patriarchalischen Ordnung. Nicht auflösen, sondern aufbrechen und erweitern möchte ihr Werk. Die Rückbesinnung auf weibliche Spiritualität, das Sich-Einlassen auf die unsichtbare Geisteskraft Gottes könnte den Weg zur Transzendenz bereiten. Frauen, so Carter, gelinge es eher, Grenzsituationen im Alltag zuzulassen, sich ihnen zu stellen und dabei ihren Gefühlen nicht auszuweichen. Wo Religion diese Haltungen übernimmt und sich wieder mehr auf das Unsichtbare, Transzendente besinnt, bedeutet das einen Gewinn für Frauen und Männer zugleich.

Die Vertikale wahrnehmen – in der Ordensfrau auf dem rechten Seitenflügel verdichten sich die Elemente der Kontemplation, des Sichöffnens in eindrucksvoller Weise. Während sie das Brot bricht, ruht sie ganz in sich, partizipiert am Geschehen in äußerlicher Passivität.

2. Einsatzmöglichkeiten im RU

Detaillierte Bildbetrachtung
- Sch erarbeiten in GA jeweils ein bestimmtes Bilddetail:
- – Beleuchtung und Farbgestaltung
- – Gestaltung des Hintergrundes und der Gegenstände und Personen
- – Gestik, Mimik und Haltung der Personen
- – Aufbau und Gesamteindruck des Kunstwerkes.
- Sch tragen die Ergebnisse zusammen und stellen sie im Plenum in kurzen Referaten vor.

Einen Monolog der Gekreuzigten erfinden
- Sch lassen die beiden Personen an den Außenkreuzen ein Selbstgespräch führen, das Auskunft gibt über ihre möglichen Empfindungen, Gedanken und ihr Erleben.

Die Bedeutung des Kreuzestodes erfassen
- Sch betrachten das Kreuzigungsbild von Rheims/Bramly am OHP. Dazu erhalten sie den Text, den die Künstler ihrem Werk beigestellt haben: »KREUZIGUNG. Sie haben den Menschensohn hingerichtet. Männer, Frauen, die gesamte Menschheit wurde an diesem Tage gekreuzigt.«
- Sch reflektieren über die universelle Bedeutung des Kreuzestodes Jesu Christi und tauschen ihre Gedanken im UG aus.
- Sch erhalten **AB 10.1.8, Lehrerkommentar S. 43,** mit der Kopie von drei leeren Kreuzen (Vorlage ggf. vergrößern!) und ergänzen die beiden äußeren mit einer Collage aus aktuellen Bildern und Fotos aus Zeitschriften o. Ä. bzw. mit selbst gemalten Szenen.

Frauen im NT
- Sch lesen z. B. folgende Bibelstellen nach: Joh 11,17-27; Lk 7,36-50; Lk 8,1-3; Lk 13,10-17; Mk 12,41-44; Mt 28,1-10.
- In GA bearbeiten Sch je einen Text:
  - kurze Inhaltsangabe
  - Verhältnis der Frauen zu Jesus
  - Rolle der Frauen für die Verkündigung der Botschaft Jesu
- Im anschließenden UG sammeln Sch die Antworten und halten sie als TA fest.

Ein persönliches Glaubensbekenntnis
- Sch lesen den Ausschnitt aus dem »Glaubensbekenntnis einer Frau« auf *Deuteseite V* **24** und anschließend lesen sie die o. g. Bibelstellen.
- Sie formulieren anhand der Inhalte eigene Glaubenssätze im Sinne des »Glaubensbekenntnis einer Frau«. Jeder Glaubenssatz beginnt mit den Worten: »Ich glaube an Jesus, der ...«

Gedanken über Ostern
- Sch lesen das Gedicht von Ingeborg Drewitz auf *Deuteseite V* **25** und anschließend 1 Thess 4,14-18. Für den Paulustext kann als Kernaussage festgehalten werden: Die Auferstehung Jesu Christi geht jeden Menschen an, denn alle Menschen werden in Jesus Christus auferstehen. Diese Gewissheit ist zugleich Trost und Hoffnung in allen Nöten des Lebens.
- Sch stellen die Aussagen und Ergebnisse zu beiden Texten auf Plakaten einander gegenüber.

- Abschließend formulieren Sch eine persönliche Aussage über Ostern: »Ostern bedeutet für mich, ...«

Abendmahlsdarstellungen vergleichen
- Sch vergleichen unterschiedliche Abendmahlsdarstellungen, z. B. von Leonardo da Vinci, Ben Willikens (in: *Kunststücke 5, 6, 7*: Folie 24), Bettina Rheims/Serge Bramly (in: *Kunststücke 5, 6, 7*: Folie 26) etc. mit Candace Carters Frauenaltar (*Kunststücke 8, 9, 10*: Folie 30). Sie arbeiten Unterschiede und Gemeinsamkeiten heraus, um über die Ergebnisse Zugang zu Carters Abendmahlsdarstellung zu erhalten.

Über die Abendmahlsdarstellung von Candace Carter nachdenken
- Sch reflektieren das Fehlen einer zentralen Figur, eines personalen Mittelpunkts und diskutieren mögliche Deutungsansätze.
- Sch lesen den Text von Inga von Thomsen auf *Deuteseite V* **24** und überlegen, welche Verknüpfungen zum Frauenaltar von Candace Carter bestehen.

Frauenfiguren beschreiben
- Sch wählen aus der Gruppe der Frauen zwei aus und beschreiben Tätigkeit, Verhalten und Rolle der Frauengestalt.
- Sch lesen ihre Charakterisierung vor, wobei die anderen Sch zu erraten versuchen, um welche der Frauen in Candace Carters Bild es sich dabei handelt.

Für wen haltet ihr mich? Stellungnahmen

1. Hintergrund

Die *Stellungnahmen* **26** korrespondieren mit dem Bild auf der *Titelseite* und der *Themenseite*. Der Fotoapparat vor dem Gesicht Jesu erhält hier den Schriftzug »Für wen haltet ihr mich?« Es ist, als ob die Linse auf den Betrachter gerichtet wäre. Wer macht sich hier von wem ein Bild? Wir von Jesus oder er sich von uns? Auf dieser Seite stehen Sch nicht betrachtend und nachdenklich außerhalb des Geschehens, sondern sie werden einbezogen und zur Stellungnahme herausgefordert. Es geht nicht mehr darum, was die Leute damals und heute von Jesus halten, sondern was »ich selbst« von Jesus halte. Das »Halten von« Jesus sollte zur »Haltung zu« ihm führen. Eine solche Haltung müsste aber dann auch Konsequenzen haben. Es geht hier also bereits um Bekenntnis. Freilich hat der RU Bekenntnisse nicht einzufordern und schon gar nicht zu überprüfen. Er kann nur Angebote machen, indem er Bekenntnisse anderer ins Spiel bringt, an denen sich Sch orientieren können.

Das Gedicht »**Das Wort**« von Rudolf Otto Wiemer spielt auf die Diskrepanz zwischen Reden und Tun an. Wir sind permanent umgeben von Botschaften, Predigten, politischen Reden etc., denen wir zu Recht misstrauen, weil entweder schönen Worten keine Taten folgen oder weil Redner persönlich das nicht abdecken, was sie fordern oder empfehlen.

Vor diesem Hintergrund wirkt das Gedicht von Rudolf Otto Wiemer besonders kontrastreich. Jesus war zwar ein Prediger. Er hat viel versprochen (das Himmelreich, das ewige Leben) und viel gefordert (Bergpredigt), aber er hat sich dafür selbst in die Waagschale gelegt. Auf ihn trifft der Satz aus Martin Walsers Gedicht ohne Einschränkung zu: »Wer tut, was er sagt, ist gut.« Im Umkehrschluss gilt dann auch: Er hat nicht zu viel versprochen, weil er für alles, was er sagte, bis zum Tod eingestanden ist. Wer so weit unten war und

Kreuzigung I-III

dennoch an der Hoffnung »von oben« festhält, dem nimmt man seine Worte ab.

Der Text **»Du bist«** von Pierre Stutz ist ein Gebet, eine kleine Litanei, eine Anrufung mit immer denselben Sprachmustern.

2. Einsatzmöglichkeiten im RU

Jesus-Gebete

- Sch lesen weitere Gebete im Kapitel nach (Teresa, Ignatius, Eggimann) und suchen sich das aus, das ihnen am meisten entspricht.
- Sch schreiben das Gebet von Pierre Stutz fort. Aus den ausgewählten Gebeten und den eigenen Kreationen können sie eine Powerpoint-Präsentation veranstalten mit Musik und Bildern.
- Bei passender Gelegenheit lässt sich damit ein Schülergottesdienst gestalten.

Mein persönliches Bild von Jesus   IDEENSEITE (10)

- Sch erstellen ihr ganz persönliches Jesusbild in Form eines Kreuzes. Dazu entscheiden sie sich für jeweils einen Hoheitstitel, einen Ausspruch von Jesus bzw. eine prägnante Bibelstelle und eines der Bilder (als verkleinerte Kopie) aus dem Jesus-Kapitel des Buches. Zudem bringen Sch ihr persönliches Jesusbild in kurzen Worten zum Ausdruck.

Literatur

Baldermann, Ingo, Jesus von Nazaret – Jesus Christus, in: Gottfried Bitter/Rudolf Englert/Gabriele Miller/Karl Ernst Nipkow (Hg.), Neues Handbuch religionspädagogischer Grundbegriffe, München 2002, S. 117-123

Frankemölle, Hubert, Jesus Christus/Christologie, bibeltheologisch, in: Peter Eicher (Hg.), Neues Handbuch theologischer Grundbegriffe, München 2005, S. 254-272

Hilberath, Bernd J./Schneider, Theodor/Nitsche, Bernhard, Jesus Christus/Christologie, systematisch, in: ebd. S. 272-291

Aufbruch zu Partnerschaft, Ehe und Familie

Das Thema im Schulbuch

Dieses Thema gehört wahrscheinlich zu den Lieblingsthemen der Sch. Es ist mit vielen Emotionen belegt, positiven wie negativen, und beinhaltet Hoffnungen und Wünsche, die von realistisch bis irreal reichen. In der Praxis ist dabei immer wieder festzustellen, dass die Jugendlichen dieser Altersstufe nicht, wie häufig angenommen, viele Gesprächspartner oder -räume haben, um über Partnerschaft und Sexualität zu sprechen, sondern mit ihren Fragen, Zweifeln und Gefühlen oft allein sind. Daher bietet es sich für das Fach Katholische Religionslehre an, das Thema aufzugreifen, seine vielseitigen Facetten zu beleuchten und mit den Sch ins Gespräch zu kommen.

Die *Titelseite* 27 bietet mit dem Scherenschnitt in der Schublade eine unverbrauchte Gestaltung, die bereits zu Beginn des Kapitels neugierig auf die Schattierungen des Themas machen soll.

Themenseite 28-29 weist durch die zweideutige Überschrift »Partner schaf(f)t!« darauf hin, dass eine Partnerschaft nicht nur durch Zufall, Schicksal oder Fügung gelingt, sondern v. a. durch aktives Handeln und Schaffen. Sprüche, Bildgeschichten und ein biblisches Zitat beschreiben die Zerbrechlichkeit von Liebe und Partnerschaft, aber auch die völlig neuen, ungeahnten Dimensionen, die sie dem Leben geben können.

Ideenseite 30-31 bietet den Sch die Möglichkeit, sich durch Übungen, Gedanken, Vergleiche und Schreibspiele dem Thema zu nähern.

Deuteseite I 32-33 lenkt die Aufmerksamkeit der Betrachter zunächst auf ein Bild von René Magritte, das ein Paar mit verhüllten Gesichtern zeigt. Parallel dazu steht der Liedtext »Meine Freundin, meine Frau« von Reinhard Mey. Beide Seiten sind mit dem Wort »Traum-Partner/in« überschrieben und in Beziehung gebracht und regen zum Gespräch an.

Deuteseite II 34-35 beinhaltet das Hohelied der Liebe, dem ein Farbholzschnitt von HAP Grieshaber gegenübersteht. Für Sch wird es nicht schwierig sein, den biblischen Text mit dem Holzschnitt in Zusammenhang zu bringen.

Infoseite I 36-37 bietet den Sch mit dem leicht verständlichen Text zur christlichen Ehe und ihren Aufgaben eine Grundinformation, die erweitert wird durch eine grafische Darstellung der verschiedenen Faktoren, die eine Partnerschaft begünstigen oder erschweren können.

Die Überschrift »Blickrichtung« der *Deuteseite III* 38-39 umfasst sowohl Aspekte der Gedichte nach Antoine de Saint-Exupéry, Kristiane Allert-Wybraniez und Marie Luise Kaschnitz als auch des Aquarells »Gesichterbild« von Erwin Hahs.

Infoseite II 40-41 führt zu einer Differenzierung des Begriffes »Liebe«, versucht das Wesen der Partnerschaft zu erläutern und weist auf die Gefahr hin, sie mit unerfüllbaren Erwartungen zu belasten.

Infoseite III 42-43 stellt die Grundtexte des Grundgesetzes und der deutschen Bischöfe über Ehe und Familie und die sogenannten »neuen Lebensformen« vor.

Infoseite IV 44-45 greift das bei den Jugendlichen viel diskutierte Thema der Homosexualität durch einen Erfahrungsbericht auf emotionale Weise auf. Der Auszug aus einem Brief der Jugendkommission der Deutschen Bischofskonferenz stellt in einfühlsamer Weise den Umgang der Kirche mit der Thematik dar.

Infoseite V 46-47 veranschaulicht durch den Bericht eines Kapuzinermönchs die Lebensform der Ehelosigkeit. Dieser Text und ein weiterer Auszug aus dem o. g. Brief der Jugendkommission eröffnen den Sch die Möglichkeit, sich auf informative, interessante und nachdenklich machende Art und Weise mit dem Thema zu befassen.

In den *Stellungnahmen* 48 regen die Gedanken von Erich Fried und die kurze Bildgeschichte dazu an, sich noch einmal in kreativer Weise mit dem Begriff Liebe auseinanderzusetzen.

Verknüpfungen mit anderen Themen im Schulbuch

Kap. 1 Jesus Christus neu entdecken: Gerade wenn es um Ehe als Sakrament geht, ist eine Auseinandersetzung mit dem neu entdeckten Jesus Christus hilfreich.

Kap. 3 Dürfen wir alles, was wir können? Präimplantationsdiagnostik hängt unmittelbar mit dem Thema Familie und Kinder zusammen.

Kap. 4 Frei werden zum Neubeginn: Ohne Neubeginn im Alltag ist keine Beziehung von Dauer möglich. Verzeihen ist die Grundlage christlich gelebter Partnerschaft.

Kap. 5 (Über)Morgen leben: Zu den wichtigen Aufgaben der christlichen Ehe gehört das verantwortungsvolle Gestalten der Zukunft dieser Welt.

Verbindungen mit anderen Fächern

Deutsch: Miteinander sprechen (10.1), Einübung von Diskussionsregeln und sprachliche Bewältigung von Alltagssituationen
Biologie: Verantwortliche Elternschaft (10.3)
Musik: Zusammenhang von Musik und Sprache (10.2)

Sozialwesen: Sozialisation – ein lebenslanger Prozess (10.1), Erlernen von Rollen, Positionen und Selbstkonzept für das eigene Leben; Ehe und Familie als Grundlage der menschlichen Gemeinschaft (10.2), Partnerfindung, partnerschaftliche Ehe und Familie, Konflikte und Konfliktlösungen in Ehe und Familie, andere Lebenskonzepte, Alleinleben, Alleinerziehung

Aufbruch zu Partnerschaft, Ehe und Familie

Titelseite

1. Hintergrund

Felix Droese (*1950)
Das Werk ist als Folie 31 in der Mappe *Kunststücke 8, 9, 10* enthalten, vgl. S. 152.
Der Künstler wurde 1950 in Singen/Hohentwiel als Sohn eines altkatholischen Pfarrers geboren. Mit 19 Jahren verließ er das Gymnasium und leistete seinen Wehrersatzdienst in der Psychiatrie. 1970 besuchte er die Kunstakademie in Düsseldorf, wo er in der Beuys-Klasse arbeitete. Zwischen den Jahren 1977 und 1981 arbeitete er nebenbei bei einem Friedhofsgärtner, eine Erfahrung, die seine späteren Kunstwerke beeinflusste. 1986 erhielt Droese eine Professur an der Städelschule in Frankfurt/Main. Er wohnt und arbeitet in Mettmann.
Seit 1980 fertigt Droese Papierschnitte und Schattenrisse an. Die Sprödigkeit des Materials, Verformungen der Ebenen und Überlappungen lassen die Flächen zu flachen Skulpturen werden.

Felix Droese: »Die Schublade«, 1991
Bei Droeses Werk handelt es sich um eine beigefarbene Holzschublade mit schwarzem Knauf, in der sich ein aus schwarzem Karton geschnittenes Paar befindet. Die vorangehende weibliche Person hält die nachfolgende männliche an der Hand, beide Figuren treten aus der Schublade heraus. Der Künstler hat die schwarzen Kartonschnitte mit bunten Reißnägeln an der Schublade befestigt, die scheinbar die Dynamik in dem Bild nur so weit bremsen, dass die Figuren nicht komplett aus dem Bild herauslaufen können. Während die rechte Hand der Frau eine klare Vorwärtsbewegung symbolisiert, wirkt der linke Arm des männlichen Partners durch sein Abstützen im Hüftbereich eher etwas zögerlich, schüchtern und scheu, was durch die nach unten gesenkte Kopfhaltung verstärkt wird. Der aktive Part in diesem Bild wird eindeutig von der Frau übernommen, deren Gesicht deutlich nach vorne blickt und zielgerichtet erscheint. Der im Scherenschnitt angedeutete Hut der Frau unterstützt die Wirkung ihres couragierten Auftrittes. Inwieweit die hervorstehende Brust und der gewölbte Bauch der Frau nur auf Weiblichkeit im Allgemeinen oder auf eine Schwangere hinweisen sollen, bleibt bei der Betrachtung offen.
Fast automatisch drängen sich der betrachtenden Person Gedanken zum sogenannten »Schubladendenken« in der Gesellschaft oder auch innerhalb des Themas »Partnerschaft« auf. Ist dieses Paar es leid, in eine Schublade gesteckt zu werden? Wie kam es dort überhaupt hinein? Woher findet es die Kraft und den Mut, den ersten Schritt aus dem begrenzten Raum heraus zu wagen? Was wird die beiden wohl außerhalb der Schublade erwarten?
Der Scherenschnitt von Felix Droese bietet eine Fülle von Anregungen, diesen Fragen nachzugehen und sie für sich selbst weiterzuentwickeln.

2. Einsatzmöglichkeiten im RU

Bildwahrnehmung in drei Schritten
- Sch betrachten Folie 31 eine Weile in Stille und äußern sich zu Droeses Kartonschnitt nach den drei vorgegebenen Schritten
  1. »Ich sehe«,
  2. »Ich vermute« und
  3. »Ich rate den beiden«.

Einen Scherenschnitt »vorher und nachher« ausschneiden
- Sch entwerfen eigene Scherenschnitte, die das Paar in der und nach dem Aufenthalt in der Schublade zeigen.
- Welche Unterschiede sind erkennbar?
- Anschließend stellen Sch alle Scherenschnitte zu einer Wandcollage zusammen.

Eine Überschrift finden
- Sch finden in EA mehrere Überschriften für dieses Bild und tragen sie zusammen. Welche unterschiedlichen Aspekte betonen die verschiedenen Überschriften?

Verfassen eines Schubladen- und Mutmachtextes
- Sch beschreiben in einem selbst gefertigten Text unterschiedliche »Schubladen«, in die Menschen immer wieder »gesteckt« werden.
- Anschließend finden sie in einem zweiten Text Mut machende Worte, diese Schubladen zu verlassen und den ersten Schritt nach draußen zu wagen.

3. Weiterführende Anregung

Ein eigenes Kapiteleingangsbild entwerfen
- Sch zeichnen in EA Bilder zum Thema »Aufbruch zu Partnerschaft, Ehe und Familie«.
- Alle Bilder werden im Klassenzimmer ausgestellt.
- Sch wählen aus allen Bildern ihren »Favoriten«.

Partner schaf(f)t

Themenseite 28 29

1. Hintergrund

Bereits die Überschrift der *Themenseite* »Partner schaf(f)t!« weist Sch darauf hin, dass eine gute und gelungene Partnerschaft nicht einfach »vom Himmel fällt«, sondern erarbeitet werden muss.
Gerade bei Jugendlichen herrscht, u. a. bedingt durch die Scheinwelt, die in den Medien gezeigt wird (z. B. in Zeitschriften und Filmen), oftmals die Meinung vor, dass das Gelingen oder Misslingen einer Partnerschaft vom Glück oder Zufall abhängt. Häufig verstärken Scheidungserfahrungen in der eigenen Familie oder im Freundeskreis die Sehnsucht nach einer »heilen Welt«. Umso wichtiger ist es deshalb, den jungen Menschen die zwei Dimensionen der Partnerschaft, als Geschenk *und* Eigenbeitrag, zu verdeutlichen.

Die *Themenseite* bietet verschiedene **Sprichwörter** und ein biblisches Zitat, die sich alle mit dem Thema »Liebe« und/oder »Partnerschaft« beschäftigen.
Die Peanuts-**Bildgeschichte** auf *Themenseite* 28 stellt die Folgen eines Vertrauensbruches innerhalb einer Beziehung deutlich und schmerzlich dar.
Das **Partnerschaftsherz** auf *Themenseite* 29 beinhaltet drei Phasen der Partnerschaft vom Verliebtsein, dem Entschluss »zusammenzubleiben« bzw. zu heiraten bis hin zur Gründung einer Familie, wobei diese Phase mit einem Fragezeichen versehen ist. Handelt es sich hier um einen automatischen Prozess? Sehen Jugendliche die gleiche Reihenfolge oder hat sich ein gesellschaftlicher Wandel vollzogen?

2. Einsatzmöglichkeiten im RU

Sammeln von Sprüchen und Redensarten
- Sch sammeln aus Zeitschriften, dem Internet, von beschrifteten Federmäppchen, Graffitis etc. weitere Aussprüche über Liebe und Partnerschaft und versuchen diese auf **AB 10.2.1, Lehrerkommentar S. 49**, zu sortieren und zu erklären.

Ein neues Ende malen
- Sch erfinden für die Peanuts-Bildgeschichte ein anderes Ende und malen ein Bild oder mehrere neue Bilder anstatt des ursprünglichen Schlussbildes.
- Sch legen Charlie Brown einen anderen Wunsch in den Mund und variieren ggf. auch das Ende der Geschichte.

Neues Herz gestalten
- Sch legen eine eigene Bildreihenfolge in dem Herzen fest bzw. erweitern die Darstellung mit anderen Phasen der Partnerschaft.
- Anschließend tauschen sie sich über die neuen »Gleichungen« aus.

Fingerspitzengefühl für die Partnerin/den Partner entwickeln   **IDEENSEITE** 30
- Bei Sch, die sich gut kennen, können die Hände ganz ohne Berührung den anderen durch den Raum führen.
- Anschließend tauschen Sch ihre Erfahrungen aus.
- Was war schön, was unangenehm etc.?
- Wie war die Übung mit einer/einem anderen Sch?

3. Weiterführende Anregung

Partnerschaftsherz bauen   **IDEENSEITE** 31
- Als Projektidee für die Klasse oder einen (Schul-)Gottesdienst bauen Sch aus echten Bausteinen (z. B. Ytong-Steinen aus dem Baumarkt) ein Herz. Auf den Steinen notieren sie die Bausteine einer gelingenden Partnerschaft.
- Das Herz kann nach Rücksprache im Schulhaus aufgestellt werden.

Ideenseite

Die Anregungen der *Ideenseite* werden im Lehrerkommentar auf folgenden Seiten aufgegriffen:
Fingerspitzengefühl für die Partnerin/den Partner entwickeln: S. 47
Erwartungskiste füllen: S. 50 und 60
Drei Worte: S. 54
Lebensformen vergleichen: S. 66
Partnerschaftsherz bauen: S. 47
Gedanken zur Ehe: S. 50
Familien-Alphabet: S. 56

Traum-Partner/in

Deuteseite I

1. Hintergrund

Das sehr persönliche **Lied** »Meine Freundin, meine Frau« des Sängers und Poeten Reinhard Mey beschreibt die Liebe zu und innige Vertrautheit mit seiner Partnerin. Es ist 1994 auf der CD »Immer weiter« erstmals erschienen und besingt wahrscheinlich Meys Ehefrau Hella, mit der er seit 1977 verheiratet ist und drei Kinder hat. Im Text wendet sich Mey direkt an seine Frau und durchstreift in der Erinnerung die Höhen und Tiefen ihrer langen Partnerschaft, die sich zwischen Träumen und Alltag eingerichtet hat. Doch »nach all dem Weg, nach all der Zeit«, wie es in der letzten Strophe heißt, bezeichnet er seine Frau immer noch als »Frau seiner Träume« und seine »Heldin in der Wirklichkeit«. Die Frau ist nicht nur Partnerin und Mutter, sie ist »Gefährtin«, »Geliebte«, »Freundin« und »Frau«. Der Traum eines Lebens zu zweit scheint hier erfüllende Realität geworden zu sein.

René Magritte (1898-1967)
René Magritte wurde 1898 in Lessines (Belgien) als erster von drei Söhnen geboren. Er starb 1967 in Brüssel. 1915 schuf er erste impressionistische Gemälde, 1925 entstand sein erstes surrealistisches Werk »Der verirrte Jockey«. Während dieser Zeit malte Magritte fast täglich ein Bild.
Die Bildtitel zu Magrittes Werken entstanden meist erst nach Abschluss der Arbeit. Manchmal hatten Magrittes Frau oder Freunde Ideen für einen Titel, die von Magritte oft aufgegriffen wurden. Dabei sollte der Titel keine Erklärung des Bildes darstellen oder den Bildinhalt wiedergeben. Er war vielmehr ein poetisches Element, das mit dem Bild ein Ganzes darstellte. Die oft eigenwilligen oder befremdlichen Titel seiner Werke sind Teil der Irritation, die Magrittes Bilder beim Betrachter bzw. bei der Betrachterin auslösen.

René Magritte: »Les amants II« (Die Liebenden II), 1928
Das Gemälde ist als Folie 32 in der Mappe *Kunststücke 8, 9, 10* enthalten, vgl. S. 152.
Der erste Blick auf dieses Bild löst bei der betrachtenden Person vermutlich Irritation aus, denn die Gesichter des Mannes und der Frau, die porträtiert sind, sind jeweils durch ein weißes Tuch verhüllt. Gleich zu Beginn der Begegnung mit dem Bild steht Magrittes Anspruch, Klischees in Szene zu setzen und ins Surreale zu transformieren. Das scheinbar vertraute Bild eines Liebespaares wird gestört.
Die Personen sind anonym und gesichtslos: In der Bildmitte eine Frau mit einer braunen Bluse und in der linken Bildhälfte ein Mann mit weißem Hemd, Krawatte und Sakko. Ihre Köpfe sind trotz oder vielleicht wegen der Verhüllung eng aneinandergeschmiegt und drücken Vertrautheit, sogar Zärtlichkeit aus, obwohl die Gesichter als einzelne nicht zu erkennen sind. Im Hintergrund des Bildes erkennt man eine eher dämmrige, düstere Landschaft mit einem bergab führenden Wiesengrund. Die Tageszeit ist, aufgrund des Lichteinfalles, vermutlich der Nachmittag oder frühe Abend, was im übertragenen Sinne auf eine »reifere« Partnerschaft zwischen der Frau und dem Mann schließen lässt. Die dunkelblaue Farbe am Horizont deutet möglicherweise ein Gewässer an, das mit dem Himmel verschwimmt und somit einen Übergang zwischen Himmel und Erde bildet.
Es ist bemerkenswert, dass sich die weiße Farbe des Himmels in dem Weiß der verhüllenden Tücher wiederfindet. Steckt im Sinne Magrittes der Reiz der Zärtlichkeit in der Verfremdung des Partners, in der ganz neuen Wahrnehmung einer ursprünglich vertrauten Person, in der Möglichkeit, zu neuen Sichtweisen auf eine Beziehung zu kommen? Wie die Farbgleichheit des Tuches und des Himmels andeutet, kann das Verhüllte auch etwas Himmlisches in sich bergen.
1928 entstanden mehrere Versionen von »Die Liebenden«, eine andere zeigt zwei verhüllte, aber einander

Aussprüche zur Liebe

Positive Sprüche	Aussagekraft	Negative Sprüche	Aussagekraft

zugewandte Gesichter. Die Personen in dieser Fassung des Bildes blicken sich *nicht* an. Die Frau wendet uns ihr Gesicht zu, während der Mann zum rechten Bildrand und vielleicht darüber hinausblickt. Dennoch vermittelt das Bild eine tiefe Vertrautheit und Innigkeit. Verschiedene Assoziationen stellen sich ein: ein Zitat von Antoine de Saint-Exupéry »Man sieht nur mit dem Herzen gut, das Wesentliche ist für die Augen unsichtbar« oder der Ausspruch »Du bist mir so vertraut, dich erkenne ich auch blind.« Das Paar blickt sich nicht »tief in die Augen«, sondern in etwa in dieselbe Richtung – möglicherweise auf einen gemeinsamen Lebensweg? Auf jeden Fall weckt dieses Bild durch seinen Verfremdungscharakter neue und untypische Gedanken zu den Themen Liebe und Partnerschaft.

2. Einsatzmöglichkeiten im RU

Positive Liebeslieder sammeln
- Sch überlegen, welche weiteren Liebeslieder sie kennen, die die Liebe mit positiven Worten und Bildern beschreiben, und schreiben Textpassagen oder die kompletten Texte auf. Wer möchte, stellt ein Lied in der Klasse vor und erläutert, welche Verse er bzw. sie besonders ansprechend findet.

Ein Bild zum Lied gestalten
- Sch stellen besonders bildhafte Elemente des Liedtextes von Reinhard Mey in einem Bild, evtl. auch nur mit Farben, dar.

Gedanken zum Bild notieren
- Während die Folie 32 mittels OHP zu sehen ist, fertigen Sch auf einem Plakat eine Tabelle mit drei Spalten an und sammeln ihre Gedanken zum Bild *Deuteseite I 33* unter den Gesichtspunkten
  - Was verwundert mich an dem Bild?
  - Was spricht mich an?
  - Was gefällt mir nicht?
- In einem anschließenden Gespräch tauschen Sch ihre Gedanken zu diesem surrealistischen Bild aus.

- Sch schneiden aus Papier Gedankenblasen aus, kleben sie auf eine Kopie des Bildes und schreiben mögliche Gedanken der beiden Personen hinein.

Mit dem Herzen sehen können
- Sch lernen den Ausspruch von Antoine de Saint-Exupéry kennen: »Man sieht nur mit dem Herzen gut, das Wesentliche ist für die Augen unsichtbar.«
- Welche Zusammenhänge bestehen zwischen diesem Zitat und dem Bild von Magritte? Sch benennen Unterschiede und Gemeinsamkeiten der Aussagen.
- Welchen Aussagen stimmen Sch zu? Welche halten sie für kritikwürdig? Sch begründen ihre Meinung.

Passende Redensarten finden
- L zeigt Folie 32; Sch suchen durch Zuruf im Plenum neue Titel für das Bild.
- In GA finden sie dazu passende Redensarten, z. B. »Liebe macht blind«.

Gedanken zur Ehe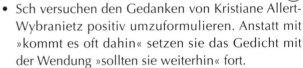
- Sch versuchen den Gedanken von Kristiane Allert-Wybranietz positiv umzuformulieren. Anstatt mit »kommt es oft dahin« setzen sie das Gedicht mit der Wendung »sollten sie weiterhin« fort.
- Sch suchen in anderen literarischen Texten, z. B. aus dem Deutschbuch, weitere Gedanken zum Thema »Ehe«. Aus einem Plakat schneiden Sch eine »Gedankenwolke« aus, auf der sie die Textzitate sammeln.
- Anschließend kann die beschriftete »Gedankenwolke« im Klassenzimmer aufgehängt werden.

Erwartungskiste füllen IDEENSEITE (30)
- Zusätzlich zur Übung auf *Ideenseite* 30 können die Zettel auf zwei verschiedene Plakatkartons, nach Jungen und Mädchen getrennt, geklebt und gegenübergestellt werden.
- Sch heben Überschneidungen farblich hervor.

Über die Liebe Deuteseite II

1. Hintergrund

Aus dem Ausschnitt aus dem **1. Korintherbrief** des Apostel Paulus auf *Deuteseite II 34* geht hervor, dass für Paulus charismatische und prophetische Fähigkeiten nur dann vor Gott einen Wert haben, wenn sie mit Glaube, Hoffnung und Liebe verbunden sind und dem Aufbau des Leibes Christi dienen. Ginge es allein um außergewöhnliche Fähigkeiten, könnte es sich auch um Äußerungen menschlichen Geltungs- und Machtstrebens handeln. Dies wird deutlich in 1 Kor 13,2: »Wenn ich prophetisch reden könnte und alle Geheimnisse wüsste und alle Erkenntnis hätte; wenn ich alle Glaubenskraft besäße und Berge damit versetzen könnte, hätte aber die (dienstbereite) Liebe nicht, so wäre ich (vor Gott) nichts« (vgl. Otto Knoch 1993, S. 116).

Lasst uns leben

T: Daniela Dicker/M: Siegfried Fietz
© Abakus Musik Barbara Fietz, 35753 Greifenstein

2. Könnt mein Glaube Berge heben,
   allem eine Antwort geben
   und hätte ich die Liebe nicht,
   wäre alles nur Bemühen,
   würde schnell vorüberziehen.
   Es wär dunkel ohne das Licht.

Über die Liebe

Erst die Liebe und nur sie allein entscheidet darüber, ob menschliche Fähigkeiten und Eigenschaften »gut« sind und dem Leben mehr nützen als schaden. Dafür legt Paulus in seinem berühmten Text ein großartiges Zeugnis ab. Ich möchte es hier in der Sprache unserer Zeit etwas weiter entfalten. Natürlich wird hier die Liebe als Ideal, also in perfekter Erscheinung beschrieben. Die Realisierung gelingt uns Menschen kaum. Aber so ist sie halt, wenn sie echt und vollkommen ist. Sie bleibt eben ein großartiges »Ziel«, das nach Meinung der Christen bisher einzig von Jesus verwirklicht wurde. Darin ist er noch »göttlicher«, als wir es schon sind (als Ebenbilder Gottes, wie die Schöpfungsgeschichte sagt). Das meinen wir, wenn wir von Jesus als »Sohn Gottes« sprechen.

Die Liebe ist langmütig,
    sie hat Geduld
    und kann warten und verzeihen,
    das macht sie allerdings ausnutzbar.

Die Liebe ist gütig,
    sie bemüht sich, im anderen zuerst das Gute zu sehen,
    und sie ist großzügig bis verschwenderisch im Sich-Verschenken.

Die Liebe ereifert sich nicht und prahlt nicht,
    wo die Eifersucht anfängt, hört die Liebe auf
    (das ist manchmal nicht zu vermeiden),
    sie bemüht sich, den Neid zu bekämpfen,
    sie übertreibt und untertreibt nicht
    (auch wenn ihre Erscheinungsweise manchmal so wirkt),
    sie nützt niemanden aus,
    weder die Schwachen noch die Starken.

Die Liebe bläht sich nicht auf,
    sie braucht sich nicht größer zu machen, als sie ist,
    sie freut sich an dem, was sie hat,
    und sie steht zu ihren Grenzen.

Die Liebe handelt nicht ungehörig,
    Achtung, Respekt, Ehrfurcht vor der Würde der und des anderen
    sind für sie nicht altmodische, sondern sehr lebendige Haltungen;
    sie ärgert den anderen nicht (und ist trotzdem humorvoll),
    und wenn sie sich über ihn ärgert, tut sie es ohne Zerstörungsgefühl;
    sie achtet die Wünsche und Grenzen des anderen.

Die Liebe sucht nicht ihren Vorteil.
    Du bist ganz für ihn da
    und er ist ganz für dich da,
    dabei gibt es kein Aufrechnen, keine Erpressung,
    keinen Anspruch auf Rückvergütung.

Die Liebe lässt sich nicht zum Zorn reizen,
    sie sagt nicht: Das war das letzte Mal!
    Wenn du noch einmal ...!
    Sie »rastet nicht aus«;
    sie lässt sich aber auch nicht erzwingen,
    sie will frei erwählt sein
    und verzichtet auf jede Art der Gewalt;
    sie lässt sich nicht verbittern.

Die Liebe trägt das Böse nicht nach,
    das zu schnelle Wort,
    das eingeschnappte Schweigen;
    ihre Methode gegen das Böse ist, es »wegzulieben«;
    sie stapelt die Frustrationen nicht auf,
    was sie vergeben hat, kommt nicht als Altlast wieder.

Die Liebe freut sich nicht über das Unrecht,
    sie kennt keine Schadenfreude,
    sondern freut sich an der Wahrheit,
    sie deckt nicht zu,
    sie lässt nicht Gras darüberwachsen,
    sondern sie bereinigt und vergibt;
    Liebe und Wahrheit sind ohne einander nur die Hälfte wert.

Die Liebe erträgt alles,
    zumindest unendlich mehr, als sie verstehen kann;
    sie braucht sich aber auf Dauer nicht überfordern und ausnutzen zu lassen.

Die Liebe glaubt alles,
    sie nimmt den anderen beim Wort;
    sie ist nicht argwöhnisch,
    lässt sich aber auf Dauer nicht hinters Licht führen;
    sie ist nicht ironisch und zynisch,
    sondern sanft und einfühlsam,
    sie meint, was sie sagt.

Die Liebe hofft alles;
    wer die Hoffnung aufgeben muss,
    hat die Liebe verloren (auch das kann passieren);
    gegen Vererbung, Charakterschwäche
    und andere scheinbare Unveränderlichkeiten
    setzt sie Risikobereitschaft, Vertrauen
    und noch einmal Vertrauen.

Die Liebe hält allem stand;
    sie hält lange das Unmögliche aus,
    sie hält lange das Ungerechte aus,
    und wenn alles zusammenzubrechen droht,
    Freundschaft, Familie, Glaube, Kraft,
    dann bleibt die Liebe als große Hoffnung
    und schmerzliche Sehnsucht über den Trümmern.

Die Liebe hört niemals auf.

Stefan Herok

HAP Grieshaber (1909-1981)
Der aus Reutlingen stammende Künstler Helmut Adolf Paul Grieshaber war neben Franz Masareel einer der großen Erneuerer der Holzschneidekunst. Charakteristisch für Grieshaber sind die auf rudimentäre Form verdichteten Gestalten, die von großer Aussagekraft sind. Der Farbholzschnitt »Herzauge« stammt aus Grieshabers Frühzeit und ist das Titelbild eines gleichnamigen Kinderbuches, das Grieshaber 1937 anfertigte, als er unter den Repressionen der Nationalsozialisten litt. Diese verweigerten ihm z. B. Papier zum Drucken. In dieser Situation wandte er sich an Kinder, die ihm Papierbögen aus dem Papierladen besorgten.

HAP Grieshaber: »Herzauge« (Detail), 1937
Der Holzschnitt ist als Folie 33 in der Mappe *Kunststücke 8, 9, 10* enthalten, vgl. S. 152.
Zu sehen ist eine blaue Figur, die einen großen Ausfallschritt macht. Auf dem Kopf trägt sie eine baumartige Krone. Mitten im Körper, auf dem Platz, wo normalerweise das Herz schlägt, ist ein großes, geöffnetes Auge zu erkennen. Das eigentliche Herz befindet sich außerhalb des Leibes. Sowohl das Herz, das Auge wie auch die Umrandung des Kopfgeflechtes sind rot. Während bei der Figur und dem Schriftzug die Farbe Blau dominiert, ist der Hintergrund des Farbholzschnittes in dezentem Beige gestaltet. Der beigefügte Bildtitel »Herzauge« deutet darauf hin, dass der Bildinhalt wesentlich mit dem Herz und dem Auge dieses Menschen in Verbindung steht und dieser wohl auch mit dem Herzen sehen kann. Er trägt sein Auge als Herz und kann dadurch mit seinem Herzen bei anderen sein. Der ursprüngliche politische Appell des Bildes ging an die deutschen Zeitgenossen, wieder vermehrt mit dem Herzen, d. h. mit den Gefühlen zu sehen und zu sprechen und die Verbindung zwischen dem, was das Auge sieht, und dem, was das Herz fühlt, nicht abreißen zu lassen. Doch auch heute ist das Bild aktuell und fordert den Betrachter bzw. die Betrachterin heraus, es in aktuellen Zusammenhängen zu interpretieren.
Das Auge ist innen, das Herz außen: Das Herz ist somit nicht mehr geschützt, es ist sichtbar, angreifbar und verletzlich. Das Herz befindet sich dort, wo sonst das Auge hinblickt. Es erhält dadurch einen größeren Aktionsradius. Es strebt nach außen, zu seiner Um- und Mitwelt. Auch in Liebe und Partnerschaft strebt das Herz nach außen. Öffnung und Liebe erhöhen einerseits die Verletzlichkeit, steigern andererseits die Wahrnehmungsfähigkeit und Möglichkeit, Grenzen zu überwinden. Herzseher sind Menschen, die ganzheitlich sehen. Dabei besteht die schwierige Herausforderung, sich das Gesehene auch zu Herzen zu nehmen.
Oft wird das Herz als Ort der Liebe, als Organ der Zuneigung und Empathie gedeutet. Das AT fügt weitere Aspekte hinzu: Dort sind der Herzfunktion auch das Planen, der Wille, die kritische Beurteilung, die Erkenntnis und die Erinnerung zugeordnet. Augustinus formulierte, dass das Herz das Gefäß der göttlichen Liebe, das Zentrum der religiösen Persönlichkeit und der Ausgangspunkt allen menschlichen Tuns sei. Dadurch ist der Bezug zwischen den drei roten Bereichen Auge, Herz und Kopf bzw. Gehirn im Farbholzschnitt hergestellt. Es kommt darauf an, ganzheitlich mit dem Auge, dem Herzen und auch dem Verstand zu sehen und das Handeln danach auszurichten. Nur so kann es gelingen, eine Herzseherin bzw. ein Herzseher zu werden.

2. Einsatzmöglichkeiten im RU

Ein Lied singen und neu gestalten
- Sch singen das Lied »Lasst uns leben«, **AB 10.2.2, Lehrerkommentar S. 51**, und wiederholen dadurch wesentliche Elemente aus 1 Kor 13.
- Sch lesen den Text 1 Kor 13,1-13 und stellen den textlichen Bezug zum Lied her.
- Sch schreiben das Lied in einen Rap um und fügen ggf. weitere Strophen hinzu.

Das Hohelied der Liebe in der Sprache unserer Zeit
- Sch erhalten **AB 10.2.3, Lehrerkommentar S. 52f.**, und lesen den Text in Stille oder bei leiser Hintergrundmusik durch.
- Sch schreiben einen Lobpreis über die Liebe.
- Sch stellen die einzelnen Strophen bildlich oder symbolisch dar.

Einen Ersatz für das Herz finden
- Auf einer Kopie des Bildes überkleben Sch das Herzauge in der Körpermitte der Figur mit eigenen Bildern, Worten, Zeitungsausschnitten etc., die sie an die Stelle des Herzens setzen würden.

Gedanken zu dem Satz »Mit Herz, Auge und Verstand sehen«
L bereitet Plakat vor, in dessen Mitte der Satz »Mit Herz, Auge und Verstand sehen« steht.
- Sch sammeln auf dem Plakat ihre Gedanken zu diesem Ausspruch und kommen darüber ins Gespräch.
- *Alternativ* führen Sch ein Schreibgespräch.

Drei Worte IDEENSEITE 30
- L projiziert Folie 33 mit dem Bild von HAP Grieshaber. Sch setzen das Liebesgedicht von Ulrich Schaffer in Bezug zu den Aussagen über die Liebe im Hohelied der Liebe und im »Herzauge«. Was »bewegt« Liebe in allen drei Fällen?

Warum wir kirchlich heiraten wollen

- *Kreuzen Sie diejenigen Aussagen an, die Ihrer Meinung entsprechen.*
- *Streichen Sie bis zu drei Begründungen durch, die für sie auf keinen Fall in Frage kommen.*

Wir wollen kirchlich heiraten, ...

○ weil das für uns ganz einfach dazugehört.

○ weil die Gemeinde daran teilnehmen soll.

○ weil wir auf den Segen Gottes für unsere Ehe nicht verzichten wollen.

○ weil es ohne die kirchliche Trauung doch keine feierliche Hochzeit ist.

○ weil wir Gott danken wollen, dass wir uns gefunden haben.

○ weil wir sonst Schwierigkeiten mit Eltern/Schwiegereltern bekommen.

○ weil wir uns in unserer Ehe am Leben Jesu ausrichten wollen.

○ weil Ehe keine Privatsache ist.

○ weil wir überzeugt sind, dass eine aus dem Glauben gelebte Ehe uns fester bindet und besser hält.

○ weil die kirchliche Hochzeit ein guter Brauch in unseren Familien ist.

○ weil wir damit ausdrücken wollen, dass wir zur Gemeinde gehören und uns dort einsetzen wollen.

○ weil ich weiß, dass meine Partnerin/mein Partner großen Wert darauf legt.

○ weil wir die Hilfe Gottes für unsere gemeinsame Zukunft einfach brauchen.

Ergänzen Sie:

○ _____

○ _____

○ _____

○ _____

Gott sagt »Ja« zu den Menschen — Infoseite I

1. Hintergrund

Jugendliche haben eine große Sehnsucht nach einer heilen Familie und Ehe. Negative Erfahrungen im eigenen Umfeld, die zerbrochene Ehe der Eltern oder Verwandter oder auch Scheidungsberichte über »Prominenten-Ehen« in den Medien trüben dieses Wunschbild oder lassen es sogar unerreichbar erscheinen. Umso wichtiger ist es, den Sch z. B. im Fach katholische Religionslehre konkrete Bausteine für eine gelingende Ehe vorzustellen, sowohl von kirchlicher Seite wie auch aus wissenschaftlicher Sicht.

Die *Infoseite I* regt zu einer konkreten Auseinandersetzung mit diesem Thema an. Das katholische Eheverständnis als Bund, den die Partner eingehen und der Abbild der Liebe und Treue Gottes ist, und als **Sakrament**, das sich die Eheleute gegenseitig spenden, wird *Infoseite 36* vorgestellt. Bei der christlichen Eheschließung wird die Zusage der Kirche, dass Gott in der Partnerschaft zugegen ist, durch entsprechende Worte und sakramentale Handlungen hört und sichtbar und auch spürbar gemacht. Wie dieses Ideal konkret gelebt werden kann, zeigen die Aufgaben, die die Schrift der Bischöfe *Ehe und Familie in guter Gesellschaft* konzentriert benennt. Die Pflege einer solchen Partnerschaftskultur als hilfreich für das dauerhafte Bestehen einer Ehe wird *Infoseite 37* durch soziologische Forschung bestätigt. Die Übersicht benennt die institutionellen und wirtschaftlichen Faktoren, die auf die Ehe stabilisierend einwirken.

2. Einsatzmöglichkeiten im RU

Gründe für eine kirchliche Trauung
- Sch erhalten eine Kopie von **AB 10.2.4, Lehrerkommentar S. 55**, und kreuzen die Aussagen an, denen sie zustimmen, bzw. streichen die durch, die ihnen nicht entsprechen.
- Sch geben AB 10.2.4 ggf. ihrem Freund oder ihrer Freundin zum Ausfüllen weiter.
- In GA tauschen sich Sch über die Ergebnisse aus.

»Wozu sagen wir ›Ja‹«?
- Sch verfolgen die auf *Infoseite I* **36** angegebenen Internetlinks zum Trauritus, lesen die Texte des Ritus in EA durch und markieren die Worte,
  - die unverständlich sind, mit gelber Farbe,
  - die Widerspruch hervorrufen, mit roter Farbe,
  - die absolutes Einverständnis finden, mit grüner Farbe.
- Anschließend tauschen sich Sch in GA aus und besprechen das Erarbeitete.
- In einer Abschlussrunde klären L und Sch noch offene Fragen.
- Sch gestalten die Zusage »Ich nehme dich an« in einer von ihnen gewählten Form. Dazu leise, aber fröhliche Musik, z. B. Habecker/Ruppel, Saitenspiel für die Seele, Best.-Nr. 978-3-466-45727-4.

Familien-Alphabet und Sprechmotette — IDEENSEITE (31)

- Erweiternd zu der Übung auf *Ideenseite* **31** schreiben Sch Faktoren, die eine Ehe begünstigen oder negativ beeinflussen, aus dem Kraftfeld-Modell der Ehe und dem Text der deutschen Bischöfe heraus.
- Sch teilen sich in zwei Gruppen und rufen die jeweiligen Faktoren im Rahmen einer Sprechmotette abwechselnd laut aus.

Blickrichtung — Deuteseite III

1. Hintergrund

Die **Gedanken nach Antoine de Saint-Exupéry** beziehen sich direkt auf die Blickrichtungen innerhalb einer Partnerschaft. Während in der Phase des Verliebtseins das gegenseitige Ansehen unabdingbar ist, wird der Begriff der Liebe erweitert auf das »Sehen in die gleiche Richtung«. Dies setzt Einfühlungsvermögen in die Wünsche des anderen, Interesse, Neugierde und auch das Zurückstellen eigener Bedürfnisse voraus.

Das **Gedicht von Kristiane Allert-Wybranietz** legt den Schwerpunkt auf die Beachtung der treuen und sehr nahen Weggefährten. Diejenigen, die dem anderen den Rücken stärken, werden oft als selbstverständlich »eingeplant« und nicht »besonders« wahrgenommen. In diesem Text wird die starre Blickrichtung kritisiert, sofern sie die Wahrnehmung des nahen Umfelds, die körperliche Nähe und das Bestärken durch die nächste Person verhindert.

Der dritte Teil, ein Auszug aus einem **Gedicht von Marie Luise Kaschnitz**, beschreibt in bildreicher und anspruchsvoller Form die verwandelnde und wunder-

Ein Liebesgedicht

Eine Lilie unter Disteln
ist meine Freundin unter den Mädchen.
Ein Apfelbaum unter Waldbäumen
ist mein Geliebter unter den Burschen.
In seinem Schatten begehre ich zu sitzen.
Wie süß schmeckt seine Frucht meinem Gaumen!
In das Weinhaus hat er mich geführt.
Sein Zeichen über mir heißt Liebe.
Stärkt mich mit Traubenkuchen,
erquickt mich mit Äpfeln,
denn ich bin krank vor Liebe.
Seine Linke liegt unter meinem Kopf,
seine Rechte umfängt mich.
Bei den Gazellen und Hirschen auf der Flur
beschwöre ich euch, Jerusalems Töchter:
Stört die Liebe nicht auf,
weckt sie nicht, bis es ihr selbst gefällt.

Verzaubert hast du mich,
meine Schwester Braut;
ja verzaubert
mit einem Blick deiner Augen,
mit einer Perle deiner Halskette.
Wie schön ist deine Liebe,
meine Schwester Braut;
wie viel süßer ist deine Liebe,
süßer als Wein,
der Duft deiner Salben
köstlicher als alle Balsamdüfte.
Von deinen Lippen, Braut, tropft Honig;
Milch und Honig ist unter deiner Zunge.
Der Duft deiner Kleider ist wie
des Libanon Duft.

Mein Geliebter ist weiß und rot,
ist ausgezeichnet von Tausenden.
Sein Haupt ist reines Gold.
Seine Locken sind Rispen,
rabenschwarz.
Seine Augen sind wie Tauben
an Wasserbächen;
(die Zähne,) in Milch gebadet, sitzen fest.
Seine Wangen sind wie Balsambeete,
darin Gewürzkräuter sprießen,
seine Lippen wie Lilien;
sie tropfen von flüssiger Myrrhe.
Seine Finger sind wie Stäbe aus Gold,
mit Steinen aus Tarschisch besetzt.
Sein Leib ist wie eine Platte aus Elfenbein,
mit Saphiren bedeckt.
Seine Schenkel sind Marmorsäulen,
auf Sockeln aus Feingold.
Seine Gestalt ist wie der Libanon,
erlesen wie Zedern.
Sein Mund ist voll Süße;
alles ist Wonne an ihm.
Das ist mein Geliebter,
ja, das ist mein Freund,
ihr Töchter Jerusalems.

Leg mich wie ein Siegel auf dein Herz,
wie ein Siegel an deinen Arm!
Stark wie der Tod ist die Liebe,
die Leidenschaft ist hart wie die Unterwelt,
ihre Gluten sind Feuergluten,
gewaltige Flammen.
Auch mächtige Wasser können die Liebe
nicht löschen;
auch Ströme schwemmen sie nicht weg.
Böte einer für die Liebe
den ganzen Reichtum seines Hauses
nur verachten würde man ihn.

- *Aus welcher Zeit und von welchem Verfasser bzw. aus welchem Buch könnte dieser Text stammen?*
- *Halten Sie die Aussagen des Textes für ein gelungenes Liebesgeständnis?*
- *Welche partnerschaftlichen Grundhaltungen und Gefühle drückt der Text aus?*

same Kraft der Liebe. Wenn wir die Liebenden fragen, können wir etwas von größerer Freiheit, von Heimat und Trost, von Hoffnung und Zukunftsgestaltung, von Treue erfahren. Gerade durch den letzten Absatz ihres Liebesgedichtes lässt sich ein Bezug zum Gemälde von Erwin Hahs auf *Deuteseite III* **39** herstellen.

> **Erwin Hahs (1887-1970)**
> Erwin Hahs wurde 1887 geboren. Sein Vater war Baumeister und Architekt, und der frühe Kontakt mit Handwerk und Architektur prägte Hahs schon in der Kindheit. 1914 meldete er sich freiwillig zum Militärdienst, kehrte jedoch als Kriegsgegner und Pazifist nach Hause zurück. 1919 erhielt er eine Berufung an die Handwerker- und Kunstgewerbeschule auf Burg Giebichenstein in Halle/Saale. Seit 1929 entstanden immer mehr Bilder mit abstraktem Charakter und christlich-religiösen Motiven. Nach der Machtergreifung durch die Nationalsozialisten musste Hahs 1933 seinen Lehrstuhl räumen. Seine Werke wurden als »entartet« diffamiert und viele zerstört. Hahs Bilder sind Ausdruck des inneren Widerstandes gegen das von ihm erkannte Unrecht. Nach dem Ende der NS-Diktatur wurde Hahs rehabilitiert, doch schon 1950 kam es zur Konfrontation mit dem DDR-Regime: Hahs machte in seinen Bildern die restriktive Kulturpolitik der damaligen DDR zum Thema. Nach starken Angriffen in der Öffentlichkeit aufgrund seiner nonkonformistischen Ausdrucksweise legte Hahs alle Ämter innerhalb des Verbandes bildender Künstler nieder und zog sich nach Zernsdorf bei Berlin zurück, wo er 1970 starb.
>
> *Literatur:* Peter Noss, in: Biografisch-Bibliografisches Kirchenlexikon, Nordhausen 2001, Band XVIII, Sp. 563-576

Erwin Hahs: »Dreigesicht«, 1947
Das Bild ist vorwiegend in warmen, hellbraunen Farbtönen gehalten und zeigt im Seitenprofil jeweils ein männliches und ein weibliches Gesicht, die aufeinander blicken, wobei die Pupillen in den Augen fehlen. Die Nasen- und Mundkonturen des männlichen Gesichtes werden mit der Farbe Lila hervorgehoben, während die der Frau mit braunrötlichem Farbton betont werden.

Weiterhin werden ein Frauen- und ein Männergesicht im Seitenprofil gezeigt, die in gleiche Richtung blicken. Die gemeinsame Blickrichtung ist dunkelbraun umzeichnet, wobei der Ausdruck der beiden Lippenpaare freundliche Züge anzunehmen scheint. Bei noch genauerer Betrachtung des Gesamtbildes fällt schließlich noch ein Gesicht in »Frontalaufnahme« auf, das sich aus den beiden zueinander blickenden Gesichtern ergibt.

Im linken unteren Teil des Bildes werden weibliche Brüste angedeutet, die an eine dunkelbraune bis lilafarbene quadratische Farbfläche angrenzen. Im rechten unteren Drittel des Bildes findet man die breiten angedeuteten Schultern der männlichen Person, die wiederum an eine kräftig rot gemalte Fläche anstoßen. Alle Gesichter sind zusammenfassend mit einem dunkel- bis hellbraunen Pinselstrich eingerahmt.

2. Einsatzmöglichkeiten im RU

Ein Liebesgedicht schreiben
- Sch betrachten das Bild von Erwin Hahs und lassen sich von ihm zu einem eigenen Liebesgedicht inspirieren.

Gedankenblasen beschriften
- Sch erhalten eine Kopie des Bildes und fügen darauf zu den einzelnen Gesichtern Gedankenblasen ein.
- Sie schreiben mögliche Gedanken der Figuren in die Gedankenblasen.
- Anschließend tauschen Sch sich in GA über die Inhalte der Gedankenblasen aus.

Weitere Blickrichtungen erkunden
- *Kunststücke 8, 9, 10*, Folie 34, zeigt auf einer Kunstfotografie von Claude Cahun ebenfalls ein Paar, dessen Porträtaufnahme technisch verfremdet wurde. Die Vielschichtigkeit der Personen und ihrer Partnerschaft kann mithilfe der Folie und der Erschließung im Booklet vertieft werden.

Ein alttestamentliches Liebeslied kennenlernen
- Sch erhalten **AB 10.2.5**, Lehrerkommentar S. 57. Bei dem Liebesgedicht handelt es sich um Auszüge aus dem alttestamentlichen Hohelied der Liebe. Das Hohelied ist eine Sammlung von Liebesliedern aus dem AT. Darin werden die Sehnsucht und die Schönheit zweier junger Menschen besungen.
- Sch beantworten die Fragen zum Text auf AB 10.2.5 und kommen in der Klasse darüber ins Gespräch.
- Sch gestalten einzelne Motive des Textes mit Farben und Formen und hängen die Bilder rund um eine kalligrafisch schöne Abschrift des Hoheliedes bzw. einen vergrößerten Ausdruck des Textes im Klassenzimmer auf.

Den Rucksack packen

Lernprozess

Um nicht verletzt zu werden
verletzte ich
Um geliebt zu werden
liebte ich

Nun spüre ich
wie paradox mein Verhalten war

Ich gebe mich dir preis
auf die Gefahr hin
verletzt zu werden

Ich liebe dich
auf die Gefahr hin
nicht geliebt zu werden

Meine Gefühle
sind es mir wert
nach ihnen zu leben
Ich werde mir treu.

Barbara Trötscher

Liebe und ... Partnerschaft und Ehe — Infoseite II (40)(41)

1. Hintergrund

Die **Begriffsdifferenzierung** des Wortes Liebe ist bei der Bearbeitung dieses Themenbereiches unerlässlich. Wie oft wird in der Alltagssprache und in den Medien, z. B. in den zahlreichen Talkshows, von Liebe gesprochen, wenn rein sexuelle Begegnungen, z. B. ein sogenannter One-Night-Stand, gemeint sind!
Die Unterscheidung in vier verschiedene Liebesbegriffe dient der sprachlichen Deutlichkeit und somit der Verständlichkeit.
Im **Text** auf *Infoseite II* **41** geht es zum einen um die Verdeutlichung von Partnerschaft als lebenslanger Aufgabe und um die nicht immer einfache Unterscheidung zwischen sinnvollen oder unerfüllbaren Erwartungen innerhalb einer Partnerschaft.
Den Sch wird deutlich, dass Partnerschaft durchaus lern- und gestaltbar ist und nicht nur Schicksal oder Geschenk. Sobald diese Gedanken bewusst reflektiert werden, sind erfolgreiche Spuren in punkto gelingender Partnerschaft für Sch angelegt.

2. Einsatzmöglichkeiten im RU

Den Rucksack packen

- L leitet eine Wegmeditation an.
- Danach erhalten Sch einen DIN-A5-Umschlag mit einem aufgemalten Rucksack (Vorlage **AB 10.2.6, Lehrerkommentar S. 59**), in dem sich vier verschiedenfarbige Zettel befinden. Diese Zettel füllen Sch entsprechend der unten angeführten Überschriften mit eigenen Gedanken, Anmerkungen und Erlebnissen aus.
  1. Zettel: Was waren schöne »Pflanzen« an meinem bisherigen Lebensweg? (Ereignisse, Situationen, Erlebnisse usw.)
  2. Zettel: Wer waren meine bisherigen Wegbegleiter oder Wegbegleiterinnen? Welche Bedeutung hatten oder haben sie noch für mich?
  3. Zettel: Was waren Hindernisse auf meinem bisherigen Lebensweg? Was war hinderlich, was hat mich verletzt?
  4. Zettel: Frei für weitere Gedanken oder Erlebnisse.
- Am Ende der Übung tauschen sich miteinander vertraute Sch aus und werden angeregt, diese »Rucksackübung« ggf. auch mit ihrem Freund/ihrer Freundin durchzuführen.

Erwartungskiste füllen — IDEENSEITE (30)

- Sch können diese Übung auch mit den Mit-Sch der anderen oberen Klassen und L durchführen. Eine Gegenüberstellung der Kärtchen auf zwei großen Plakaten verschafft allen einen besseren Überblick über Gemeinsamkeiten und Unterschiede der Wünsche von Mädchen und Jungen oder auch von Jugendlichen und Erwachsenen.

Ein Gedicht zum Thema kennenlernen

- Sch lesen das Gedicht »Lernprozess« von Barbara Trötscher auf **AB 10.2.7, Lehrerkommentar S. 59**, und setzen es in Beziehung zu dem Text auf *Infoseite II* **41** (eigene Erlebnisse, Erwartungen an den Partner/die Partnerin usw.).
- Sch reflektieren eine (vergangene, erhoffte) (Liebes-)Beziehung vor dem Hintergrund der *Infoseite II* und fassen ihre Gedanken in ein eigenes Liebesgedicht.

Kommunikationsregeln beherzigen

- Sch lesen sich die Kommunikationsregeln auf **AB 10.2.8, Lehrerkommentar S. 61**, durch und markieren diejenigen farbig, die ihnen besonders wichtig erscheinen.
- Sch stellen zu zweit einen erfundenen oder selbst erlebten Beziehungskonflikt nach. In einer ersten Szene verschärfen sie den Verlauf des Konflikts durch das Nichteinhalten von Kommunikationsregeln. In einer zweiten Szene stellen sie die Entschärfung des Konfliktes dar, indem sie die Kommunikationsregeln einhalten.

Kommunikationsregeln

1. Äußern Sie Ihre Interessen
Seien Sie sich bewusst, dass Sie und Ihr Partner verschiedene Menschen sind, die zum Teil gleiche, aber ebenso auch unterschiedliche Interessen haben. Äußern Sie frei Ihre Interessen ohne die Erwartung, dass Ihr Partner sie stets so erfüllen sollte, wie Sie es sich vorstellen. Finden Sie vielmehr gemeinsame Lösungen für Ihre Konflikte, die Ihren wie seinen Interessen gerecht werden.

2. Experimentieren Sie mit sich
Versuchen Sie öfter, neues Verhalten auszuprobieren, und prüfen Sie, welches Verhalten Sie aus Unsicherheit oder Angst nicht vor Ihrem Partner zeigen wollen. Überlegen Sie, ob diese Angst aus »alten« Erfahrungen mit Ihren Eltern oder früheren Partnern resultiert, und finden Sie heraus, ob Sie Ihre Ängste mit eigener oder fremder Hilfe besiegen können.

3. Geben Sie Störungen den Vorrang
Falls Sie sich in einem Gespräch verärgert, ängstlich, peinlich berührt, traurig oder verletzt fühlen, unterbrechen Sie die inhaltliche Diskussion und teilen Sie Ihrem Partner zunächst mit, wie Sie sich fühlen. Auf diese Weise vermeiden Sie, Ihre Gefühle auf der inhaltlichen Ebene indirekt auszudrücken, und können gleichzeitig überlegen, wie diese Gefühle entstanden sind und wie Sie sie besiegen können. Wenn die Störung behoben ist, kann das ursprüngliche Gespräch wieder aufgenommen werden.

4. Bitten Sie bei defensiver Kommunikation um eine Pause
Falls Sie den Eindruck haben, dass Sie oder Ihr Partner sich in einer permanenten Verteidigungshaltung befinden oder sich aggressiv anklagen, dann bitten Sie um eine kleine Gesprächspause zur Beruhigung.

5. Bringen Sie eigene Meinungen statt Fragen vor
Wenn Sie eine Frage stellen, sagen Sie, warum Sie diese stellen. Dadurch wirken Ihre Fragen nicht inquisitorisch oder treiben Ihren Partner nicht in die Enge. Er oder sie hat somit eher die Möglichkeit, Ihnen zu widersprechen oder sich ihrer Meinung anzuschließen.

6. Sprechen Sie in der »Ich-Form«, statt in »Man-« oder »Wir-Form«
Zeigen Sie sich als Person, die Verantwortung für ihre Reden übernimmt, und sprechen Sie per »ich«. Somit verstecken Sie sich nicht hinter »man« oder »wir« und sprechen auch nicht für Ihren Partner mit, ohne zu wissen, ob er das möchte.

7. Vermeiden Sie anklagende Vorwürfe
Vermeiden Sie, Ihren Partner anzuklagen, Vorwürfe zu formulieren oder auf andere Art und Weise ein schlechtes Gewissen zu machen. Wenn Sie ärgerlich sind, so sprechen Sie direkt von Ihrem Ärger und drücken ihn nicht indirekt als Anklage aus. Wenn Sie sich eine Änderung wünschen, dann drücken Sie das als Wunsch und nicht als Vorwurf aus (z. B. »Ich wünsche mir, dass du zu diesem Termin pünktlich kommst.« statt »Du bist unpünktlich.«).

8. Verwenden Sie keine »alten Hüte«
Wenn Sie ärgerlich auf Ihren Partner sind oder Sie eine Veränderung wünschen, so bleiben Sie in der Gegenwart und äußern Ihren Wunsch für die Zukunft. Wenn Sie »alte Hüte« ausgraben, verhindern Sie, dass sie beide beim Thema bleiben und eine Lösung für die Zukunft suchen können.

9. Versuchen Sie, partnerzentriert zu reagieren, bevor Sie Ihre eigene Meinung sagen
Wenn Sie den Eindruck haben, dass das Gespräch hektisch wird und sie beide nicht mehr ganz verstehen, was der andere meint, dann versuchen Sie zunächst zu wiederholen, was Ihr Partner gesagt hat, und teilen erst dann Ihre Meinung mit. Auf diese Weise müssen Sie bewusster zuhören und können immer wieder überprüfen, ob Sie auch alles richtig verstanden haben.

10. Geben Sie Feedback, wenn Sie es für richtig erachten
Löst das Verhalten Ihres Partners angenehme oder unangenehme Gefühle bei Ihnen aus, so teilen Sie dies sofort mit und nicht später einem Dritten. Sprechen Sie zunächst von den Gefühlen, die durch das Verhalten Ihres Partners bei Ihnen ausgelöst werden. Danach können Sie versuchen, das Verhalten der anderen Person so genau und konkret wie möglich zu beschreiben, damit sie begreifen kann, welches Verhalten Ihre Gefühle ausgelöst hat. Lassen Sie dabei offen, wer der »Schuldige« an Ihren Gefühlen ist. Holen Sie sich vor dem Feedback die Einwilligung des Partners, da es nur hilfreich ist, wenn er die Bereitschaft zum Zuhören hat.

11. Hören Sie ruhig zu, wenn Sie das Feedback erhalten
Wenn Sie Feedback erhalten, versuchen Sie nicht gleich, sich zu verteidigen oder die Sache »klarzustellen«. Freuen Sie sich zunächst, dass die andere Person Ihnen ihr Problem erzählt, das sie mit Ihnen hat. Diese Haltung wird Ihnen helfen, ruhig zuzuhören und zu prüfen, ob Sie auch richtig verstanden haben, was sie meint. Teilen Sie ihr zunächst mit, welches Gefühl das Feedback in Ihnen ausgelöst hat, und gehen Sie dann erst auf den Inhalt ein.

Lutz Schwäbisch / Martin Siems (Hg.), Anleitung zum sozialen Lernen für Paare, Gruppen und Erzieher

Die Familie – besonders schützenswert?

Infoseite III 42 43

1. Hintergrund

Entgegen landläufiger Meinung haben die meisten jungen Paare durchaus einen Kinderwunsch. Durch moderne Familienplanung haben sie heute größere Entscheidungsfreiheit, was die Zahl der Kinder und die Abstände zwischen den Geburten betrifft.

Obwohl bei Umfragen unter Jugendlichen der Wunsch nach einer Familie auf den oberen Plätzen rangiert, trauen sie sich oft nicht, mit ihrem Partner bzw. ihrer Partnerin über Sexualität, Verhütung, Kinderwunsch u. Ä. zu reden. Immer wieder vertrauen viele Jugendliche darauf, dass sich diese Themen »irgendwann einmal ergeben«, und sind dann herb enttäuscht, wenn sie unvorbereitet in Situationen geraten, die sie lieber vorher besprochen hätten.

Daher hat der RU die wichtige Aufgabe, Raum für Gespräche anzubieten, innerhalb dessen Fragen zu den Themen Familie und neue Lebensformen möglich sind.

Sowohl im Text des Grundgesetzes wie auch in dem der deutschen Bischöfe wird die herausragende Stellung und Schutzbedürftigkeit der Familie innerhalb der Gesellschaft betont.

Der Auszug aus dem **Grundgesetz** Art. 6 betont die herausragende Bedeutung von Ehe und Familie in unserer Gesellschaft im Vergleich zu anderen Lebensformen. In der aktuellen Diskussion nimmt die Familie eine zentrale Stellung ein. Das Grundgesetz gibt jedoch keine exakte Definition einer Familie vor. Die Struktur der Familie hat in den Jahren seit der Entstehung des Grundgesetztextes große Umbrüche erlebt. Von der traditionellen Familie mit verheirateten Eltern und deren leiblichen Kindern über alleinerziehende Mütter und Väter bis hin zur sogenannten Patchwork-Familie mit Elternteilen und Kindern aus unterschiedlichen Herkunftsfamilien ist heute vieles möglich und vorstellbar. Wer gesellschaftlichen Realitäten gerecht werden will, kommt nicht umhin, den klassischen Familienbegriff zu überdenken.

»Wo Kinder sind, da ist Familie« (Bundespräsident Horst Köhler bei einer Rede vor der Ev. Akademie Tutzing am 18.1.2006). Sowohl für den staatlichen Ehe- und Familienbegriff als auch für die kirchliche Position zu Ehe und Familie sind Kinder sinnstiftender Mittelpunkt.

Der Auszug aus dem **Text der deutschen Bischöfe** verdeutlicht die über den rechtlichen Rahmen hinaus wichtigen Aspekte von Ehe und Familie und ordnet sie als besondere Gemeinschaft in die sozialen Strukturen von Männern und Frauen ein.

Auf *Infoseite III* **43** gibt eine **Grafik** einen Überblick über die sogenannten neuen Lebensformen. Neben der »traditionellen« Familie – Vater berufstätig, Mutter für Kindererziehung und Haushalt zuständig – werden dort andere Möglichkeiten genannt, wie Erwachsene mit Kindern oder Erwachsene ohne Kinder leben können. Diese neuen Formen werden v. a. durch sich verändernde Bedingungen in der Gesellschaft hervorgebracht. Ökonomischer Druck erfordert, dass heute oft beide Eltern berufstätig sind. Die Betreuung der Kinder übernimmt z. B. eine Tagesmutter. Viele Menschen sind gezwungen, einen Arbeitsplatz in großer Entfernung zum Wohnort anzunehmen, sodass die Familie nur am Wochenende zusammenkommen kann. Noch selten ist das »umgekehrte traditionelle« Modell, in dem der Mann als Hausmann die Familienarbeit übernimmt, während die Frau ihrem Beruf nachgeht.

Durch die hohe Zahl von Ehescheidungen ist auch die Zahl der alleinerziehenden Mütter und Väter größer geworden. Durch Wiederverheiratung entstehen sogenannte Patchwork-Familien, die sich aus Teilfamilien zusammensetzen und völlig neue familiäre Strukturen entwickeln.

Homosexualität ist in unserer Gesellschaft längst kein Tabuthema mehr. Seit 2001 gilt das Lebenspartnerschaftsgesetz, das gleichgeschlechtlichen Paaren die Möglichkeit gibt, ihrer Partnerschaft einen rechtlichen Rahmen zu geben. Auch diese Tatsache spiegelt sich in der Bandbreite der neuen Lebensformen wider. Nicht zuletzt die immer größer werdende Anzahl von Singles stellt die Gesellschaft schon heute vor große Herausforderungen. In manchen Städten in Deutschland sind bereits 20 % der Haushalte Single-Haushalte. Zum demografischen Problem, das sich aus der großen Zahl Alleinstehender ergibt, kommt das soziale – Vereinsamung, Pflege im Alter, Verdrängung von Familien aus den Städten etc. – und das ökonomische – Aufrechterhaltung der sozialen Absicherung, z. B. durch das Rentensystem.

Lebensformen – Zahlen und Fakten

Wie genau sich die Formen des (Zusammen-)Lebens in Deutschland in den letzten Jahren entwickelt haben, hat das Statistische Bundesamt im Mikrozensus 2005 untersucht. Der Abschlussbericht »Leben in Deutschland – Haushalte, Familien und Gesundheit« befasst sich eingehend mit den Lebensformen der Menschen und belegt durch statistische Daten den »gefühlten« Wandel, der sich in der Bevölkerung vollzieht. Der Familienbegriff des Mikrozensus fasst jede Art von Eltern-Kind-Gemeinschaft, d. h. Ehepaare, nichteheliche und gleichgeschlechtliche Lebensgemeinschaften sowie alleinerziehende Mütter und Väter mit ledigen Kindern im Haushalt als Familie auf (vgl. das Zitat von Horst Köhler). Nach dieser Defini-

Wenn du da bist

Diese Art Glanz in ihren Augen
hab ich zuvor noch nie gesehn.
Sie strahlt von innen her,
von da, wo du noch wohnst.

Seit ich von deiner Ankunft weiß,
wart ich auf die neue Zeit,
steht meine Welt mir Kopf,
denn 1 und 1 gibt 3.

Die Welt, die auf dich wartet,
ist nicht, wie sie gerne wär – nein,
doch das hat Zeit, nur keine Angst,
du kannst dich wirklich traun.

Vier Hände voller Liebe
streicheln sich um dich
und ich schwör dir,
deine Mutter ist ne klasse Frau.

Wenn du da bist,
wenn du Licht siehst,
und das zum allerersten Mal,
wenn sie dich sieht,
wenn du mich siehst,
dann, glaub ich,
werden Wunder wahr.
Wir stehn dir bei, wir zwei.
Wir stehn dir bei, aus zwei mach drei.

Du bist das größte Abenteuer.
Du hast uns gerade noch gefehlt.
Sie trägt dich voller Stolz
in ihrem wunderschönen Bauch.

Fühl dich nur wohl um deine Haut,
deiner Mutter anvertraut
bleibt deine Welt noch klein
und deine kleine Seele rein

Dass etwas schiefgehen könnte,
klar, das macht uns etwas Angst.
Doch was auch immer sein wird,
wir freun uns so auf dich.
Ich bin bei dir
und deine Mutter
schaukelt dich schon raus.

Wenn du da bist ...

Ich kann dir noch nicht helfen,
ich kann dich noch nicht sehn,
ich kann nur ganz viel an dich denken
und du kannst mich singen hörn

Wenn du da bist ...

PUR © Live Act Music GmbH, Hirschberg

- *Welche Wirkung hat das noch ungeborene Kind in diesem Lied auf seine Eltern?*
- *Wie würden Sie die Welt beschreiben, in die heute ein Kind hineingeboren wird?*
- *Welche Ängste hätten Sie, wenn Sie mit Ihrem Partner bzw. Ihrer Partnerin ein Kind erwarten würden?*
- *Was meint der Sänger mit dem Satz »... dann, glaub ich, werden Wunder wahr«?*

Spruchweisheiten über Kinder

Die große Welt spiegelt sich im kleinsten Tautropfen.
Wer klein genug ist, kann im Tautropfen baden.
Aus Japan

In einem Haus voller Kinder hat der Teufel keine Macht.
Aus Kurdistan

Wir könnten Menschen sein.
Einst waren wir schon Kinder.
Wir sahen Schmetterlinge,
wir standen unterm silbernen Wasserfall.
Wir sahen alles.
Wir hielten die Muschel ans Ohr.
Wir hörten das Meer.
Wir hatten Zeit.
Max Frisch

Kinder sind Gäste, die nach dem Weg fragen.
Ausspruch einer alten Frau

Kinder sind eine Brücke zum Himmel.
Aus Persien

Kinder sind wie Bücher: Wir können in sie hineinschreiben und aus ihnen lesen.
Peter Rosegger

Kinder sind wie Blumen, jede mit einer anderen Pflege.
Johanna Fürst-Rieder

Solange die Kinder klein sind, gib ihnen Wurzeln;
wenn sie älter geworden sind, gib ihnen Flügel.
Aus Indien

Kinder machen uns Erwachsenen mit ihrer Neugierde
wieder bewusst, wie menschlich, unvollkommen und
aufregend jeder Tag des Lebens ist.
Holde Heuer

Jedes Kind bringt die Botschaft, dass Gott die Lust am Menschen noch nicht verloren hat.
Rabindranath Tagore

Wo Kinder sind, da ist ein goldenes Zeitalter.
Novalis

Ich liebe Kinder, sagt Gott, weil mein Bild in ihnen noch nicht getrübt ist.
Michael Quoist

Wer keine Kinder hat, der weiß nicht, warum er lebt.
Sprichwort

Kleine Kinder: Kopfweh;
Große Kinder: Herzweh.
Aus den Niederlanden

Kleine Kinder – kleine Sorgen;
große Kinder – große Sorgen.
Sprichwort

Ein Baby macht die Liebe stärker, die Tage kürzer,
die Nächte länger, die Brieftasche dünner, das Heim
schäbiger, es lässt die Vergangenheit vergessen
und macht die Zukunft lebenswert.

Kinder und Uhren dürfen nicht beständig aufgezogen
werden, man muss sie auch gehen lassen.
Jean Paul

Nur wer erwachsen wird und ein Kind bleibt,
ist ein Mensch.
Erich Kästner

Ein Kind ist sichtbar gewordene Liebe.
Novalis

Wenn wir wahren Frieden in der Welt erlangen wollen,
müssen wir bei den Kindern anfangen.
Mahatma Gandhi

Der Kinderfrage »warum?« verdankt die Menschheit
immer wieder neue Entdeckungen.
Gerhard Fabian

Kinder schauen mehr auf das, was die Eltern tun, als auf das, was sie sagen.
Marie von Ebner-Eschenbach

Wer Geld hat, aber keine Kinder, ist nicht wirklich reich. Wer Kinder, aber kein Geld hat, ist nicht wirklich arm.
Aus China

Denkst du an ein Jahr,
säe ein Samenkorn;
denkst du an ein Jahrzehnt,
pflanze einen Baum;
denkst du an ein Jahrhundert,
erziehe einen Menschen.
Aus China

Ein Kind ist kein Kind.
Sprichwort

Das sicherste Mittel, Kinder zu verlieren ist, sie immer behalten zu wollen.

Kinder sind das leibliche Pfand in der Ehe, sie binden und erhalten das Band der Ehe.
Martin Luther

Ein lachendes Kindergesicht ist der Spiegel der Hoffnung.
Johannes Brinkmann

Wie sich die Sonne birgt in jeder Blume,
so birgt Gottes Antlitz sich in jedem Kind.

An Kindern hängt voll Liebe jedes Elternherz.
Euripides

Die Freude und das Lächeln der Kinder sind der Sommer des Lebens.
Jean Paul

Die Kinder sind das Knopfloch der Eintracht.
Aus Arabien

Eine Krone der Alten sind die Kinder ihrer Kinder.
Spr 17,6

Und er nahm die Kinder in seine Arme; dann legte er ihnen die Hände auf und segnete sie.
Mk 10,16

Wer so klein sein kann wie dieses Kind, der ist im Himmelreich der Größte. Und wer ein solches Kind um meinetwillen aufnimmt, der nimmt mich auf.
Mt 18,4-5

Kinder sind eine Gabe des Herrn, die Frucht des Leibes ist sein Geschenk.
Ps 127,3

Was ist der Mensch, dass du an ihn denkst,
des Menschen Kind, dass du dich seiner annimmst?
Du hast ihn nur wenig geringer gemacht als Gott,
hast ihn mit Herrlichkeit und Ehre gekrönt.
Ps 8,5-6

Ich habe dich beim Namen gerufen, du bist mein.
Jes 43,1

Sieh her, ich habe dich eingezeichnet in meine Hände.
Jes 49,16

Lasst die Kinder zu mir kommen; hindert sie nicht daran! Denn Menschen wie ihnen gehört das Himmelreich.
Mt 19,6

tion lebten im Jahr 2005 52,9 % der Bevölkerung in Deutschland in einer Familie, was einen Rückgang gegenüber dem Vergleichsjahr 1996 von 3,7 % bedeutet. 28 % waren kinderlose Ehepaare oder nichteheliche Lebensgemeinschaften (1996: 25,9 %), weitere 17 % Alleinstehende (1996: 15,6 %).

Von den 21,4 Millionen Paaren, die in einem gemeinsamen Haushalt leben, waren 88 % verheiratet, 12 % lebten in nichtehelicher Gemeinschaft zusammen. Deren Zahl ist seit 1996 um 34 % auf 2,4 Millionen gestiegen.

Der Anteil der Ehepaare unter den Paaren mit Kindern hat im Vergleichszeitraum um 3 % abgenommen. Die Zahl der Ehepaare mit Kindern im Haushalt sinkt. 2005 lebten 2,6 Millionen allein erziehende Elternteile in Deutschland, 87 % davon waren Frauen. Am häufigsten wurden Mütter und Väter durch Scheidungen zu Alleinerziehenden (40 % der Frauen, 43 % der Männer).

Die Zahl der Alleinstehenden ist seit 1996 um 11 % angestiegen. 2005 waren 15,7 Millionen Menschen Single, das ist fast jede fünfte Person bzw. 19 %.
(Quelle: »Leben in Deutschland – Haushalte, Familien und Gesundheit, Ergebnisse des Mikrozensus 2005«, hg. v. Statistisches Bundesamt, Wiesbaden 2006. Ein kostenloser Download des Berichtes im PDF-Format ist unter www.destatis.de möglich.)

Die Deutsche Bischofskonferenz führt Statistiken über die Veränderungen innerhalb der katholischen Kirche, die u. a. der Wandel in der Gesellschaft mit sich bringt. Die Erhebung über katholische Eheschließungen im Jahr 2004 ergab z. B., dass die Zahl der Trauungen mit 49 178 um 3,4 % unter dem Wert des Vorjahrs lag. Damit hat sich ein Abwärtstrend fortgesetzt: Auf je 100 zivile Eheschließungen kamen nur noch 42,3 katholische Trauungen. Im Durchschnitt kamen 2004 auf eine Pfarrei in Deutschland nur noch 3,8 Trauungen. (Quelle: Katholische Kirche in Deutschland. Statistische Daten 2004. Arbeitshilfen Nr. 199, hg. v. Sekretariat der Deutschen Bischofskonferenz, Bonn 2006)

2. Einsatzmöglichkeiten im RU

Pro-und-Contra-Liste erstellen
- Sch erstellen für sich eine Pro-und-Contra-Liste über ihre Einstellung zu den einzelnen auf *Infoseite III* 43 dargestellten Lebensformen.
- Anschließend vergleichen sie ihre Ergebnisse und kommen darüber ins Gespräch.
- Sie markieren auf ihrer Liste die Lebensform farbig, die sie persönlich favorisieren.

Lebensformen vergleichen IDEENSEITE (30)
- Sch setzen die Grafik auf *Infoseite III* 43 in Beziehung zu dem Bild der Klingelschilder auf *Ideenseite* 30. Auf welche der genannten Lebensformen deuten die Klingelschilder hin? Welche weiteren Lebensformen könnten sich noch dahinter verbergen?

Wenn du da bist
- Sch erhalten **AB 10.2.9, Lehrerkommentar S. 63**, und lesen den Text des Liedes »Wenn du da bist« von PUR in Ruhe durch. Evtl. hören Sch eine Aufnahme des Liedes an (z. B. von der CD *Mächtig viel Theater, PUR live*).
- Sch bearbeiten die Fragen zum Liedtext auf AB 10.2.9 und kommen darüber ins Gespräch.

Spruchweisheiten über Kinder
- Sch erhalten die 41 Spruchweisheiten auf **AB 10.2.10, Lehrerkommentar S. 64f.**, als laminierte Kärtchen und lesen sie durch.
- Anschließend begibt sich L mit den Sch auf eine erzählte Abenteuerreise. Die Kärtchen tragen Sch im imaginierten Rucksack bei sich. Wenn sie an einem schwer zu bewältigenden Anstieg, ein Seeufer, einen Steg ... gelangen, sollen Sch 5 oder 10 Kärtchen ablegen, immer wieder, bis schließlich nur noch eines übrig bleibt. Dieses stellen sie der Klasse vor und begründen ihre Wahl.

Ich wünsche mir einmal Kinder, weil ...
- Sch kreuzen auf **AB 10.2.11, Lehrerkommentar S. 67**, die für sie geltenden Aussagen an und kommen anschließend in GA darüber ins Gespräch.

3. Weiterführende Anregung

Werbespots für die Familie
- Sch überlegen sich kurze und fantasievolle Szenen und Sprüche, in denen sie für die Vorteile und den Schutz von Familien plädieren.
- Diese Werbespots können auch mit der Videokamera gefilmt und anderen Klassen, z. B. an einem Projekt- oder Besinnungstag, vorgeführt werden.

Ich wünsche mir einmal Kinder, weil ...

- nur Kinder einer Ehe Sinn geben.
- für mich ein erfülltes Leben ohne Kind(er) unmöglich ist.
- meine Eltern/Schwiegereltern einen Stammhalter wollen.
- ein Kind das Wichtigste in meinem Leben ist.
- ich in meinen Kindern weiterleben will.
- ich selbst als Kind Geschwister vermisst habe.
- ich nicht weiß, wozu ich mich sonst im Leben anstrengen sollte.
- es bei uns zu Hause mit meinen Geschwistern so schön war.
- ich sonst nicht vollwertig Frau/Mann bin.
- Kinder der beste Ehekitt sind.
- ich das Weiterleben der Menschheit (der Deutschen) sichern will.
- Kinder mehr Leben in eine Ehe/Familie bringen.
- mein Kind es besser machen/haben soll als ich.
- jemand für mein Alter sorgen soll.
- ich meinem Partner/meiner Partnerin ein Kind schenken will.
- ich die Freude an meinem Leben/am Leben weitergeben will.
- mein Partner/meine Partnerin unbedingt Kinder will.
- ich jemanden »ganz für mich haben« will.
- ich mir damit einen persönlichen Wunsch erfüllen will.
- mir an Kindern gefällt, dass sie so natürlich und spontan sind.
- das doch der Zweck einer Ehe ist.
- ich meinen Partner/meine Partnerin so liebe, dass ich von ihm/ihr ein Kind möchte.
- ich dann selbst noch einmal »Kind« sein kann.
- _____
- _____
- _____

Gleichgeschlechtliche Partnerschaft

Infoseite IV 44 45

1. Hintergrund

Immer mehr Menschen mit gleichgeschlechtlichen Neigungen stehen zu ihrer sexuellen Orientierung und leben offen als Schwule bzw. Lesben. Seit 2001 ist es auch möglich, dass sie vor dem Standesamt eine Lebenspartnerschaft eingehen und damit ihrer Beziehung einen rechtlichen Rahmen geben. Auch in der Bevölkerung wächst die Bereitschaft, Homosexualität als Lebensform anzuerkennen. Für diese Veränderungen waren u. a. Erkenntnisse der Humanwissenschaften verantwortlich. Die moderne Sexualwissenschaft betrachtet die Homosexualität als eine von vielen möglichen Ausdrucksformen der Sexualität. Dabei gehört sie Bereichen der »Veranlagung« und »Neigung« der Menschen an, die nicht einfach durch den Willen veränderbar sind. Man rechnet durchschnittlich mit etwa 5 % schwulen Männern und 3 % lesbischen Frauen in unserer Gesellschaft.

Auch die kirchliche Diskussion blieb von solchen Forschungsergebnissen nicht unberührt. Die Kirche verurteilt jede Diskriminierung gleichgeschlechtlich orientierter Frauen und Männer. Während römische Verlautbarungen fordern, dass Homosexuelle enthaltsam leben, betonen die Deutschen Bischöfe die Aufgabe, die gottgegebene Kraft der Sexualität verantwortlich zu leben. Innerhalb der Moraltheologie findet daher eine Diskussion über eine Neueinstufung der gleichgeschlechtlichen Orientierung statt. Dabei werden Fragen diskutiert wie »Darf die Kirche jede homosexuelle Äußerung verbieten?«, »Führt die bis 1983 vorherrschende Deutung der Ehe als Band mit der starken Betonung der Fortpflanzung nicht zu einer einseitigen Fixierung auf die Sexualität?« und »Sollte nicht die Ehe als Bund, in dem sich die beiden Partner stützen und fördern, zu neuen Kriterien für eine christliche Partnerschaft führen? – Können dann nicht auch gleichgeschlechtliche Beziehungen für die Menschen wertvoll sein und von der Kirche unterstützt werden?« Die rechtliche Gleichstellung gleichgeschlechtlicher Paare gegenüber Eheleuten lehnen die Bischöfe jedoch ab. Sie heben hervor, dass Ehe und Familie unter dem besonderen Schutz des Staates stehen, da das Rechtsinstitut der Ehe sich nicht nur aus der Partnerschaft zwischen Mann und Frau ergibt, sondern auch die Elternschaft beinhalte. Die hervorgehobene Rechtsstellung der Ehe bedeute keine Diskriminierung gleichgeschlechtlich orientierter Frauen und Männer. Der Staat solle vielmehr andere Instrumente schaffen, mit denen die Rechte und Pflichten gleichgeschlechtlicher Lebensgemeinschaften geregelt werden.

Christliche homosexuelle Frauen und Männer, die sich kirchlich engagieren, haben ökumenische Interessenverbände gegründet: LuK – Lesben und Kirche, www: gay-web.de/luk/inhalt.htm, und HuK, Homosexuelle und Kirche, www.huk.org.

2. Einsatzmöglichkeiten im RU

Bildbetrachtung

- Sch betrachten die Fotografie auf *Infoseite IV* **44** und äußern spontan, was ihnen dazu einfällt.
- Welche gleichgeschlechtlich orientierten Menschen kennen Sch (Prominente, Politiker und Politikerinnen etc.)?
- Sch sammeln Artikel und Informationen über Homosexualität und stellen sie in der Klasse vor.
- Sch gestalten ein eigenes Bild oder Plakat zu diesem Thema.

Fragebogen zur Homosexualität

- Sch erhalten **AB 10.2.12, Lehrerkommentar S. 69**, und füllen den Fragebogen aus. Anschließend unterhalten sie sich zuerst in GA, dann im Klassenverband über die Ergebnisse.
- Sch verteilen Kopien des Fragebogens an Bekannte, Verwandte und evtl. andere Sch und werten die Ergebnisse aus.

Die Meinung eines Sexualwissenschaftlers kennenlernen

- Sch lesen den Text auf **AB 10.2.13, Lehrerkommentar S. 70**, und schreiben die genannten »Ursachen« für Homosexualität stichwortartig auf.
- Welche Konsequenzen ergeben sich für unser Denken? (Siehe auch Äußerungen der Jugendkommission der Deutschen Bischofskonferenz auf *Infoseite IV* 45)

Informationen aus dem Internet

- Sch suchen, z. B. im Internet, Information zu den Arbeitsgruppen LuK (Lesben und Kirche) und HuK (Homosexuelle und Kirche) und erstellen mit dem gefundenen Material eine Informationswand.

Arbeitsblatt »Mein bester Freund ist schwul«

- Sch lesen den Text auf **AB 10.2.14, Lehrerkommentar S. 71**, und lassen ihn auf sich wirken.
- Sch schreiben die positiven Äußerungen über den homosexuellen Freund auf.
- Welche Erfahrungen in einer heterosexuellen Beziehung hat die Autorin des Textes offenbar gemacht?
- Sch diskutieren, ob diese Erfahrungen verallgemeinert werden können oder eher im Bereich des Persönlichen anzusiedeln sind.

Fragebogen zum Thema Homosexualität

Kreuzen Sie an:

○ Homosexualität sollte verboten und bestraft werden.

○ Sie ist normal.

○ Man wird krank davon.

○ ist eine Folge fehlgeleiteter Sozialisation.

○ Homosexuelle sind weibisch.

○ Homosexualität ist eine Folge falscher Erbanlagen.

○ Homosexuelle tun mir leid.

○ Homosexualität ist eine Möglichkeit der Liebe.

○ Homosexualität ist verwerflich und homosexuelle Handlungen sind sündig.

○ Homosexuelle Erfahrungen sind wünschenswert für jeden.

○ Homosexuelles Verhalten ist jedermanns Privatsache.

○ Homosexuelles Verhalten ist ein Ausdruck besonders starker und zärtlicher Liebe.

○ Homosexuelle verführen kleine Jungen.

○ Homosexuelle Beziehungen sollten immer straffrei sein.

○ Jeder Mensch macht homosexuelle Phasen durch.

Fallen Ihnen weitere Aussagen über Homosexualität ein?

○ _____

○ _____

○ _____

○ _____

○ _____

Jeder Mensch ist bisexuell

*Der Sexualwissenschaftler Prof. Dr. Helmut Kentler
über die Ursachen der Homosexualität*

Vier bis sechs Prozent der Nordamerikaner und Europäer haben sexuelle Beziehungen ausschließlich zu Geschlechtsgleichen – sie sind Homosexuelle. Die übrigen sind keineswegs ausschließlich heterosexuell. Der amerikanische Sexualforscher Kinsey fand heraus, dass jeder zweite Mann in seinem Leben schon einmal homosexuelle Erfahrungen gemacht hat. Vor allem im Jugendalter kommen solche Beziehungen verhältnismäßig häufig vor – dass diese Jungen meist nicht homosexuell sind, zeigt sich später, wenn sie sich für Mädchen interessieren und weiterhin ausschließlich heterosexuell leben. Das bedeutet: Homosexualität ist nicht ansteckend, sie entsteht auch nicht durch Verführung oder Gewohnheit.

Über die Ursachen der Homosexualität gibt es so viele Theorien wie Forscher: Stress während der Schwangerschaft bewirke hormonelle Veränderungen und eine »Verweiblichung« des männlichen Embryos, behaupten die einen. Das männliche bzw. das weibliche Sexualzentrum im Gehirn sei bei Schwulen bzw. Lesben jeweils schwächer ausgeprägt, sagen die anderen. Allerdings konnte beim Menschen bisher noch kein Sexualzentrum im Gehirn entdeckt werden. Zudem gehen alle Annahmen von der falschen Vorstellung aus, schwule Männer seien »femininer«, lesbische Frauen »maskuliner«.

Auch Erziehungseinflüsse werden als Ursachen für Homosexualität diskutiert: Schwule hätten ihren Vater nie als Vorbild erlebt und lehnten deshalb die männliche Rolle insgesamt ab.

Das Kinsey-Institut hat alle gängigen Theorien überprüft und ist zu dem Ergebnis gekommen, dass alle falsch sind. Damit sind auch Selbstvorwürfe von Eltern unbegründet. Der Wirklichkeit am nächsten kommt wohl folgende Überlegung: Menschen sind von ihren Anlagen her bisexuell, das heißt, sie sind auch »liebesfähig« gegenüber beiden Geschlechtern. Ähnlich verhält es sich mit Rechts- und Linkshändern. Von Geburt an sind wir »beidhändig« angelegt, tatsächlich gibt es aber nur wenige Linkshänder.

Warum sich aber die meisten Menschen sexuell einseitig orientieren, kann von der Wissenschaft gegenwärtig nicht befriedigend beantwortet werden. Unterdrückte Homosexualität allerdings kann sich bei Männern in betontem Macho-Gehabe bis hin zu gewalttätiger Aggression gegen Schwule äußern.

Helmut Kentler

Mein bester Freund ist schwul

Es gibt kaum einen Menschen, dem ich so nahestehe wie Gerald. Warum? Vielleicht, weil wir nie zusammen schlafen werden, denn mein bester Freund ist schwul.

Kennengelernt habe ich Gerald an der Uni während des Jurastudiums. Er fiel mir auf, weil er in vielen Dingen unheimlich gut Bescheid wusste, sehr analytisch an schwierige juristische Probleme heranging. Das imponierte mir. Als dann die Examenszeit näher rückte und der Stress losging, merkte ich, dass Gerald einer der wenigen war, der mindestens genauso viel Angst vorm Versagen hatte wie ich. Vor allem konnte er das zugeben. Wir haben gemeinsam gelernt, sind von morgens bis abends in der Uni gewesen. Von Panik bis Euphorie war an Stimmungen alles vertreten. Ich war froh, jemanden zu haben, dem es ähnlich ging wie mir. Allerdings hatte ich keine Ahnung, dass Gerald homosexuell war. Ausgerechnet der Mann, mit dem ich damals zusammenlebte, brachte mich darauf. »Gerald? Das ist doch dieser Schwule, oder?«, sagte er einmal, als wir über mein Studium sprachen. Ich war völlig perplex. Ich unterhielt mich dann einmal mit einer Studienkollegin über Gerald. Marianne grinste: »Was Besseres als ein Schwuler kann dir doch gar nicht passieren«, sagte sie und erzählte mir von Jens. »Mit keinem anderen Mann kann ich so ausgiebig klönen und Quatsch machen wie mit Jens. Es macht Spaß, gemeinsam im Bett rumzulümmeln, fernzusehen und über Sex zu reden, ohne dass du denkst, jetzt geht's gleich zur Sache; Gespräche mit Männern zu führen, die weich sind, gefühlvoll, manchmal auch zickig.«

Gerald und ich, wir kennen uns mittlerweile sieben Jahre. Und ich wüsste nicht, welche Situation unsere Freundschaft gefährden sollte. Vielleicht hätte es Probleme gegeben, wenn mein Partner eifersüchtig auf Gerald gewesen wäre. Aber ich glaube, dass für die meisten Männer Schwule überhaupt keine Bedrohung bedeuten. Weil sexuell nichts läuft. In meiner Freundschaft mit Gerald gibt es keine erotischen Signale, keine Machtkämpfe, wie sie in Partnerschaften oder Bekanntschaften zu anderen heterosexuellen Männern vorkommen. Das ist das Besondere an der Freundschaft zwischen Gerald und mir. All diese Rollenspiele, Muster und jahrhundertealten Rituale fallen weg. Wir lachen über die blödesten Witze, heulen herzzerreißend beim größten Seelendrama.

Einmal ist etwas ganz Merkwürdiges passiert: Meine Mutter war plötzlich ganz schwer krank geworden. Der Anruf aus dem Krankenhaus traf mich wie ein Schlag. Sie hatte einen Tumor. Ich bin raus, setzte mich aufs Fahrrad und fuhr nach Hause. Plötzlich klingelte das Telefon. Es war Gerald. »Warum bist du zu Hause?«, fragte er, und ich fragte, warum er denn dann anriefe. Es klingt verrückt, aber es war Gedankenübertragung. Gerald hatte vor einigen Jahren selbst seine Mutter verloren. Sie hatte Krebs. Auch wenn mir natürlich mein Freund immer näherstand als Gerald – in dieser Zeit, als es meiner Mutter und damit auch mir so schlecht ging, war er mir näher als jeder andere.

Von Gerald bekomme ich vieles, was ich bei nichtschwulen Männern vermisse. Ich spüre, wie genau er wahrnimmt, wenn ich etwas Neues anhabe oder ob ich mich eher verhuscht fühle. »Heteros« können zwar auch charmant und aufmerksam sein, nur weiß man nie, welche Absicht sich dahinter verbirgt. Es tut jedenfalls einfach gut, wenn da einer ist, der dir Komplimente macht, weil er dich als Mensch toll findet, und nicht nur, weil er gerade ein erotisches Abenteuer sucht.

Noch etwas kommt hinzu: Die meisten schwulen Männer haben ein Faible für schöne Kleidung und gutes Aussehen. Sie ziehen sich gut an, sind gepflegt. Auch die Wohnung von Gerald und seinem Freund Bernd ist genau das Gegenteil von einer verlotterten Männer-WG. Schwule warten eben nicht auf die Frau, die schon alles richtet, sie machen alles selbst. Durch Gerald habe ich natürlich eine ganze Menge andere Schwule kennengelernt. Und es ist wirklich ein Phänomen, dass die meisten von ihnen eine beste Freundin haben. Zum Beispiel Ulf und Claudia. Die beiden ziehen manchmal nächtelang durch Diskotheken und Clubs, tanzen, lästern über andere, überlegen, wer für wen in Frage kommt. Sie sind unzertrennlich. Auf Fremde wirken sie ganz bestimmt wie ein Liebespaar.

Was uns alle miteinander verbindet, ist das Telefonieren. Rabatt müssten wir kriegen, so oft, wie wir uns gegenseitig anrufen. Klatsch und Tratsch, kleine Geheimnisse, die letzte Affäre oder einfach nur Alltagssorgen. Es macht Spaß, diese Nähe zueinander zu haben, so fürsorglich miteinander umzugehen. Natürlich kann man auch mit einem Heteromann eine tolle Freundschaft haben. Aber die Wahrscheinlichkeit ist groß, dass früher oder später einer von beiden plötzlich mehr will, als der andere geben kann. Wenn dann etwas schiefgeht, ist die Freundschaft meistens im Eimer. Mit Gerald kann das alles nicht passieren.

Ulrike Fischer

Ehelosigkeit um des Himmelreiches willen

Infoseite V (46) (47)

1. Hintergrund

Immer wieder gibt es Menschen, die bewusst keine Ehe eingehen, um für ihre Arbeit und Berufung ganz frei zu sein. Ein Hauptmotiv liegt oft im Leben Jesu und dessen Vorbildcharakter, was ein Engagement im kirchlichen und sozialen Dienst, in der Entwicklungshilfe, Wissenschaft oder Forschung zur positiven Folge haben kann.

Wie es in dem **Brief** der Jugendkommission der Deutschen Bischofskonferenz auf *Infoseite V* **47** anklingt, ist diese Form der Ehelosigkeit der Gesellschaft oft »ein Stachel im Fleisch«, der immer wieder zum Nachdenken anregt.

In dem **Alltagsbericht** der Frankfurter Kapuziner wird deutlich, dass Enthaltsamkeit nicht das Fehlen von Liebe bedeutet. Häufig wird dies mit zölibatärem Leben gleichgesetzt.
Dem Zeugnis der Ehelosigkeit um des Himmelreiches willen kommt in der heutigen Gesellschaft, die mehr und mehr von Konsum, Erfolg und Ellenbogenmentalität beherrscht wird, sogar wachsende Bedeutung zu.

2. Einsatzmöglichkeiten im RU

Information über verschiedene Orden sammeln
- Sch sammeln im Internet, in Büchern, Zeitschriften u. Ä. Information über verschiedene Ordensgemeinschaften und vergleichen diese.
- Sie suchen die Schwerpunkte der Ordensgemeinschaften heraus und stellen diese in einer Tabelle gegenüber.

»Wusstest du schon?«
- Sch lesen das Gedicht von Wilhelm Willms auf **AB 10.2.15, Lehrerkommentar S. 73**, und lassen es in Ruhe auf sich wirken.
- Sch übertragen die Aussagen des Gedichtes auf die Arbeit der Kapuziner in Frankfurt auf *Infoseite V* **46** und auf die Lebensform der Ehe.
- Anschließend schreiben Sch eigene Strophen zu dem Text von Wilhelm Willms, die mit »wusstest du schon ...« beginnen.

Ein besonderes Stellenangebot
- Sch lesen das Gedicht Stellenangebot auf **AB 10.2.16, Lehrerkommentar S. 73**, und schlagen die darin enthaltenen Bibelstellen nach.
- Wie wäre wohl die Reaktion der LeserInnen, wenn solch ein Stellenangebot in einer normalen Tageszeitung zu finden wäre?
- Sch überlegen, wie sie im Alltag »Christ sein« leben können.

3. Weiterführende Anregung

Über Ehelosigkeit sprechen
- Die Klasse lädt einen zölibatär lebenden Menschen, z. B. einen Priester oder eine Nonne, in den RU ein und gestaltet eine Frage-Antwort-Stunde.
- Zur Vorbereitung des Gesprächs sammeln Sch Fragen (z. B. Warum haben Sie sich für diese Lebensform entschieden? Bereuen Sie diese Entscheidung? Sind Sie ein glücklicher Mensch? usw.).
- Die eingeladene Person kann ihrerseits auch Fragen an Sch stellen.

Wusstest du schon?

Wusstest du schon
das die nähe eines menschen
gesund machen
krank machen
tot oder lebendig machen kann

wusstest du schon
dass die nähe eines menschen
gut machen
böse machen
traurig und froh machen kann

wusstest du schon
dass das wegbleiben eines menschen
sterben lassen kann
dass das kommen eines menschen
wieder leben lässt

wusstest du schon
dass die stimme eines menschen
einen anderen menschen wieder aufhorchen lässt
der für alles taub war

wusstest du schon
dass das wort oder das tun eines menschen
wieder sehend machen kann
einen
der für alles blind war
der nichts mehr sah
der keinen sinn mehr sah in dieser welt
und in seinem leben

wusstest du schon
dass das zeithaben für einen menschen
mehr ist als geld
mehr als medikamente
unter umständen mehr
als eine geniale operation

wusstest du schon
dass das anhören eines menschen
wunder wirkt
dass das wohlwollen zinsen trägt
dass ein vorschuss an vertrauen
hundertfach zurückkommt

wusstest du schon
dass tun mehr ist als reden
wusstest du das alles schon
wusstest du auch schon
dass der weg vom wissen über das reden zum tun
unendlich weit ist

Wilhelm Willms

Stellenangebot

Gesucht:
Menschen

Belanglos:
Alter
Herkunft
Zeugnisse

Geboten:
Betätigungsfelder
für jede Begabung
gemäß Mt 25,35-36
sowie 1 Kor 12,4-6

Arbeitszeit:
nicht fest geregelt

Vergütung:
Mt 25,34 und Mt 25,40

Fähigkeiten:
offene Herzen
sehende Augen
hörende Ohren
helfende Hände
wacher Geist
Sachverstand

Fortbildung:
laufend möglich

Bewerbungen:
Kennwort
»Christ sein«

Christa Peikert-Flaspöhler

Es ist Unsinn

Stellungnahmen

1. Hintergrund

Am Ende des Kapitels findet sich gleichsam wie das Ende eines roten Fadens das Thema »Liebe« noch einmal auf ungewöhnliche Art und Weise.

In dem **Gedicht** von Erich Fried werden alle nur möglichen Einwände gegen die Liebe mit dem Satz »Es ist, was es ist, sagt die Liebe« zurückgewiesen. Nachdem der Begriff Liebe auf den vorhergehenden Seiten aus verschiedenen Perspektiven beleuchtet und differenziert wurde, weist dieses Gedicht noch auf die Unerklärlichkeit und das wundersame Geheimnis der Liebe hin.

In der anschließenden **Bildgeschichte** werden noch einmal die Irrungen und Wirrungen auf möglichen Liebeswegen verdeutlicht, an deren Ende wiederum die Liebe steht. Die Liebe ist zweifellos ein Abenteuer, dessen Weg und Ende nicht bis ins kleinste Detail plan- und versicherbar ist, auf der anderen Seite kann es zu vormals ungeahnten Höhenflügen führen.

2. Einsatzmöglichkeiten im RU

Definitionen von Liebe

- Sch erhalten **AB 10.2.17, Lehrerkommentar S. 76f.**, und lesen die Definitionen von Liebe. Sie markieren die Umschreibung, der sie am meisten zustimmen.
- Sch vergleichen die Beschreibungen auf AB 10.2.17 mit denen, die sie am Anfang des Themenbereiches gefunden haben (vgl. AB 10.2.1), und überlegen:
- Gibt es Überschneidungen?
- Welche Aspekte sind hinzugekommen?
- Welche Definition von Liebe hätten Sch vor Bearbeitung des Themenbereiches gewählt, welche danach?

Vergleich von Liebesliedern

- Sch sammeln Texte von Liebesliedern und vergleichen sie unter folgenden Gesichtspunkten:
- Welche »Methode« wählen die Lieder, um Empfindungen auszudrücken?
- Welche Metaphern und Vergleiche verwenden die Texte für die Liebe und was drücken sie über die Haltung des Texters aus?
- Werden in den Liedern auch Konflikte geschildert? Gibt es Lösungsvorschläge?
- Sch schreiben einen neuen Text für ein Liebeslied ihrer Wahl.
- Wer möchte, kann für den eigenen Text selbst eine Melodie komponieren.

Literatur

Ernst, Stephan/Engel, Ägidius, Christliche Ethik konkret. Werkbuch für Schule, Gemeinde und Erwachsenenbildung, München 2001,
Kap. 8: Umgang mit Sexualität S. 143-160
Kap. 10: Umgang mit der Angst S. 179-195
Majerus, Will/Majerus, Catherine, Über Sex und Liebe reden. Ein Ratgeber für Eltern und alle, die Jugendliche begleiten, München 2007

Definitionen von Liebe

Liebe ist die Sehnsucht und die Erfüllung, mit vielen Worten, Gesten und Zeichen zu erfahren, dass es für andere Menschen schön ist, dass es mich gibt.

Liebe ist, dass sich Menschen (möglichst gegenseitig) erwählen, um miteinander alles Leben zu teilen.

Liebe ist grundsätzlich: das Gefühl und der Gedanke und die Erfahrung, dass die Welt und das Leben einen Sinn haben und uns glücklich machen können. Die Liebe zwischen uns Menschen ist ein Teil davon.

Liebe ist, mit allen Sinnen zu leben. (Obwohl sie uns manchmal von Sinnen sein lässt.)

Liebe ist in all ihren unterschiedlichen Formen zwischen Sehnsucht und Erfüllung, zwischen Gelingen und Scheitern der eigentliche Motor für das gesamte Leben des Menschen. Alles, was er tut, macht er aus Liebe! Aus Sehnsucht nach ihr oder weil er von ihrem Glück erfüllt ist. Oder aus krank gewordener und darum gefährlicher und zerstörerischer Liebe, die in unserer Sprache Hass heißt.

Gesunde, angstfreie Liebe will, dass wir frei erwählt werden. Sie erkennt und achtet die Freiheit als eine der Vorbedingungen für die Liebe. Kranke, ängstliche, verletzte Liebe bildet sich ein, durch Zwang und Gewalt, durch Tricks und Schliche ihr Ziel zu erreichen.

Einsamkeit ist ein Teil der Liebe, aber nicht so, wie du jetzt an Verlassenheit denkst. Nein. Zweisamkeit ist, wenn zwei zusammen sind. Einsamkeit ist, wenn einer zusammen ist, mit sich identisch, in sich zu Hause. Er ist »bei sich« und nicht »außer sich«, er hält es mit sich selber aus. Solche Einsamkeit ist eine notwendige Voraussetzung für Zweisamkeit.

Die Liebe ist eine Leidenschaft, die hin und wieder Leiden schafft.
Wilhelm Busch

Wohlarrangierter »Egoismus zu zweit« ist noch längst keine Liebe!

Wenn jemand sagt: »Ich kenne dich ganz und gar!«, hört er auf zu lieben.

Die Bibel sagt zu Situationen der (körperlichen) Liebe: »Und sie erkannten einander!«
Gen 4,1; Lk 1,34

Liebe heißt nicht, ineinander aufzugehen, sondern in Verschiedenheit miteinander zu wachsen.

Liebe heißt nicht, ineinander aufzugehen, sondern aufeinander zu und miteinander.

Verliebtsein ist, einander ununterbrochen in die Augen zu schauen.
Liebe ist, miteinander in die gleiche Richtung zu schauen.

Liebe ist ein anderer Name für Gott.

Liebe ist die (einzige) Kraft, mit der Gott in seiner Schöpfung fortwirkt.

Nicht das Feuer, nicht das Wasser, nicht die Erde, nicht die Luft – allein die Liebe ist das Element, in dem der Mensch sich als Ebenbild Gottes zeigt. In der Liebe ist der Mensch in seinem Element!
Nach Franz Kamphaus

Wenn zwei Menschen sich lieben, geht es um das Schicksal der Erde.
Hans Urs von Balthasar

Liebe ist der Blick fürs Wesentliche. Das heißt, sie erkennt das eigentliche Wesen von Mensch und Welt, deren tiefste Wirklichkeit und Wahrheit. Und sie kann das erträglich machen, was wir nicht verstehen. Das meint Antoine de Saint-Exupéry, wenn er sagt: »Man sieht nur mit dem Herzen gut!«

Die Liebe ist ein Wechselspiel zwischen Binden und Lösen.
Rainer Maria Rilke

Die hatten etwas von Liebe verstanden, die den Verliebten auf »Freiersfüßen« wandeln sahen. Sich binden nannten sie »freien«!

Liebe lässt das Leben glücken.

Die Liebe wird nicht ewig dauern. Aber wo sie lebendig ist, trägt sie den Anspruch auf Ewigkeit in sich. Die Angst befürchtet das Ende der Liebe. Die Liebe selbst kann sich kein Ende vorstellen.

Es ist Unsinn
sagt die Vernunft
Es ist was es ist
sagt die Liebe
Es ist Unglück
sagt die Berechnung
Es ist nichts als Schmerz
sagt die Angst
Es ist aussichtslos
sagt die Einsicht
Es ist was es ist
sagt die Liebe
Es ist lächerlich
sagt der Stolz
Es ist leichtsinnig
sagt die Vorsicht
Es ist unmöglich
sagt die Erfahrung
Es ist was es ist
sagt die Liebe.
Erich Fried

Einen Menschen lieben, heißt ihm sagen: Du wirst nicht sterben.
Ladislaus Boros

Dürfen wir alles, was wir können?

Das Thema im Schulbuch

Die Förderung ethischer Urteilsbildung ist nicht nur für die Konflikte und Probleme des Alltags notwendig. Da technisch-naturwissenschaftliche Möglichkeiten die Gestaltung unterschiedlicher Lebensphasen zunehmend beeinflussen, stellt sich sowohl in der öffentlichen Diskussion als auch häufig schon im privaten Leben die Frage, wie verantwortbar und lebensdienlich mit diesen Angeboten umgegangen werden kann. Der RU will eine kompetente Urteilsbildung fördern, indem er auf christliche Fundamente aufmerksam macht und diese in die komplexe Diskussion ethischer Grenzfragen exemplarisch einbringt. Das ist notwendig, weil Entscheidungen in diesen Fragen nicht einfach durch die Anwendung fester Grundpositionen – etwa: »Du sollst nicht morden!« – zu treffen sind. Es muss zunächst geklärt werden, wann ein Verstoß gegen die Grundposition vorliegt und welche anderen Werte ebenfalls betroffen sind und den Entscheidungsprozess beeinflussen. Das Kapitel und seine Bearbeitung im RU müssen eine doppelte Gratwanderung bewältigen:

1. Die Erarbeitung ethisch-christlicher Grundlagen muss einerseits so deutlich sein, dass Sch Stellung beziehen können, sie muss andererseits aber auch so offen sein, dass sie zu einer vielschichtigen ethischen Debatte in der Lage sind.
2. Die konkreten ethischen Fragen sind komplex, weil sie ethische, technisch-naturwissenschaftliche, juristische und existenzielle Dimensionen berühren. Ihre Bearbeitung muss Komplexität reduzieren, damit die Fragen in dem begrenzten Rahmen des RU behandelt werden können, ohne dabei eine differenzierende Sachgemäßheit zu verlieren.

Das Kapitel versucht diesen Ansprüchen gerecht zu werden, indem es durch Text und Bild christliche Grundpositionen markiert und mit zwei konzentriert dargestellten aktuellen Fragen – Präimplantationsdiagnostik und Sterbehilfe – Querverweise und Wechselbeziehungen ermöglicht.

Das Bild auf *Titelseite* **49** sensibilisiert für das ambivalente Verhältnis der Menschen zur Technik und eröffnet einen Rahmen für die Fragen des Kapitels.

Themenseite **50-51** spitzt den allgemeinen Rahmen auf die beiden Situationen zu, die im Kapitel noch ausführlicher angesprochen werden: Welche Rolle spielt Technik für die Gestaltung von Geburt und Tod? Vier unterschiedliche Anregungen auf *Ideenseite* **52-53** erweitern das Spektrum der Arbeitsmöglichkeiten. Einen christlichen Rahmen für die Bearbeitung der ethischen Grenzfragen bieten die nächsten beiden Doppelseiten. Sie begründen eine universal und bedingungslos geltende Menschenwürde aus der Gottesebenbildlichkeit des Menschen auf *Deuteseite I* **54-55** sowie aus der Rechtfertigungslehre auf *Deuteseite II* **56-57**.

Die erste Diskussion einer gegenwärtig strittigen ethischen Grenzfrage bezieht sich auf die Präimplantationsdiagnostik (PID). Die *Infoseite I* **58-59** leitet zu einer genaueren Wahrnehmung der Sache an und konzentriert sich deshalb auf biologische und rechtliche Grundlagen.

Deuteseite III **60-61** führt das Thema fort, indem sie unterschiedliche Beurteilungen der PID und verschiedene Handlungsfolgen präsentiert, die Sch zur kompetenten Urteilsbildung auffordern. An diesem Beispiel können sie auch den aus der katholischen Soziallehre stammenden Dreischritt »sehen – urteilen – handeln« für die Bearbeitung ethischer Fragen exemplarisch einüben.

Die zweite Diskussion ethischer Grenzfragen thematisiert die Sterbehilfe. Da die Bewertung der unterschiedlichen Formen von Sterbehilfe auf *Infoseite II* **64-65** auch von der Deutung des Sterbens und den sprachlichen Bildern abhängt, mit denen wir Sterben umschreiben, geht die *Deuteseite IV* **62-63** mit Gedichten zum Thema und einer Zeichnung von Herbert Falken der Information voraus.

Die Problematik von PID und Sterbehilfe wird in der gegenwärtigen Ethikdebatte auch unter der Sorge verhandelt, dass ethische Argumente immer mehr hinter die fraglose Anwendung des technisch Möglichen zurücktreten. Mit der Darstellung unterschiedlicher Positionen zum »Dammbruch-Argument« initiieren die *Stellungnahmen* **66** eine resümierende Reflexion zum Thema des Kapitels.

Verknüpfungen mit anderen Themen im Schulbuch

Kap. 1 Jesus Christus neu entdecken: Die Erarbeitung der Grundlagen der christlichen Rechtfertigungslehre lässt sich z. B. mit dem Motiv des Guten Hirten verknüpfen.

Kap. 4 Frei werden zum Neubeginn: Ob Eltern, die sich für eine PID entscheiden, schuldig werden, kann

auch in Verbindung mit den Fragen nach Schuldfähigkeit und Gewissen besprochen werden.
Kap. 5 (Über)morgen leben: Welche Rolle spielen die Grundsätze der katholischen Soziallehre für die Beurteilung der PID und der Sterbehilfe?

Verbindungen mit anderen Fächern

Biologie: Genetik (10.2) und verantwortete Elternschaft (10.3) thematisieren Bereiche, die sich um die hier angesprochene Darstellung der Präimplantationsdiagnostik gruppieren.
Ethik: Angewandte Ethik – Medizinethik (10.2)
Evangelische Religionslehre: Ich übernehme Verantwortung für mein Leben (10.3).

Dürfen wir alles, was wir können?

Titelseite

1. Hintergrund

Die Frage des Kapitels »Dürfen wir alles, was wir können?« stellt sich, weil sich die Möglichkeiten menschlichen Handelns durch die Hilfe der Technik ausgeweitet haben. Diese Vergrößerung ist weder von vornherein gut noch schlecht, sie muss vielmehr durch eine ethische Reflexion begleitet werden, um ihren Beitrag für das Wohl der Menschen bestimmen zu können. Für die ethische Ambivalenz technischer Möglichkeiten will das Titelbild sensibilisieren. Die abgebildete Plastik »Mensch und Technik« von Jean Sprenger verbreitet weder eine apokalyptische Untergangsstimmung noch steht sie auf der Seite einer optimistischen Fortschrittseuphorie; ihre schlichte, elementare Gestalt lädt zu einer ersten, grundsätzlichen gedanklichen Orientierung ein.

> **Jean Sprenger (1912-1992)**
> Jean Sprenger schuf in seiner Heimatstadt Essen den größten Teil seines plastischen Werkes. Er hat Büsten bedeutender Persönlichkeiten (z. B. Konrad Adenauer, Avery Brundage, Alfred Krupp) geformt. Zwei seiner Arbeiten sind im Essener Grugapark jederzeit zugänglich: Neben dem Bronzeakt »Uwa«, 1952 aufgestellt, schuf er die gesellschaftsphilosophische Plastik »Mensch und Technik«. Beide beziehen sich in unterschiedlicher Weise auf seine bildhauerische Arbeit, die versucht, die Zerbrechlichkeit und Verletzbarkeit der menschlichen Existenz mit der festen und großen Form zu verbinden.

Jean Sprenger: »Mensch und Technik«, 1954
Die Skulptur ist als Folie 35 in der Mappe *Kunststücke 8, 9, 10* enthalten, vgl. S. 152.
Bronzeguss, 260 x 130 cm
Mit geballten Fäusten und nach oben gestreckten Armen steht die männliche, überlebensgroße Figur im Blumenhof des Grugaparks. Der Körper ist auf notwendige Formen des Menschlich-Männlichen reduziert. Es gibt weder besondere Ausstattungsattribute noch sonstige Kennzeichen, die auf einen bestimmten historischen Kontext hinweisen. Auch das nach oben gewendete Gesicht trägt keine individuellen Züge, die Skulptur steht für den Menschen schlechthin. Ebenso weist der offene, spiralförmige Reifen auf keine einzelne Gestalt der Technik hin, handwerkliche Maßarbeit ist ebenso angesprochen wie maschinelle Serienfertigung. Die Frage, welche Position Menschen zur Technik einnehmen und wie sie mit ihr umgehen, ist so alt wie die menschliche Zivilisation und gehört zu ihren Merkmalen. Nur das Material des Reifens – Edelstahl – weist auf einen Entstehungszeitraum der Skulptur hin, in dem noch Metall und nicht Kunststoff als signifikantes Symbol für Technik galt.
Material, Form und Gestus hat Sprenger so gestaltet, dass keine eindeutige Aussage über das Verhältnis von Mensch und Technik getroffen wird, es stellen sich vielmehr auf allen drei Ebenen polarisierende Fragen: Deutet die in Bronze gegossene Figur an, dass sich der Mensch mit der Technik eine Souveränität im Umgang mit der aufdringlichen Wirklichkeit zugelegt hat, oder ist es eine parallele Festigkeit und Härte, die den Menschen selbst technikähnlich werden lässt?
Umspielt der Edelstahlreifen die Figur und markiert somit eine nützliche und dienende Funktion der Technik, mit der der Mensch spielerisch gelassen umgeht, oder hält er den Menschen gefangen? Wird dieser die Geister, die er mit der Entwicklung und Anwendung unterschiedlichster technischer Errungenschaften rief, nicht mehr los?
Sind die hochgereckten Fäuste ein Zeichen des Jubels über die Segnungen der Technik oder drücken sie eine Verzweiflung aus, die sich durch die Technik bedrängt und die menschliche Entfaltung bedroht sieht?
Die Skulptur verlangt keine Entscheidung für den einen oder anderen Pol der Deutung, sie steckt vielmehr den Rahmen ab, in dem das Verhältnis von Mensch und Technik differenziert und konkret diskutiert werden kann. Dabei kommen beide nicht ohne den jeweils anderen aus: Wir brauchen Technik, um das Leben zu erhalten, umgekehrt bedarf die Technik (noch?) des Menschen als Steuerungs- und Bezugsinstanz. Die

Skulptur stellt den Menschen in die Mitte, denn von ihm aus und auf ihn hin darf und muss Technik sein, ohne zu behaupten, dass diese Mitte immer beachtet wird.

In diesem Kapitel kommt es darauf an, das Nicht-Technische der Technik, also ihre ethischen und weltanschaulichen Implikationen zu entdecken und ihre praktischen Auswirkungen auf der Basis religiöser Bilder vom Menschen zu problematisieren.

2. Einsatzmöglichkeiten im RU

Eigene Thesen oder Collagen entwerfen
- Sch erarbeiten in GA Thesen oder Collagen zum Verhältnis von Mensch und Technik.
- Sie präsentieren ihre Ergebnisse und interpretieren vor diesem Hintergrund die Perspektiven der Skulptur.

Mensch und Technik IDEENSEITE (44)
Die Idee präsentiert Information zur Skulptur und schlägt zwei kreative Formen der Auseinandersetzung vor.
- Sch suchen sich in EA oder PA eine der beiden Aufgaben aus und verdeutlichen ihre eigene Position zum Verhältnis von Mensch und Technik.

Die Skulptur sprechen lassen
- Sch betrachten das Titelbild via Folie und beschreiben gemeinsam die wichtigsten Elemente.
- Mit der Information des Textes zur Idee »Mensch und Technik« legen sie der Skulptur einen Text in den Mund, der den Auftrag der Skulptur so reflektiert, wie er von Sch wahrgenommen wird.
- Als *Alternative* verfassen Sch einen Text, der im Grugapark neben der Skulptur aufgehängt oder aufgestellt werden soll, um die Betrachter zum Nachdenken, zu eigenen Positionen und zur Auseinandersetzung aufzufordern.

Ein Standbild zum Thema bauen
- In PA oder GA stellen Sch ein Standbild zum Thema »Mensch und Technik« dar. Dabei können sie einfache technische Geräte (z. B. Schreibwerkzeuge, Lineal, ggf. Computerbildschirm o. Ä.) benutzen.
- Sch beziehen eine möglichst eindeutige Position und verdeutlichen sie im Standbild. Dies kann vor oder nach der Bearbeitung der *Titelseite* geschehen.

Fragen am Anfang und am Ende des Lebens Themenseite (50)(51)

1. Hintergrund

Die Karikaturen und die Dilemmaerzählung der *Themenseite* fordern Sch auf, eigene Positionen zu verdeutlichen. Sie wollen noch nicht in die Auseinandersetzung um die Fragen des Kapitels führen. Deshalb erfolgt auch keine Bearbeitung durch Gegenpositionen oder ethische Argumente, ebenso wenig sind ausführliche Hintergrundinformationen für ihre Bearbeitung vorgesehen.

Die **Karikaturen** provozieren plakativ erste Stellungnahmen zu den beiden Themenfeldern, die im Kapitel detailliert bearbeitet werden.

Die **Erzählung**, die die Fragwürdigkeit von Tierversuchen zu medizinischen Zwecken in den Mittelpunkt stellt, weist auf die Form der Argumentation hin, die im Kapitel weitergeführt wird: Konkrete Schwierigkeiten fordern ethische Grundpositionen heraus, da sie sonst nicht reflexiv und dialogisch gelöst werden können. Weder ethische Argumente noch praktische Probleme werden isoliert behandelt. Dilemmaerzählungen präsentieren einen Konflikt unterschiedlicher Vorstellungen und Werte, sodass eine Entscheidung sich nur treffen lässt, wenn die zugrunde liegenden Werte erarbeitet und ihre Bedeutung abgewogen wird. Dabei werden subjektive Voreinstellungen und Wertpräferenzen deutlich. In der vorliegenden Erzählung steht Hans vor der Entscheidung, ob seine Ablehnung von Tierversuchen mit der Sorge um die Gesundheit seines Sohnes vereinbar ist. Michael fragt sich, ob der Stand seiner Forschung eine umfangreiche Tierversuchsreihe rechtfertigt. Im noch zu führenden Gespräch ist also eine recht komplexe Gemengelage aus unterschiedlichen Interessen und Positionen zu klären. Für Sch steht der Wertekonflikt, den Hans lösen muss, im Vordergrund. Einige Lösungsvarianten, die bestimmte Vorstellungen bevorzugen und andere zurückstellen, lauten:

Hans entscheidet sich, Michael von der Dringlichkeit der Tierversuche zu überzeugen, weil
- für ihn die Gesundheit seines Sohnes wichtiger ist als das Leben der Tiere. Dann aber verliert seine Ablehnung von Tierversuchen an Glaubwürdigkeit und Ernsthaftigkeit.
- Tierversuche legal sind und viele Menschen seine Option für die Gesundheit seines Sohnes teilen. Dann aber macht er Legalität und Mehrheitsentscheidung zum Maßstab für die Richtigkeit ethischer Entscheidung.
- die Entwicklung neuer Medikamente auch anderen Menschen nützt, denen man den möglichen Fortschritt nicht vorenthalten darf. Dann aber isoliert er

das Wohl der Menschen von einem sorgsamen Umgang mit den Mitgeschöpfen und huldigt einseitig einem Fortschrittsoptimismus.

Hans entscheidet sich, Michael von den Tierversuchen abzuraten, weil

– er seiner Grundüberzeugung, dass das Leben der Tiere nicht für menschliche Zwecke grob missachtet werden darf, treu bleibt. In diesem Fall gefährdet er aktiv die Gesundheit seines Sohnes und anderer Menschen.

– die mögliche Gesundung seines Sohnes immer mit dem Makel absichtsvoll getöteter Tiere belastet wäre. In diesem Fall nimmt er eine ethische Entscheidung an der Stelle seines Sohnes vor, die dieser selbst vielleicht so nicht treffen würde.

– noch nicht alle anderen Möglichkeiten der Behandlung von Jonas, die ohne Tierversuche auskommen, ausprobiert wurden. In diesem Fall setzt Hans auf das Prinzip Hoffnung und verschiebt eine Entscheidung auf später oder er hofft, sie selbst nicht treffen zu müssen.

Selbstverständlich lassen sich diese oder weitere Entscheidungen und ihre Hintergründe unterschiedlich bewerten und gewichten. Genau darauf kommt es an, damit Grundmuster ethischer Entscheidungen deutlich werden.

2. Einsatzmöglichkeiten im RU

Argumentationsspalten

- In PA oder GA listen Sch Argumente für und gegen die Tierversuche auf, die Hans zu einer Entscheidung bewegen könnten.
- Jede/r Sch bewertet die Argumente (von 1 Punkt = sehr schwaches Argument bis 5 Punkte = sehr starkes Argument), listet die Argumente in zwei Spalten auf und addiert die Punkte. Die Ergebnisse werden dem Plenum mitgeteilt, wobei einzelne Sch die Gründe für die Bewertung einzelner Argumente offenlegen. Auf diese Weise werden eigene Hintergründe und Grundeinstellungen deutlich, die durch die Bearbeitung des Kapitels angefragt, korrigiert oder auch vertieft werden können.

Wer andern eine Grube gräbt IDEENSEITE (52)

Diese Idee will die Bedeutung, Wirksamkeit und Grenzen im Alltag vorhandener ethischer Grundsätze bearbeiten. Das vorgeschlagene Rollenspiel lässt sich sowohl auf häufig anzutreffende ethische Konflikte beziehen als auch auf die Dilemmageschichte von Hans und Michael.

- In PA suchen sich zwei Sch einen sprichwörtlichen Grundsatz heraus – z. B. »Ehrlich währt am längsten«, »Jeder ist sich selbst der Nächste«, »Was du nicht willst ...« – und legen entweder einen Grundsatz (für Hans) oder zwei unterschiedliche Prinzipien (eines für Hans, eines für Michael) dem Dialog zugrunde, den sie erarbeiten und führen. Dabei unterfüttern sie den gewählten Grundsatz mit Detailargumenten und Beispielen, damit er als wirksame Grundlage des Handelns deutlich wird.
- Nachdem einige Dialoge im Plenum vorgestellt wurden, diskutieren Sch die Plausibilität der gewählten Grundsätze zur Lösung des Dilemmas.

Das Gespräch führen

- In PA führen Sch das Gespräch zwischen Hans und Michael. Beide Partner einigen sich auf die Rollenverteilung und die inhaltlichen Akzente: Wer von beiden ist eher für die Versuchsreihe und wer dagegen?
- In EA folgt die Differenzierung der eigenen Position durch eine Sammlung von Argumenten.
- Sch führen vor dem Plenum verschiedene Gespräche und resümieren sie gemeinsam.

Ein Elfchen zu einer Karikatur

- Sch übersetzen ihr Verständnis von einer der abgebildeten Karikaturen in ein Elfchen. Diese kurze sprachliche Form (elf Wörter in fünf Zeilen: Zeile 1 = ein Wort, Zeile 2 = zwei Wörter, Zeile 3 = drei Wörter, Zeile 4 = vier Wörter, Zeile 5 = ein Wort) fordert von den Sch, ihre Interpretation der Karikatur in eine pointierte sprachliche Form zu bringen. Da sich nichts reimen muss, das letzte Wort in der fünften Zeile einen Akzent setzen kann (soll), gibt die Form des Elfchens einen Rahmen vor, der kompetent ausgefüllt werden kann. Beim Vorlesen der Elfchen werden unterschiedliche Interpretationen und Sichtweisen deutlich.

Eine Karikatur verteidigen

Karikaturen machen auf Probleme aufmerksam, indem sie mögliche Haltungen oder Folgen überzeichnen.

- Sch nehmen die Gegenposition zur Karikatur ein: Sie machen sich zum Anwalt einer der Personen, die in den Karikaturen zu sehen sind (Wissenschaftler, Mutter, alte Frau, Arzt). Dafür versetzen sie sich in die Lage der Person und schildern die Wünsche, Sehnsüchte und/oder Ängste, die zu der in der Karikatur problematisierten Position geführt haben.
- In einem kleinen Plädoyer werben Sch vor dem Plenum für die Plausibilität der eingenommenen Position. Sie zeigen auf diese Weise, ob und wie sie das in der Karikatur angesprochene Problem verstanden haben, und öffnen es für eine weitere Bearbeitung.

3. Weiterführende Anregung

Kurzfilme IDEENSEITE

Die exemplarisch aufgelisteten Kurzfilme bieten keine Information zur Frage des Kapitels. Sie zeigen vielmehr kleine, alltägliche oder metaphorisch gewendete Konfliktsituationen und bieten kreative oder überraschende Lösungsmöglichkeiten. »Schwarzfahrer« und »Wahlverwandtschaften« thematisieren den Umgang mit Menschen aus anderen Ländern. »Finger weg!« zeigt auf originelle Weise einen Eigentumskonflikt. »Ein Gerechter« greift die Frage auf, wie weit Hilfeleistungen gehen. Sie lassen sich als Ergänzung und/oder exemplarische Vertiefung zur Dilemmaerzählung der *Themenseite* einsetzen und in paralleler Weise behandeln:

- Sch arbeiten die ethischen Grundpositionen der beteiligten Akteure heraus, diskutieren die vorgeschlagene Lösung und stellen alternative Lösungen in Rollenspielen dar.

Alle Filme mit Beschreibungen und Unterrichtsvorschlägen können in den diözesanen Medienstellen ausgeliehen werden.

Ideenseite

Folgende Impulse der *Ideenseite* werden im Lehrerkommentar besprochen:
Wer andern eine Grube gräbt: S. 80
Mensch und Technik: S. 79
»Ich aber sage euch«: S. 104
Kurzfilme: S. 81

Nach seinem Bilde — Deuteseite I 54 55

1. Hintergrund

Um die ethischen Fragen am Beginn und am Ende des Lebens im RU bearbeiten zu können, bedarf es einer christlichen Grundlage, die Beurteilungs- und Handlungsmöglichkeiten bereitstellt. In diesem Kapitel erfolgt dies nicht über die Erörterung einer Gebots- oder Verbotsorientierung. Vielmehr werden zwei theologisch-anthropologische Themenkreise angeboten, aus denen eine reflektierte, eigenständige Wahrnehmungs-, Beurteilungs- und Handlungskompetenz bezüglich der komplexen Fragen angebahnt werden soll. Zunächst steht die Gottesebenbildlichkeit im Mittelpunkt, auf *Deuteseite II* **56-57** folgen Aspekte der Rechtfertigungslehre. Beide Topoi werden unter der Frage behandelt, wie ein christliches Verständnis von Menschenwürde grundgelegt und ausgestaltet werden kann. Vor diesem Hintergrund ergeben sich Kriterien für die Bearbeitung ethischer Fragen an den Grenzen menschlichen Lebens, ohne dass ganz eindeutige Maßstäbe vorgegeben wären, die von Sch nur noch nachvollzogen werden müssten. Sie sind aber doch so positioniert, dass Sch eine christlich basierte Stellungnahme zu den Problemen erarbeiten können.

Der Mensch als Eben- oder Abbild Gottes – der Begriff kommt in den Texten auf *Deuteseite I* **54** gar nicht vor, er wird lediglich in der Überschrift angedeutet – wird als eine Beziehungsaussage gedeutet, die den Menschen eine unbedingt geltende Würde verleiht. Im Gedicht von Kurt Marti sowie in der Textreihe zur **Menschenwürde** drückt sich die Beziehung als Bestätigung, als »Ja sagen« aus. Gott schafft Menschen als sein Abbild, womit sie Gott selbst sehr ähnlich werden. Ähnlichkeit bindet Gemeinsamkeiten und Unterschiede zusammen: Gott bleibt Gott, unfassbar, grenzenlos, ganz anders. Der Mensch ist Mensch, weil er begrenzt erschaffen ist, in der Begrenztheit aber ganz gewürdigt. Auf der Basis dieser Würdigung können Menschen Leben und Welt gestalten, ähnlich frei, ähnlich liebend, ähnlich solidarisch wie Gott. Die Bejahung des Menschen durch Gott, die Gottesebenbildlichkeit des Menschen setzt, wie schon Gen 1,26f. betont, einen Gestaltungsauftrag frei, der das Leben und die Welt insgesamt betrifft. Gleichzeitig setzt die Ebenbildlichkeit dem Menschen Grenzen, denn als Abbild Gottes ist er niemals Gott, die Differenz der Begrenzung bleibt.

Das Gedicht **»geburt«** von Kurt Marti setzt für die Frage der Gottesebenbildlichkeit einen weiteren, christologischen Akzent: Wenn der »Eine«, der Gottessohn, Ja zu seiner menschlichen Geburt sagt, kommen menschliche Begrenztheit und göttliche Unbegrenztheit in einer Person zusammen. Dichter und existenzieller kann die Gottesebenbildlichkeit des Menschen nicht ausgesagt werden.

Alexej Jawlensky (1864-1941)
Alexej Jawlensky wurde 1864 in Russland geboren. Von der orthodoxen Tradition und Liturgie geprägt, faszinierte ihn die Ikonenmalerei. Er begriff, dass für ihn das menschliche Antlitz in besonderer Weise geeignet ist, seine religiöse Haltung auszudrücken. Er studierte zunächst in St. Petersburg, kam 1896 nach Deutschland, wo er zum anerkannten Künstler avancierte. Um 1930 erkrankte er an Arthritis deformans. Durch sein Leiden behindert und unter großen Schmerzen, malte er dennoch in seinen letzten Lebensjahren bedeutende Werke. Nahezu gelähmt stellte er 1937 seine letzten Bilder her. Alexej Jawlensky starb 1941 in Wiesbaden.

Alexej Jawlensky: »Verzückung und Andacht«, 1937
Öl auf Malpapier, auf Karton, 25,2 x 16,2 cm
Das kleinformatige, durch krankheitsbedingt grobe Pinselstriche geprägte Bild zeigt ein konstruktives Liniengerüst, das sich sowohl deutlich der Form eines russischen Kreuzes als auch den elementaren Linien eines menschlichen Gesichts annähert: Waagrechte Balken markieren Mund, Augen und Stirn, die Senkrechte der Nase teilt die Gesichtsmaske in zwei unterschiedlich gefärbte Hälften. Der lockere Farbauftrag mit dem roten und blauen Akzent auf der linken und rechten Bildseite vermittelt den Eindruck einer lichten Transparenz des Gesichts bzw. des Kreuzes, so als ob von hinten her eine Lichtquelle auf das Bild gerichtet wäre. Diese Eigenart erhöht den schimmernden und maskenartigen Unbestimmtheitscharakter des Bildes, das auch noch eine dritte, räumliche Dimension freigibt. Gesicht und Kreuz sind also nicht einfach schematisch aufeinander bezogen, sie werden vielmehr in eine Atmosphäre getaucht, die beide auf etwas bezieht, das sie von hinten her durchleuchtet. Da das Kreuz das christliche Symbol für Christus ist, besteht eine Deutung des Bildes darin, die Christusähnlichkeit des menschlichen Gesichts hervorzukehren.
Das Bild intensiviert die Aussagen der Texte auf *Deuteseite I 54*, was sich durch die Formel »Von der geschaffenen Gottesebenbildlichkeit des Menschen zur sichtbaren Christusähnlichkeit« ausdrücken lässt.

2. Einsatzmöglichkeiten im RU

Brainstorming: Die Würde des Menschen
- Sch führen ein schriftliches Brainstorming in GA durch. Auf vorbereiteten Plakaten steht der Satz »Menschen besitzen Würde, weil ...« (*Alternative*: »Die Würde des Menschen ist antastbar, weil ...«).

- Nach der Präsentation der Ergebnisse sammeln Sch in zwei Spalten Zuschreibungen von Würde, die an Bedingungen geknüpft sind (Besitz, Leistungsfähigkeit, Selbstbewusstsein, Authentizität etc.) oder unbedingt zugesprochen werden.
- Sch vergleichen ihre Ergebnisse mit den beiden Texten auf *Deuteseite I 54*.
Am Ende des Gesprächs sollten Sch zwischen bedingten und unbedingten Formen der Zuerkennung unterscheiden können.

Gott falschrum – der Mensch
Um einen Zugang für die Begründung der Menschenwürde aus dem jüdisch-christlichen Topos der Gottesebenbildlichkeit des Menschen zu finden, bearbeiten Sch **AB 10.3.1, Lehrerkommentar S. 83**.
- Einzelne Sch schauen in einen Spiegel (im Klassenraum vorhanden oder ein mitgebrachtes, tragbares Exemplar) und beschreiben genau, was sie sehen. Die Leitfrage lautet: Ist das Spiegelbild mit dem Gesicht des Gespiegelten identisch? Andere Hintergründe und die verkehrten Seiten fallen auf.
- Sch lesen den Text und klären das Stichwort »falschrum« als eine Hilfe, den Menschen als ein (Spiegel-)Bild Gottes zu verstehen.
- Sch formen in formaler Anlehnung an den Text »Menschenwürde – Ja sagen« (*Deuteseite I 54*) eine Textreihe unter dem Begriff »Gottesebenbildlichkeit«:
Gottesebenbildlichkeit – nicht, weil ...
Gottesebenbildlichkeit – vielleicht, weil ...

Gesicht und Kreuz
Um das Bild »Verzückung und Andacht« von Alexej Jawlensky im Kontext der Ebenbildlichkeit zu interpretieren, gehen Sch in vier Schritten vor:
- Zunächst skizzieren Sch die Grundform eines Gesichts mit der Aufforderung, nur senkrechte und waagrechte Linien zu benutzen – Parallelen sind erlaubt.
- Mit Unterstützung von **AB 10.3.2, Lehrerkommentar S. 85**, deuten Sch das Bild von Jawlensky. Ein Akzent liegt auf der Verknüpfung von Kreuz und Gesichtsform, zudem kann der transparente, durchsichtige Farbauftrag mit der zweiten Äußerung des Malers auf dem AB verbunden werden.
- Sch nutzen das Bild als »Spiegel« ihres Gesichts und schildern ihre Eindrücke und Assoziationen.
- Im Plenumsgespräch deuten Sch das Bild mit der Fragestellung: »Wie zeigt sich die Würde des Menschen?« Dabei thematisieren sie das Verhältnis von Leid, Leidensfähigkeit, Kreuz und Menschenwürde.

Nach seinem Bilde

In einer Schöpfungserzählung des Alten Testaments steht der Satz:
»Gott schuf also den Menschen als sein Abbild: als Abbild Gottes schuf er ihn.« (Gen 1,27)
Was Anna über diesen Satz denkt, hat Fynn (ein junger Mann aus Irland) aufgeschrieben:

Mister Gott hatte den Menschen geschaffen nach seinem Bilde.
War das eigentlich möglich? Stimmte das?
»Fynn, vielleicht hatte er einen riesengroßen Spiegel?«
»Wozu?«
»Ich weiß nicht, aber er könnte doch einen gemacht haben, nicht?«
»Sicher.«
»Vielleicht sind wir auf der anderen Seite?«
»Wer und wo?«
»Vielleicht sind wir die, die falschrum sind?«
»Anna, eine verrückte Idee.«
»Deshalb machen wir vielleicht alles verkehrt?«
»Ja, ja deshalb machen wir alles verkehrt.« So viel Verständnis konnte Anna bei mir nicht erwarten.
»Aber das ist doch klar. Jeder Idiot kann sich das ausdenken. Mister Gott macht uns nach seinem Bild. Und solche Bilder gibt's nur im Spiegel. Und im Spiegel ist alles falschrum. Rechts und links ist links und rechts. Und darum ist Mister Gott vielleicht auf der einen Seite und wir auf der anderen. Er guckt hinein oder auch in ein Spiegelbuch, und darin sieht er sich selber, und dann sieht er sich zweimal, dreimal, millionenmal und squillionenmal. Und die squillionen Mister Gotts, das sind vielleicht wir, aber alle falschrum. Er kann uns sehen, aber wir ihn nicht. Wenn du in den Spiegel guckst, Fynn, dann siehst du dich. Aber dein Gesicht im Spiegel kann dich nicht sehen. Es kann doch aus dem Spiegel nicht rausgucken ... oder? Aber vielleicht will es das gern? Es kann nicht raus, und darum kann es auch nicht so werden wie Mister Gott. Höchstens so ähnlich. Verstehst du, was ich meine?«

- *Testen Sie mit einem Spiegel, ob die Aussagen Annas über das Spiegelbild stimmen.*
- *Sie spiegeln andere und andere spiegeln Sie. Klären Sie bitte, ob und inwieweit diese Aussage stimmt.*
- *Die biblische Aussage geht aber noch weiter: »Sie spiegeln Gott!« – »Alle Menschen spiegeln Gott!« Was hat das zu bedeuten, wenn Sie sich selbst und andere anschauen?*

Was muss ich mir beweisen?

Deuteseite II (56)(57)

1. Hintergrund

Der **Text** des evangelischen Theologen Wilhelm Gräb weist eine deutliche Gliederung auf: Zunächst erklärt er, wie Anerkennung durch die gegenwärtigen gesellschaftlichen Vorgaben zuerkannt wird, um dann die christliche Alternative zu beschreiben, aus der Handlungsimpulse folgen. Am Ende wird die Frage bearbeitet, wie die unbedingte Würde und Anerkennung von Menschen erfahren werden kann. Theologisch liegt die Skizze einer Erklärung der Rechtfertigungslehre vor, die von den Sch im Kontext dieses Kapitels auf ihre ethischen Implikationen hin erarbeitet wird. Das **Bild** »Der Turm von Babel« stellt einen Kontrast zur christlichen Rechtfertigung her, weil es Anerkennung als Ergebnis menschlicher Hybris beschreibt.

Auf diese Zusammenhänge von Rechtfertigung und ethischem Handeln will *Deuteseite II* vorbereiten, indem sie die vorherige *Deuteseite I* »Nach seinem Bilde« weiterführt und Sch mit dem christlichen Bild vom Menschen bekannt macht.

Das Bild »Der Turm von Babel« präsentiert eine Welt, in der christliche Rechtfertigung nicht bekannt ist oder nicht anerkannt wird, und kann über den Kontrast noch einmal zur Verdeutlichung der Rechtfertigungsposition beitragen.

> **Silke Rehberg (*1963)**
> Die Malerin und Bildhauerin wurde 1963 in Ahlen, Nordrhein-Westfalen, geboren. Die Meisterschülerin von Timm Ulrichs studierte unter anderem an der Freien Akademie in Münster, hat bereits zahlreiche Auszeichnungen für ihr Werk erhalten und ist Mitglied der Deutschen Gesellschaft für christliche Kunst (DG). Heute lebt die Künstlerin in Sendenhorst bei Münster.

Silke Rehberg: »Der Turm von Babel«, 2003
Das Bild ist als Folie Nr. 5 in der Mappe *Die Bilder aus »Meine Schulbibel«* (Kösel-Verlag 2003, ISBN 3-466-50689-1) enthalten.
Das Bild bietet eine pointierte Interpretation der biblischen Turmbauerzählung Gen 9,1-11 und nicht deren Illustration. Denn weder der ganze Turm noch dessen Sturz, weder Gott noch die Frage nach der Sprachenvielfalt sind Thema des Bildes. Zu sehen ist vielmehr ein Plan eines Turms, der zwischen zwei Säulen aufgehängt ist. Schon dieser Plan hat im Vergleich zu den abgebildeten Menschen eine enorme Größe, die beiden Säulen und der darüber angedeutete, antik anmutende Bilderfries markieren eine erste Baustufe des

> **Rechtfertigungslehre und ethisches Handeln**
> Wie Rechtfertigungslehre und ethisches Handeln zusammenhängen, kann – ohne Vollständigkeit – auf drei Ebenen entfaltet werden:
> *Rechtfertigung als Motiv ethischen Handelns*
> Die Annahme, unbedingt bejaht zu sein und den anderen ebenso zu sehen, motiviert zu einer unverkrampften Praxis. Denn als schon Gewürdigte/r muss ich mir nichts mehr grundsätzlich beweisen, ich muss meine Würde nicht verdienen. Das gilt auch für meine Mitmenschen, denen ich Achtung nicht nach ihrer durch Leistung, gesellschaftliche Stellung o. Ä. erworbenen Position entgegenbringe. Rechtfertigung aus dem Glauben motiviert, jeden anderen – ob krank, ungeboren, arm – als gewürdigte Person zu behandeln und dem anderen nicht mit dem Maß der erworbenen Fähigkeiten und Verdienste gegenüberzutreten.
> *Rechtfertigung als Begründung ethischen Handelns*
> Auf die Frage, warum ein Mensch überhaupt ethisch gut handeln sollte, antwortet die Lehre von der Rechtfertigung des Menschen durch Gott, dass diese Rechtfertigung an mir und durch mich sichtbar wird. Den anderen schlecht oder unwürdig zu behandeln, verdecke die gegebene Würde der Person.
> *Rechtfertigung als Grenze ethischen Handelns*
> Die bedingungslose Würdigung hebt die Möglichkeit nicht auf, dass Menschen Fehler machen und das Richtige entweder nicht erkennen oder nicht danach handeln. Mehr noch: Die Rechtfertigung des Menschen in seiner Unvollkommenheit macht darauf aufmerksam, dass jedes ethische Handeln das Risiko der Fehlerhaftigkeit in sich trägt, weil wir es aus einem begrenzten Horizont angehen und nicht alle Folgen abschätzen können. Die Bejahung dieser Grenzen bewahrt einerseits vor Selbstüberschätzung und andererseits vor einer Handlungslähmung aus Furcht vor Fehlern.

Turms. Die Größe des Turms lässt sich also im Bild selbst gar nicht einfangen, es braucht eine Verkleinerung, die selbst riesenhaft ist, um die wahre Größe anzudeuten. Plan und Baustufe ordnet die Malerin in eine politische Szene ein: Ein Herrscher, Diktator oder König sitzt wohlbewacht auf einem Stuhl vor dem Plan, die auf Abstand gehaltene, anonyme Menge jubelt ihm und seinem größenwahnsinnigen Vorhaben zu – oder sie protestiert dagegen. Der Betrachter kann die Szene von einem erhöhten Standpunkt hinter der Menge beobachten. Durch diesen Bildaufbau wird die Absicht des Herrschers, sich und seinem Volk die ei-

Gesicht und Kreuz

Auf *Deuteseite I 55* sehen Sie ein Bild von Alexej Jawlensky. Er wurde 1864 in Russland geboren und hat bis zu seinem Tod 1941 lange in Deutschland gelebt. Seine letzten Jahre – aus denen das Bild stammt – sind von einer Erkrankung der Gelenke geprägt. Er selbst beschreibt diesen Zustand so:

»Und allmählich sind meine Arme und Hände steif und krumm geworden, und ich leide an schrecklichen Schmerzen. Da ich durch meine Steifheit in den Ellbogen und Händen sehr behindert wurde, musste ich mir eine neue Technik suchen. Meine letzte Periode meiner Arbeiten hat ganz kleine Formate, aber die Bilder sind noch tiefer und geistiger, nur mit der Farbe und der Form gesprochen. Da ich gefühlt habe, dass ich in Zukunft infolge meiner Krankheit nicht mehr werde arbeiten können, arbeite ich wie ein Besessener diese meine kleinen Meditationen.«

Das Bild »Verzückung und Andacht«, 1937 (Öl auf Malpapier auf Karton, 25,2 x 16,2 cm), gehört zu den letzten Bildern, die Alexej Jawlensky gemalt hat. Von 1934 bis 1937 entstanden um die 600 Meditationen mit unterschiedlichen Farben und Titeln.

Russisches Kreuz
»Einige Jahre malte ich Variationen des Gesichts und dann war mir klar, dass ich eine neue Form finden musste, da ich verstanden hatte, dass die große Kunst nur mit religiösem Gefühl gemalt werden soll. Und das konnte ich nur in das menschliche Antlitz bringen.«

Alexej Jawlensky

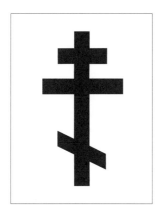

- *Die Hinweise auf diesem Arbeitsblatt bilden Hilfen für die Deutung des Bildes »Verzückung und Andacht«. Nutzen Sie auch die Überschrift der* Deuteseite I *»Nach seinem Bilde«.*
- *Notieren Sie eine Beschreibung und eine Interpretation des Bildes für eine Person, die das Bild nicht sieht.*
- *Halten Sie das Bild so vor Ihr Gesicht, dass es als Spiegel wirkt. Welche Eindrücke entstehen? Was sagt das Spiegelbild über Ihr Gesicht aus?*

gene Größe über das monumentale Bauvorhaben zu demonstrieren, überzeugend ins Bild gesetzt. Im Plan ragt die Höhe des Turms in den Himmel hinein, ein Zeichen für den übermenschlichen Anspruch des Vorhabens. Die Würde des Menschen zeigt sich hier ausschließlich in dem, was er an Größe hervorbringen will, und überdehnt dabei das Mögliche.

2. Einsatzmöglichkeiten im RU

Rechtfertigung sichtbar machen

AB 10.3.3, Lehrerkommentar S. 87, fordert Sch auf, ihr Verständnis des Textes auf *Deuteseite II* 56 in ein kleines Experiment zu transformieren. Der Versuchsaufbau ist bewusst einfach gehalten und ohne besondere Vorbereitung durchführbar.

- Sch lesen den Text auf *Deuteseite II* 56 und erarbeiten in PA oder GA den Versuch.
- Anschließend stellen sie ihre Ergebnisse dem Plenum unkommentiert vor.
- Nachdem alle Versuche vorgestellt sind, diskutieren Sch im Plenum und bewerten die Plausibilität unterschiedlicher Versuchsanordnungen.

Eine Antwortmail schreiben

Nachdem Sch den Text auf *Deuteseite II* 56 erarbeitet und ggf. die Struktur durch das kleine Experiment (AB 10.3.3) sichtbar gemacht haben, wenden sie die Angebote christlicher Rechtfertigung auf eine alltägliche Situation an.

- Sch erhalten **AB 10.3.4, Lehrerkommentar S. 88**, und lesen die fiktive E-Mail.
  Sie gibt das Lebensgefühl eines jungen Menschen wieder, der sich benachteiligt fühlt und sich nach allgemeiner Anerkennung sehnt. Dafür sind die Voraussetzungen allerdings nicht günstig, weil der Absender sich selbst kaum anerkennen kann. Er sieht fast nur die eigenen Defizite im Vergleich zu dem, was als schön, fit und leistungsfähig gilt, und kann die eigenen Qualitäten kaum wahrnehmen.
- Sch bearbeiten den AA auf AB 10.3.4. In ihrer Erwiderung gehen sie auf die Schwierigkeiten der o. g. Wahrnehmung ein und bieten eine Umkehrung an. Dies kann vor dem Hintergrund christlicher Rechtfertigung beschrieben werden, ohne dass dieser Hintergrund unbedingt entfaltet werden muss.
- Wer möchte, trägt seine Antwortmail unkommentiert im Plenum vor.

Die Toten Hosen: »Paradies«

Der Titel »Paradies« von den Toten Hosen bietet den Sch eine Ansicht, die die Grundaussage der Rechtfertigungslehre nicht kennt. Der Weg ins Paradies – was und wo das ist, wird offengelassen – muss durch braves, angepasstes Verhalten verdient werden. Im Hintergrund steht eine bestimmte Form der Erziehung, die an der strikten Befolgung von Geboten orientiert ist und das Bußsakrament als immer wieder neu einzuholenden Freispruch von Übertretungen wertet. Der Text prangert diese Erziehung und deren Folgen als falsch im religiösen Sinn an: Wenn sich nur auf diese Weise das Paradies verdienen lässt, ist der Weg so unakzeptabel, dass das Ziel unter das gleiche Verdikt fällt. Vor allem der stampfende Rhythmus des Refrains gibt der Textaussage den Charakter einer unumstößlichen Feststellung.

Eine Möglichkeit, den Text religionspädagogisch zu kommentieren, setzt bei der Rechtfertigungslehre an: Entweder ist sie nie zu Bewusstsein gekommen oder nicht verstanden worden. Würde der Autor die Rechtfertigungslehre kennen und würdigen können, müsste der Text anders lauten. In dieser Forderung liegt auch das Ziel der Liedbearbeitung.

- Sch erhalten den Text des Liedes – er ist bei Sch oder im Internet leicht zugänglich – und hören den Titel z. B. von der CD *Opium fürs Volk* an. Sie notieren erste Eindrücke zum Text.
- Sch geben Stellungnahmen ab zu dem Gedanken, dass der Weg ins Paradies verdient werden muss.
- Sch formulieren den Text mit ihren Kenntnissen der Rechtfertigungslehre um. Sie formen entweder nur den Refrain um: »Klar, ich will ins Paradies, weil der Weg dorthin nicht schwierig ist« oder sie schreiben auch einzelne Strophen um oder neu.

Ethisches Handeln

Nachdem Sch die Gegenüberstellung des Textes von Wilhelm Gräb und des Bildes von Silke Rehberg mithilfe der Anregungen auf *Deuteseite II* 56 oder von L erarbeitet haben, stellen sie die Verbindung zum Kapitelthema her und gestalten den Übergang zu den im Weiteren präsentierten ethischen Grenzfällen (*Deuteseite III* und *IV* und *Infoseite I* und *II* 58–65).

- Im Anschluss an die Hintergründe zu *Deuteseite II* (s. o.) stellen Sch Motive, Begründungen und Grenzen ethischen Handelns zusammen, die sich aus den unterschiedlichen Grundorientierungen von christlicher Rechtfertigungslehre und Turmbaubild ergeben.
- Sch füllen die Tabelle auf **AB 10.3.5, Lehrerkommentar S. 89**, selbstständig aus und besprechen sie in GA oder im Plenum. Dabei müssen nicht für alle gleiche Formulierungen feststehen, wohl aber sollten die Unterschiede deutlich sein.

3. Weiterführende Anregung

Rechtfertigungslehre erhören

Mit Musik kann den Sch hörbar werden, wie fundamental die Rechtfertigungslehre ihr eigenes Persön-

Ein Experiment

Auf *Deuteseite II* **56** werden zwei unterschiedliche Modelle vorgestellt, die menschlichem Leben einen Wert zuerkennen.

Das erste Modell lässt sich durch die Formeln »Hast du was, dann bist du was!« und »Kannst du was, dann bist du wer!« auf den Punkt bringen.

Das zweite Modell sagt, der Wert menschlichen Lebens sei unabhängig vom Haben und Können, weil es von Gott ohne Bedingungen dem Menschen gegeben werde.

Mit einem kleinen Experiment können Sie beide Modelle darstellen.
Sie benötigen ein dickes Buch (oder mehrere aufeinandergelegte Bücher), ein Lineal und etwas, das auf diesem Lineal rollen kann – eine Kugel, eine Walze oder auch einen Stift, der gut rollt.
Legen Sie das Lineal an das Buch (s. Skizze).

Die Kugel oder Walze bezeichnet den Menschen, der um den Wert seines Lebens ringt, das Lineal symbolisiert den Weg zur Anerkennung.
Im ersten Modell muss die Kugel bzw. Walze langsam das Lineal hinaufgeschoben werden, um unterschiedliche Niveaus der Anerkennung – in der Mitte, ganz oben – zu erreichen. Hört die Mühe mittendrin auf, rollt die Kugel bzw. Walze entweder zurück oder sie fällt ins Nichts.

- *Finden Sie einen Versuchsaufbau, der das zweite Modell sichtbar macht.*
- *Versuchen Sie, mit dem vorhandenen Zubehör (Kugel, Lineal, Buch) auszukommen, erlaubt ist höchstens ein weiteres Element.*
- *Wenn Sie eine plausible Lösung gefunden haben, zeigen Sie beide Modelle ohne Kommentar Ihren Mitschülerinnen und Mitschülern.*
- *Vergleichen Sie die Lösungen nach mehreren Vorführungen.*

Bitte antworten Sie!

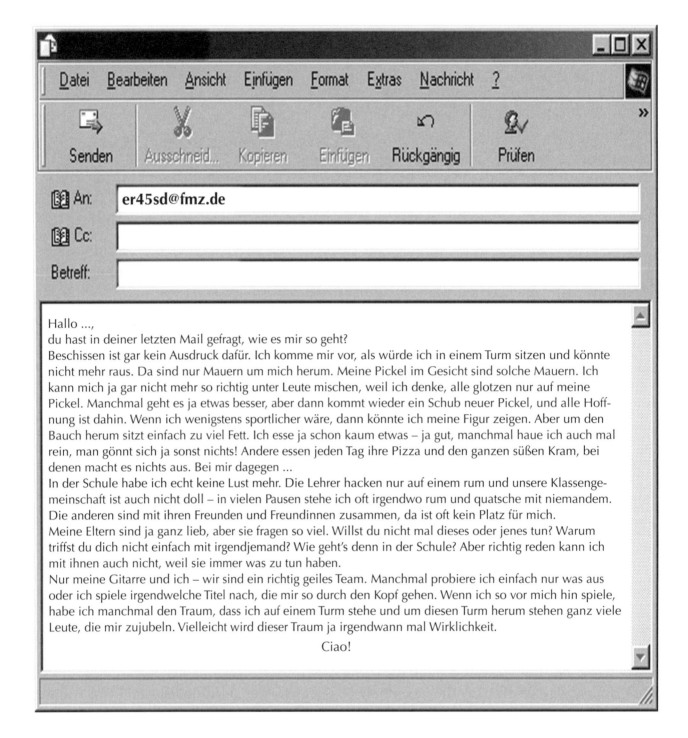

Hallo ...,
du hast in deiner letzten Mail gefragt, wie es mir so geht?
Beschissen ist gar kein Ausdruck dafür. Ich komme mir vor, als würde ich in einem Turm sitzen und könnte nicht mehr raus. Da sind nur Mauern um mich herum. Meine Pickel im Gesicht sind solche Mauern. Ich kann mich ja gar nicht mehr so richtig unter Leute mischen, weil ich denke, alle glotzen nur auf meine Pickel. Manchmal geht es ja etwas besser, aber dann kommt wieder ein Schub neuer Pickel, und alle Hoffnung ist dahin. Wenn ich wenigstens sportlicher wäre, dann könnte ich meine Figur zeigen. Aber um den Bauch herum sitzt einfach zu viel Fett. Ich esse ja schon kaum etwas – ja gut, manchmal haue ich auch mal rein, man gönnt sich ja sonst nichts! Andere essen jeden Tag ihre Pizza und den ganzen süßen Kram, bei denen macht es nichts aus. Bei mir dagegen ...
In der Schule habe ich echt keine Lust mehr. Die Lehrer hacken nur auf einem rum und unsere Klassengemeinschaft ist auch nicht doll – in vielen Pausen stehe ich oft irgendwo rum und quatsche mit niemandem. Die anderen sind mit ihren Freunden und Freundinnen zusammen, da ist oft kein Platz für mich.
Meine Eltern sind ja ganz lieb, aber sie fragen so viel. Willst du nicht mal dieses oder jenes tun? Warum triffst du dich nicht einfach mit irgendjemand? Wie geht's denn in der Schule? Aber richtig reden kann ich mit ihnen auch nicht, weil sie immer was zu tun haben.
Nur meine Gitarre und ich – wir sind ein richtig geiles Team. Manchmal probiere ich einfach nur was aus oder ich spiele irgendwelche Titel nach, die mir so durch den Kopf gehen. Wenn ich so vor mich hin spiele, habe ich manchmal den Traum, dass ich auf einem Turm stehe und um diesen Turm herum stehen ganz viele Leute, die mir zujubeln. Vielleicht wird dieser Traum ja irgendwann mal Wirklichkeit.
Ciao!

- *Nehmen Sie an, Sie sind mit dem Absender dieser Mail gut befreundet. In Ihrer Erwiderung wollen Sie Ihrem Freund/Ihrer Freundin klarmachen, dass er/sie nicht unbedingt allen etwas beweisen muss, damit das Leben gelingt.*
- *Gehen Sie auf die geschilderten Schwierigkeiten ein und verdeutlichen Sie auf einfühlsame Weise die Alternativen.*

Ethisches Handeln

- *Listen Sie Motive, Begründungen und Grenzen für (gutes) Handeln auf, die sich aus der christlichen Annahme einer geschenkten Würde des Menschen (vgl. Deuteseite II 56) und aus dem Blickwinkel des Bildes »Der Turm von Babel« ergeben.*

Motive: Was bewegt Menschen, ethisch zu handeln?
Begründung: Warum sollen Menschen überhaupt ethisch handeln?
Grenzen: Wie gehen Menschen damit um, dass sie Fehler machen?

Ethisches Handeln aus unbedingter Würde	Ethisches Handeln aus bedingter Würde
Motiv:	Motiv:
Begründung:	Begründung:
Grenzen:	Grenzen:

lichkeitsbild beeinflusst – ohne zur Forderung zu geraten. Weder Sch noch L brauchen dafür spezielle musikalische Fähigkeiten oder Vorkenntnisse, lediglich die Bereitschaft, genau hinzuhören, ist wichtig. Notwendig ist ein Musikstück oder ein Ausschnitt, der gleichbleibende und sich verändernde Teile gut hörbar integriert. Eine klassische Form für diese Anforderung ist die Passacaglia, weil sich in ihr auf einem immer wiederkehrenden Grund verschiedene Oberstimmen in Varianten aufbauen. Da nur wenige Passacaglien zum verbreiteten Musikrepertoire (Bach, Brahms) gehören, erfüllen formal ähnliche Stücke dieselbe Funktion: etwa einige von Bobby McFerrins Circlesongs, der berühmte »Kanon« von Johann Pachelbel oder Maurice Ravels »Bolero« (in Ausschnitten). Wichtig ist, dass Sch die gleichbleibenden und die variierenden Musikteile hören und benennen können.

- L fertigt TA an: *Ich bin gewollt, wie ich bin!*
- Sch hören die Musik an und sammeln erste Eindrücke.
- Sch erhalten einen Hörauftrag: *Was ändert sich, was ändert sich nicht?*
Sch hören das Musikstück erneut und beantworten nach dem zweiten Hördurchgang die Frage.
- Sch hören die Musik ein drittes Mal und entwerfen eine grafische Skizze zur Struktur der Musik.
- Sch vergleichen Höreindrücke und Skizzen und beziehen sie auf den Satz der TA. Wie könnte der Satz der TA genauer heißen?

Präimplantationsdiagnostik: sehen ...

Infoseite I (58) (59)

1. Hintergrund

Der erste Blick auf *Infoseite I* mag bei L und Sch den Eindruck erwecken, dass es sich um eine Seite aus einem Biologiebuch handelt. Ein **Schema**, das die ersten Tage des Schwangerschaftsprozesses im Uterus darstellt, und drei **Infotexte**, die viele biologisch-medizinische Fachbegriffe enthalten, verstärken diesen Eindruck. Eine ethische Diskussion um neue Eingriffsformen in den Ablauf der ersten Schwangerschaftstage kommt ohne Information zur medizinischen Sachlage nicht aus. Dies fordert auch der Dreischritt »**sehen – urteilen – handeln**«, der aus der katholischen Soziallehre stammt und zu einer reflektierten Praxis aus der differenzierten Wahrnehmung und Deutung komplexer gesellschaftlicher und/oder zivilisatorischer Problemlagen anleiten will. Man kann nicht ethisch urteilen und nach dem Urteil handeln, wenn man nicht weiß, worum es in der Sache geht. Deshalb ist es notwendig, zunächst die Fakten zur Kenntnis zu nehmen. Dies gilt für alltägliche Konflikte und in verstärktem Maß für besondere Problemlagen, die in sich eine vielschichtige Struktur aufweisen. Genau diese liegt bei der Präimplantationsdiagnostik (PID) vor: Was ist die PID überhaupt und welche Bereiche und Fragen werden mit ihr angesprochen? Im RU ethisch handeln lernen heißt, die **Sachverhalte** und die damit verbundenen Fragen wahrzunehmen. Deshalb ist die Information zur PID plausibel und notwendig.

Da die PID ein gentechnischer Vorgang ist, der eine Dynamik entfalten wird, sind auf *Infoseite I* Grundlagen dargestellt (Stand: Sommer 2004), auf denen Anwendungen und Modifikationen basieren. Trotz des Versuchs, die Information auf ein sachgerechtes Minimum zu reduzieren, handelt es sich um eine Fülle neuer Begriffe. Um sich ihnen anzunähern und einen

Definitionen
Einige Begriffe, die in der Diskussion eine Rolle spielen können und im Buch nicht erwähnt oder nicht eigens definiert sind, können – zunächst für L – hilfreich sein:
DNS: Desoxyribonukleinsäure (engl. Deoxyribonucleid Acid, DNA) – der Grundbaustein der Erbsubstanz. Die DNS/DNA enthält die Informationen für die Herstellung aller für die Körperfunktionen nötigen Eiweiße.
Embryo: Der Begriff wird nicht einheitlich gebraucht. In der Medizin meint Embryo meist die Leibesfrucht von der befruchteten Eizelle oder auch von der Einnistung in den Uterus an bis zum Abschluss der Organogenese etwa acht Wochen danach. Ab der 9. Woche wird der Mensch meist als Fötus/Fetus bezeichnet.
Klonen: Kopieren und identisches Vermehren. Dieser Begriff wird im Zusammenhang mit Molekülen, Zellen, Geweben, Pflanzen, Tieren und Menschen verwendet. Klone sind genidentische Kopien.
PND – Pränatale Diagnostik: Ein Verfahren, mit dem Erkrankungen und genetische Defekte des Embryos bzw. Fötus *während* der Schwangerschaft nachgewiesen oder ausgeschlossen werden sollen. Die PND ist ein in Deutschland erlaubtes und praktiziertes Verfahren.
Stammzelle: Jede Zelle, die die Fähigkeit besitzt, sich selbst durch Zellteilung zu reproduzieren, und die sich selbst – oder ihre Tochterzellen – zu Zellen unterschiedlicher Spezialisierung entwickeln kann. Man findet sie auch nach der Geburt und auch noch im erwachsenen Menschen. Dann werden sie als adulte Stammzellen bezeichnet.

Präimplantationsdiagnostik

1. Lateinisch für »vor«
2. Sie wird befruchtet.
3. Eigenschaft embryonaler Zellen bis zum 8-Zellen-Stadium
4. Sie nistet sich in der Schleimhaut der Gebärmutter ein.
5. Nachname der Person, die als erste nach einer künstlichen Befruchtung geboren wurde.
6. Lateinisch für »Befruchtung«
7. Bei der PID werden Blastomere auf sie hin untersucht.
8. Nach allgemeiner christlicher Auffassung ist er schon nach dem Befruchtungsvorgang da.
9. Eine Person kommt durch diesen Vorgang auf die Welt.
10. Einführung eines Embryos in die Gebärmutter (lateinisches Substantiv)
11. Kleiner Mensch in der Gebärmutter
12. Name der Eizelle direkt nach der Befruchtung

Lösungswort: _____

- *Lösen Sie dieses Rätsel, nachdem Sie Infoseite I 58-59 bearbeitet haben.*

Einblick in die Struktur der PID zu gewährleisten, sind die Anregungen zur Bearbeitung von *Infoseite I* primär auf Veranschaulichung und Sicherung der Information angelegt. Zusätzlich kann eine zeitlich abgestimmte Kooperation mit dem Biologieunterricht, der sich in diesem Schuljahr den Grundlagen der Genforschung widmet, die Aneignung erleichtern, weil zumindest ein ähnlicher Themenbereich angesprochen wird. Da die PID ein umstrittenes Verfahren ist, lassen sich an ihr ethische Grundpositionen und ihre Auswirkungen sehr gut erkennen und diskutieren. Daher lohnt sich der hier zu leistende Aufwand.

2. Einsatzmöglichkeiten im RU

Fakten zur PID erarbeiten

- Mithilfe des Kreuzworträtsels auf **AB 10.3.6, Lehrerkommentar S. 91**, sammeln Sch das begriffliche Grundgerüst.
- In einer Fragereinheit vertiefen Sch ihre Kenntnisse.
- Sch überlegen sich mindestens eine Frage zur PID, die sich auf die Information auf *Infoseite I* bezieht. Im Plenum werden möglichst viele Fragen gestellt und von Sch beantwortet.

①						p	r	ä					
②				e	i	z	e	l	l	e			
③	t	o	t	i	p	o	t	e	n	z			
④			b	l	a	s	t	o	z	y	s	t	e
⑤						b	r	o	w	n			
⑥					f	e	r	t	i	l	i	s	a	t	i	o	n
⑦						d	e	f	e	k	t	e	
⑧						m	e	n	s	c	h		
⑨						g	e	b	u	r	t		
⑩		i	m	p	l	a	n	t	a	t	i	o	n
⑪					e	m	b	r	y	o			
⑫						z	y	g	o	t	e		

Informationsbasis erweitern

Infoseite I kann nicht mehr als ein kurzes Informationsgerüst bieten. Da bei der Frage nach der PID aber eine genaue Wahrnehmung des komplexen Prozesses erforderlich ist, sollten Sch ihre Informationsbasis selbstständig vertiefen.

- In GA recherchieren Sch zu verschiedenen thematischen Schwerpunkten, z. B.
  - biologische Voraussetzungen,
  - technische Möglichkeiten und Anwendungen,
  - rechtliche Situation in Deutschland,
  - faktische Möglichkeiten im europäischen Ausland etc.
- Die Ergebnisse präsentieren Sch im Plenum. *Alternativ* informieren sich Sch gegenseitig in neuen Gruppen, die sich jeweils aus einem Mitglied der ersten Arbeitsgruppen zusammensetzen.

Informationen in ein Rollenspiel umsetzen

- Sch setzen die Grundlagen zur PID in ein kleines Rollenspiel um.
  In GA bereiten sie ein Gespräch zwischen einem Elternpaar und Ärzten vor. Das Elternpaar hat die Aufgabe, den Wunsch nach einer PID plausibel zu machen, die Ärzte müssen auf die Möglichkeiten und Grenzen der PID hinweisen und darauf aufmerksam machen, dass sie zwar informieren können, diese Form der Diagnostik in Deutschland aber nicht durchführen dürfen. In dieser Gesprächsinszenierung geht es nicht um eine Beurteilung der PID, sondern um eine möglichst sachgerechte Darstellung.

3. Weiterführende Anregung

Einen Informationsfilm anschauen

Mittels eines Films lässt sich die Komplexität des Sachverhalts veranschaulichen. Die staatlichen Medienzentren und diözesanen Medienstellen halten Filme bereit, die die PID meist im Kontext anderer Fragen um die Geburt des Menschen herum behandeln. Für eine Konzentration auf die PID ist es daher ratsam, die thematisch einschlägigen Ausschnitte auszuwählen.
Zwei Beispiele:
- Menschen machen nach unserem Bild? Reproduktionsmedizin als ethische Herausforderung (D 2001, 15 Min.), Nr. 4202759 in den diözesanen Medienstellen
- Experimente ohne Tabu? Basiswissen: Genforschung und Fortpflanzungsmedizin (D 2001, 20 Min.), Nr. 4242987 in den diözesanen Medienstellen.

Die Filme eignen sich als Einstieg in das Thema oder zur Visualisierung nach der Erarbeitung von *Infoseite I*.

Präimplantationsdiagnostik: ... urteilen, handeln

- *Wählen Sie Argumente für und gegen die PID aus und bewerten Sie diese.*
- *Begründen Sie Ihre Wertung.*

Wertung: 1= sehr wichtig, 2 = wichtig, 3 = ich weiß nicht, 4 = unwichtig, 5 = ganz unwichtig

Argumente	Bewertung	Begründung
– für die Anwendung der PID		
– gegen die Anwendung der PID		
Folgen für die Praxis		

Präimplantationsdiagnostik: ... urteilen, handeln — Deuteseite III

1. Hintergrund

Vom »Sehen« über das »Urteilen« zum »Handeln«: *Deuteseite III* setzt *Infoseite I* **58-59** zur Wahrnehmung der PID fort und bietet jeweils zwei unterschiedliche Urteils- und Handlungsmöglichkeiten an. Um die Breite der Diskussion zu dokumentieren und die Aufmerksamkeit für die vielen Texte nicht über Gebühr zu strapazieren, werden die unterschiedlichen Beurteilungen und Handlungsfolgen in verschiedenen Textgattungen präsentiert: Die »**Argumente für die PID**« sind zusammengefasst aufgelistet, die »**Argumente gegen die PID**« stammen aus einer umfangreicheren Stellungnahme der Deutschen Bischofskonferenz zum gesamten Themenbereich gentechnischer Anwendungen in Bezug auf Schwangerschaft und Geburt. »**Endstation Ausguss**« ist ein Teil eines Zeitungsartikels und der abschließende **Lebensbericht** gibt einen Ausschnitt aus den biografischen Anmerkungen einer jungen Frau wieder. Während also die beiden Urteilstexte auf einer allgemeinen Ebene und losgelöst vom Einzelfall argumentieren, transformieren die Handlungstexte mögliche Folgen auf die exemplarische Ebene subjektiver Betroffenheit. Das ist angemessen, weil den Sch deutlich werden soll, dass übergeordnete ethische Urteilsbildung tatsächlich verschiedene konkrete Folgen hat. Um Argumente vergleichen zu können, müssen Argumentations- und Erzählebene auch als solche wahrgenommen werden. Eine direkte Gegenüberstellung von Bewertungen und Folgen erarbeiten sich Sch selbst. Die Texte beziehen sich nicht unmittelbar aufeinander und stellen damit Spielräume für die eigene Argumentation zur Verfügung.

Beispiel 1: Der Text »Argumentation für die PID« macht auf die juristisch festgeschriebene Problematik aufmerksam, dass ein Fötus legal abgetrieben werden darf, nachdem bei einer pränatalen Diagnostik (PND) eine schwere Erkrankung festgestellt worden ist. Derartige Schwangerschaftsabbrüche könnten durch die Anwendung der PID verhindert werden. Für die Bischöfe ist schon die Legalisierung des Schwangerschaftsabbruchs nach einer PND »ethisch nicht zu billigen«. Damit ist die ethische Ablehnung der PID durch die katholische Kirche plausibler, weil sich das Problem der Verhinderung möglicher Schwangerschaftsabbrüche durch die PID gar nicht stellt. Freilich wird durch die ethische Argumentation das faktische Problem eines Schwangerschaftsabbruchs nach medizinischer Indikation nicht gelöst.

Beispiel 2: Der kurze Bericht einer jungen Frau, die an Mukoviszidose leidet und durch ihre Krankheit Einschränkungen hinnehmen muss, kann nicht ohne Weiteres auf alle Menschen mit einer schweren Erbkrankheit ausgedehnt werden. Sch müssen also sehr genau abwägen, wie mit diesem Fall argumentativ umzugehen ist: Ist er ein Beispiel für die im Einzelfall schwer kalkulierbaren lebenspraktischen Folgen einer Erbkrankheit? Steht der Bericht exemplarisch für ein Vertrauen auf den medizinischen und technischen Fortschritt, der es Menschen mit Erbkrankheiten vielleicht immer mehr ermöglicht, die Krankheitsfolgen einzudämmen? Ruft uns das Beispiel auf, Menschen mit Krankheiten konstruktiv zu begegnen, und die Tatsache, dass es solche Krankheiten gibt, nicht einfach wegzuschieben?

Die ethische Offenheit, die durch die Wahl der Texte entsteht, ist gewollt und im Sinne einer kompetenten Urteilsbildung auch notwendig. In einer Debatte, die Sch im Unterricht führen, darf keine Position von vornherein diskreditiert werden. Allerdings muss sich jede Position befragen und auf Konsequenzen hinweisen lassen. Das bezieht sich auch auf die christliche Einschätzung der PID: Zwar macht das Papier der deutschen Bischöfe eine kirchliche Position deutlich, aber nicht jede vorsichtige Annäherung an eine bedingte Bejahung der PID ist unchristlich, sofern sie in der christlich verstandenen Menschenwürde verankert ist.

2. Einsatzmöglichkeiten im RU

Bewertung abgeben

- Sch lesen aufmerksam alle Texte auf *Deuteseite III* **60-61** und fassen die dargestellten Argumente für und gegen eine Anwendung der PID mithilfe des Rasters auf **AB 10.3.7, Lehrerkommentar S. 93**, zu einer persönlichen Stellungnahme zusammen.
- Auf der Basis der ausgefüllten Tabelle tauschen Sch ihre unterschiedlichen Wertungen und Begründungen aus und wägen die verschiedenen Positionen in einer Plenumsdiskussion ab.

Präimplantationsdiagnostik und Menschenwürde

Durch die Erarbeitungen von *Deuteseite I* und *II* hatten Sch bereits die Gelegenheit zur Auseinandersetzung mit den Fragen der Menschenwürde. Um die Ergebnisse für eine Positionierung gegenüber der PID fruchtbar werden zu lassen, greift **AB 10.3.8, Lehrerkommentar S. 95**, das Thema Menschenwürde wieder auf. Die angebotenen Materialien provozieren eine offene und eigenständige Auseinandersetzung, in die Sch erworbene Kompetenzen und Haltungen vor einem argumentativen Hintergrund einbringen.

- Sch lesen *Deuteseite III* **60-61** gründlich durch und klären evtl. Fragen im UG, sodass sie alle Textaussagen sicher verstehen.

Präimplantationsdiagnostik und Menschenwürde

»Menschenwürde bedeutet: Der Mensch ist einer Bewertung durch Menschen entzogen. Das meint die Bibel, wenn sie den Menschen als Ebenbild Gottes versteht. »Ebenbild Gottes« garantiert dem Menschen, ein Original zu sein, kein Abziehbild.«

Bischof Franz Kamphaus

»Bei jedem fairen Vergleich moralisch relevanter Eigenschaften wie Denkfähigkeit, Selbstbewusstsein, Bewusstsein, Autonomie, Lust- und Schmerzempfinden und so weiter haben das Kalb, das Schwein und das viel verspottete Huhn einen guten Vorsprung vor dem Embryo in jedem Stadium der Schwangerschaft – und wenn wir einen weniger als drei Monate alten Embryo nehmen, so würde sogar ein Fisch mehr Anzeichen von Bewusstsein zeigen. Ich schlage daher vor, dem Leben eines Embryos keinen größeren Wert zuzubilligen als dem Leben eines nicht-menschlichen Lebewesens auf einer ähnlichen Stufe der Denkfähigkeit, des Selbstbewusstseins, der Bewusstheit, der Empfindungsfähigkeit etc. Da kein Embryo eine Person ist, hat kein Embryo denselben Anspruch auf Leben wie eine Person. Wir müssen natürlich noch untersuchen, wann der Embryo voraussichtlich in der Lage sein wird, Schmerz zu empfinden. Für den Augenblick genügt die Feststellung: Bis diese Fähigkeit vorhanden ist, beendet ein Eingriff eine Existenz, die überhaupt keinen Wert an sich hat.«

Peter Singer, Praktische Ethik, Stuttgart 1994, S. 161

- *Verdeutlichen Sie Ihre Position zum Verhältnis von Präimplantationsdiagnostik und Menschenwürde. Verändern Sie dafür ein Element oder mehrere Elemente dieses AB, fügen Sie andere Texte oder Bilder hinzu oder gestalten Sie ein neues Blatt, auf dem Ihre Position durch die Beziehungen einzelner Elemente zueinander sichtbar wird.*

- Für eine Veränderung, Ergänzung und wertende Gruppierung der einzelnen Elemente benötigen Sch ausreichend Zeit (evtl. HA integrieren). Um ihre Informationsbasis zu erweitern, recherchieren sie z. B. im Internet oder in der Schulbibliothek nach weiteren Materialien.
- Sch machen durch die Bearbeitung von AB 10.3.8 die eigene Position im Hinblick auf die Diskussion der Menschenwürde deutlich.
- Sch präsentieren ihre Ergebnisse im Plenum und diskutieren, ausgehend von diesen, das Für und Wider der PID.

Eine Debatte um die PID führen

Der AA auf *Deuteseite III* **61** unten bildet eine anspruchsvolle Form, die Auseinandersetzung mit dem Thema PID selbsttätig zu resümieren. Um den AA sorgfältig vorzubereiten, sollte der ein oder andere Arbeitsschritt aus dem Lehrerkommentar zur Bearbeitung von *Infoseite I und Deuteseite III* der inszenierten Debatte vorausgehen. Da es in der Debatte um Fragen ethischer Urteilsbildung geht, kann die juristische Seite unberücksichtigt bleiben. Sie könnte in einem Gebiet geführt werden, das nahe der Grenze zu einem europäischen Land liegt, das die PID erlaubt. Die Debatte beginnt mit einem Plädoyer der Beteiligten, das ihre Position darstellt und begründet, und mündet in eine offene Diskussion.

Vorbereitung:
- In GA erarbeiten Sch je ein Plädoyer für jeden Diskussionsteilnehmer:
  - der Arzt, der die medizinischen Möglichkeiten und Vorteile der PID hervorhebt,
  - das Elternpaar, das bereits ein schwer krankes Kind hat und das Risiko der Erbkrankheit bei einem weiteren Kind ausschließen möchte,
  - die Politikerin oder der Priester, die/der ethische Vorbehalte zu bedenken gibt,
  - eine Vertreterin einer Behindertengruppe, die in der PID eine Gefahr für behinderte Menschen sieht, deren Behinderung in der Logik der PID ja vermeidbar gewesen wäre etc.
- Ein/e Sch aus jeder Gruppe trägt zu Beginn der Diskussion das Plädoyer für die jeweilige Position vor. Die anderen Mitglieder der Gruppe beteiligen sich an der Diskussion, die den Plädoyers folgt, stellen Fragen und bringen zusätzliche Argumente ein.
- Ein/e Sch oder L moderiert, ordnet und resümiert die Diskussion, bei der es mehr auf den Austausch von Argumenten als auf ein bestimmtes Ergebnis ankommt.

Bilder vom Sterben — Deuteseite IV (62)(63)

1. Hintergrund

Mit dem Sterben müssen Menschen umgehen, es wahrnehmen und deuten. Es ist mit negativen Vorstellungen und Affekten verbunden, die eine Konstruktion von Bedeutung erschweren. Sterben lässt sich nur am anderen wahrnehmen, das eigene Sterben kann man nur erwarten und nicht als eine Erfahrung beschreiben, denn am Ende steht der Tod. Diese Eigentümlichkeiten des Sterbens führen dazu, dass es mit einer Vielzahl von Bildern, Umschreibungen, Wünschen und Vorstellungen umgeben ist, die es vom Leben her oder auf eine Erwartung hin zu deuten suchen. Aus der Beobachtung des Sterbens anderer und den eigenen Erwartungen leiten sich Ideen vom gelingenden, schönen Sterben ab, die entsprechende Handlungskonsequenzen nach sich ziehen. Ob Sterben ein langsamer Abschied sein soll – wie es die mittelalterliche Kunst des Sterbens postulierte – oder ein schneller, kaum merklicher Abschluss des Lebens – wie es Kurt Marti in seinem Gedicht »wunsch« als gegenwärtiges Ideal ausdrückt –, beide Vorstellungen münden in der Frage, welche Voraussetzungen und praktische Hilfen es für die Umsetzung der Idee geben müsste. Die subjektiven und kulturellen Bilder vom Sterben stehen also vor der Frage nach den Notwendigkeiten und konkreten Formen der Sterbehilfe. Dieser Einsicht folgend ist *Deuteseite IV* in den ethischen Diskurs des Kapitels eingeschoben. Mit ihr können Sch unterschiedliche Bilder und Vorstellungen des Sterbens wahrnehmen, wodurch sie angeregt werden, ihre Wünsche und Erwartungen zu artikulieren. Erst dann diskutieren sie die ethische Frage nach den Chancen und Grenzen von Sterbehilfe.

Auf den ersten Blick scheint das Gedicht »**Herbst**« von Rainer Maria Rilke (1875-1926) gar nicht zum Thema zu passen, weil es eine Jahreszeit beschreibt. Doch die Parallelisierung von Jahreszeiten und Lebensspannen ist ein altes Motiv der Dichtung. Dabei steht der Herbst für Alter und Sterben, weil das sommerlich erblühte Leben dahinwelkt und die Früchte eingefahren werden. Bei Rilke beginnt die symbolische Ausrichtung schon in der zweiten Zeile, die dem Herbst eine kosmologische Dimension verleiht. In der dritten Zeile wird durch das Wort Gebärde fast unmerklich eine Beziehung zum Menschen hergestellt, da eine Gebärde auf die menschliche Hand bezogen ist (vgl. z. B. »Gebärdensprache«). Der zweite Vers baut die kosmologische Dimension aus, der dritte Vers nimmt

Mein/e Bild/er vom Sterben

Jemand stirbt

Jemand stirbt.
Dabei ist er so allein wie eine Bettlerin,
die mit ihrem Tuch in der Fußgängerzone sitzt.
Aber wenn einer hinginge,
um sie zum Essen einzuladen?

Jemand stirbt.
Dabei ist er so hilflos wie ein Käfer,
der im Sand auf dem Rücken liegt.
Aber wenn ein kurzer Windstoß käme,
um ihm auf die Beine zu helfen?

Jemand stirbt.

Dabei ist er so _____

_____

Aber wenn _____

_____

Jemand stirbt.

Dabei ist er so _____

_____

Aber wenn _____

_____

Jemand stirbt.

Dabei ist er so _____

Aber wenn _____

_____

- *Sie können eigene Bilder finden und einige Verse nach Ihren Vorstellungen hinzufügen.*

über die »fallende Hand« wieder das Sterben aller Menschen in den Blick. Wäre für Rilke der Tod das Ende des Lebens, so müsste das Gedicht mit dem dritten Vers enden. Stattdessen wird das Bild erweitert, indem das herbstliche Fallen allen Lebens von der Hand Gottes »unendlich sanft« gehalten wird. Das Gedicht spielt sprachlich mit der Parallelität von »fallen« – es erscheint sieben Mal – und »allen«, und deutet auf äußerst dichte Weise auf die universale Abwärtsbewegung des Lebens hin.

Im Zwiegespräch »**Der Tod und das Mädchen**« von Matthias Claudius (1740-1815) wird ein anderes Bild vorgestellt: Das junge, vorwärtsdrängende Leben betrachtet den Tod als wilden Knochenmann, der willkürlich das Leben nimmt und gegen den ein noch so intensives Flehen keine Chance hat. Der Tod hingegen gibt sich freundschaftlich und zärtlich als Bruder des Schlafs. Zwei Bilder des Sterbens – der schreckliche, vorzeitige Einbruch in das Leben als unmittelbare Erfahrung und der Trost als ersehnte Deutung – werden hier nebeneinandergestellt. In diesem Gegensatz deutet sich eine verborgene Beziehung an: Mitten im Leben sind wir ausweglos vom Tod umfangen.

Gegensätzliche Wünsche drücken die Gedichte »**Bevor ich sterbe**« von Erich Fried (1921-1988) und »**wunsch**« von Kurt Marti (*1921) aus: Während Fried das Sterben möglichst lange hinauszögern will, um den Lebenden vom Reichtum des Lebens, von Wärme, Liebe und Glück zu erzählen und dem Leben im Sterben Hoffnung zu geben, thematisiert Marti die »allgemeine« Sehnsucht nach einem leichten Sterben, einem plötzlichen und sanften Entschlafen und vermutet gerade darin einen positiven Impuls für das Leben.

> **Herbert Falken (*1932)**
> Der Maler Herbert Falken wurde 1932 in Aachen geboren und erlernte zunächst einen kaufmännischen Beruf. 1964 wurde er zum katholischen Priester geweiht. Zugunsten seiner künstlerischen Arbeit wurde er aber teilweise von seiner seelsorgerlichen Arbeit freigestellt. Seitdem ist er primär als Künstler tätig und beschäftigt sich v. a. mit religiösen und existenziellen Themen. Falken lebt in Langenbroich in der Eifel.

Herbert Falken: »Intensiv-Station I«, 1975
Mitte der siebziger Jahre des 20. Jh. setzte sich Falken in einem Zyklus großformatiger Bilder mit Krankheit und Sucht auseinander. »Intensiv-Station I« zeigt gar keine Intensivstation im Krankenhaus, die Zeichnung gibt vielmehr einen Eindruck eines schwer kranken Menschen wieder, der auf einer solchen Station liegen könnte. Mit einer angedeuteten Bahre haben zwei versetzt angeordnete menschliche Oberkörper Kontakt, von denen jeweils ein Arm in gleicher Weise nach unten hängt. An den Köpfen ist eine Vielzahl von wirr miteinander verbundenen Elektroden angeordnet, zwischen den Köpfen liegt ein elektronisches Teil, von dem die Elektroden ausgehen. Der obere Körper wird außerdem künstlich beatmet. Die raumlose, leicht schwebende Szene wirkt durch die Anonymität der Oberkörper gleichzeitig allgemein und erschreckend: Der obere Kopf besitzt durch ein angedeutetes Gesicht wenigstens noch einen Ansatz von Menschlichkeit, obwohl die Augen fehlen, der untere Kopf ist nicht mehr als eine schwarze Fläche, die sich übergangslos mit dem herunterhängenden Arm verbindet. Den Arm und die von der Seite sichtbaren Teile des oberen Oberkörpers hat Falken durch eine dichte Schraffur gekennzeichnet, die den Eindruck von enthäuteten Muskeln erweckt. Die Unterschiedlichkeit der beiden angedeuteten Körper einerseits und ihre parallele Haltung andererseits legen es nahe, beide Körper einer Person zuzuschreiben, die auf der Intensivstation die personale Identität verloren und bei der sich die körperliche Integrität aufgelöst hat. Die entpersonalisierte Atmosphäre der Zeichnung wird weniger durch die Dominanz von Technik erzeugt als durch die zeichnerisch gestaltete Vernachlässigung humaner Kennzeichen wie Gesicht, Raum, Zeit und eindeutig wahrnehmbarer Leiblichkeit.

Welches Bild von Krankheit und Sterben vermittelt das Werk? Wird hier dem schwer kranken, sterbenden Menschen noch eine Hilfe angeboten, die dem Leben und dem Sterben dient? Ist hier das Leben-Erhalten eine stärkere Bedrohung als das Sterben-Lassen?

2. Einsatzmöglichkeiten im RU

Synonyme und sinnverwandte Wörter suchen

- Zwei Sch notieren als TA Synonyme und sinnverwandte Wortverbindungen zum Begriff »sterben«, die ihnen von der Gruppe genannt werden, z. B.
  - heimkehren,
  - die letzte Reise antreten,
  - das Leben vollenden,
  - einschlafen,
  - den Weg alles Irdischen gehen,
  - das Zeitliche segnen
    oder saloppe Ausdrücke wie
  - abkratzen,
  - verrecken,
  - abschnappen,
  - abnibbeln,
  - ins Gras beißen,
  - den Löffel abgeben etc.
- Sch suchen nach Kriterien, die verschiedenen Be-

Intensivstation

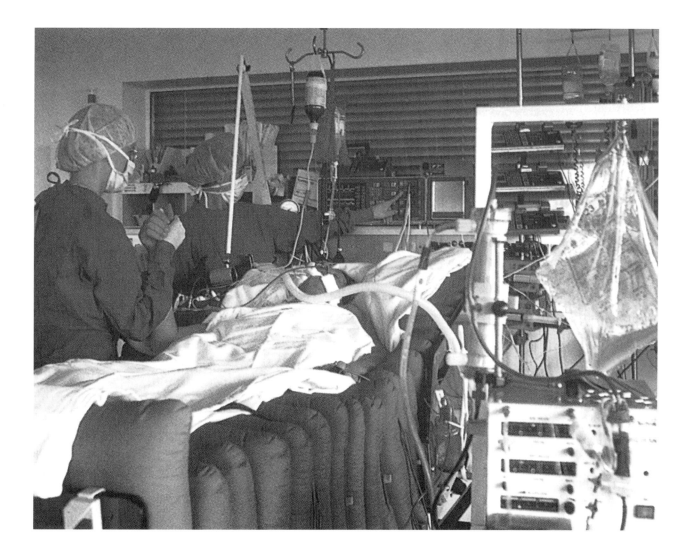

- *Notieren Sie sich Stichworte, die Ihnen beim Betrachten der Fotografie einfallen. Berücksichtigen Sie sowohl den Bildinhalt als auch die Eindrücke, die die Fotografie bei Ihnen hinterlässt.*
- *In einer zweiten Spalte verfahren Sie bitte genauso mit dem Bild »Intensiv-Station I« von Herbert Falken.*
- *Vergleichen Sie Ihre Stichwortlisten und benennen Sie den Eindruck, den der Künstler hervorruft.*
- *Die Zeichnung auf Deuteseite IV 63 steht unter der Überschrift »Bilder vom Sterben«. Welche Beziehung hat die Zeichnung zur Überschrift und zu den Gedichten auf Deuteseite IV 62?*

griffe zu ordnen, und machen dies z. B. durch farbiges Unterstreichen deutlich.
- Sch überlegen, warum es ausgerechnet für »sterben« eine so große Vielfalt an Umschreibungen und Synonymen gibt und welche Metaphern (z. B. Weg, Schlaf, Zeit) verwendet werden.
- Von hier aus kann eine Bearbeitung der Gedichte auf *Deuteseite IV* **62** erfolgen.

Gedichte in Metaphern verwandeln
- Sch lesen die Gedichte auf *Deuteseite IV* **62** mit dem Auftrag, die dort artikulierten unterschiedlichen Bilder und Vorstellungen vom Sterben in kurzen Metaphern oder Vergleichen zu bündeln. »Sterben wird (soll) sein wie ...«
- Sch lesen die Metaphern vor und vergleichen sie miteinander. Sie können bewertet und/oder durch eigene Metaphern ergänzt werden.

Ein eigenes Gedicht schreiben
- Sch verfassen ein eigenes Gedicht zum Thema. Für den nicht ganz einfachen Auftrag, das eigene Bild vom Sterben in geformter Sprache auszudrücken, bieten die vier Gedichte auf *Deuteseite IV* eine formale und inhaltliche Hilfe an. Sch können für die Suche nach der eigenen Ausdrucksweise aus unterschiedlichen Gestaltungsmöglichkeiten wählen:
  - mit/ohne Reim, mit/ohne Naturbilder,
  - Perspektive: vom Sterbenden aus, über das Sterben, Konfrontation Mensch – Tod etc.
- *Alternativ* erhalten Sch **AB 10.3.9, Lehrerkommentar S. 97**, das ein festes Schema vorgibt, das Sch mit eigenen Inhalten füllen. Dabei können Sch auch die Ambivalenz des Sterbens zur Sprache bringen, d. h. es können auch positive Aspekte – »so ruhig«, »so gefasst«, »so gelassen« – eingesetzt werden. Dann entfällt das folgende »Aber wenn ...«.

Das Bild als Vorlage nutzen
- Sch erhalten eine Kopie des Bildes von Herbert Falken mit dem Auftrag, das Bild nur mit Schwarz- und Grautönen (Bleistift, Filzstift, Wasserfarbe) zu verändern.
- Für das neue Bild gibt L einen Titel vor oder Sch denken sich einen eigenen Titel aus. Die neuen Titel sollen sich eng auf die Überschrift von *Deuteseite IV* und auf das Bild beziehen. Die Veränderungen, Ergänzungen oder Streichungen sollten nicht zu umfangreich ausfallen.
- Sch stellen die eigene zeichnerische Interpretation vor und erklären, wie sie die Vorlage gesehen und mit welchen Absichten sie sie verändert haben.

Bildervergleich
Da in der Regel nicht alle Sch Erfahrungen mit einer Intensivstation einer Klinik besitzen, haben sie nicht unbedingt ein realistisches Gegenbild zur Interpretation von Herbert Falken im Kopf. Ein solches Gegenbild hilft aber, die Eigenarten der Zeichnung und die Perspektive des Zeichners deutlicher wahrzunehmen.
- Sch beschreiben kurz ihre Vorstellungen und Erfahrungen mit einer Intensivstation, z. B. durch Besuche und Bilder in den Medien. Sch, die schon Angehörige oder Freunde auf einer Intensivstation besucht haben, berichten, wenn sie dies möchten, von ihren Eindrücken. Sch sammeln diese in Stichworten als TA.
- Zum Bild »Intensiv-Station I« fertigen Sch ebenfalls eine Stichwortsammlung an und vergleichen die beiden Sammlungen.
- Sch deuten die Zeichnung und beziehen die Perspektive der Überschrift der *Deuteseite IV* ein.
- Sch erhalten **AB 10.3.10, Lehrerkommentar S. 99**, mit einer Fotografie von einer Intensivstation als visuelle Hilfe und interpretieren das Foto parallel zum genannten Interpretationsweg.

3. Weiterführende Anregung

Musikalische Bilder vom Sterben hören
Deuteseite IV präsentiert Texte und eine Zeichnung, die Vorstellungen vom Sterben ausdrücken. Auch musikalische Werke können ein Bild vom Sterben, eine Version des Ablebens vermitteln.
- Sch wählen ein musikalisches Werk aus, ganz gleich aus welcher Epoche oder Stilrichtung, das einem Bild vom Sterben bzw. ihren Vorstellungen vom Sterben einen vertonten Ausdruck verleiht (HA, Zeitraum ca. eine Woche). Der Akzent sollte auf textfreier Musik liegen, ohne dass dies ein notwendiges Merkmal ist.
- Im Plenum werden einige Ausschnitte vorgespielt und von den Sch kommentiert, aber nicht diskutiert.
- Wenn die musikalischen Annäherungen unterschiedliche Charakteristika besitzen, nähern sich Sch abschließend der Frage, worin die Eigenheiten musikalischer, textlicher oder gezeichneter Bilder vom Sterben liegen.

Eine Falldiskussion zur Sterbehilfe

Hat er seine Ehefrau getötet?

Am Landgericht Ravensburg steht eine Verhandlung an, in der ein Mann wegen »Tötung auf Verlangen« seiner Ehefrau angeklagt ist. Die seit langem schwer kranke, gelähmte Frau war bewusstlos und sterbend ins Krankenhaus eingeliefert worden. Im Gespräch zuvor hatte sie darum gebeten, im Endstadium ihrer Krankheit *keinesfalls* eine künstliche Beatmung zuzulassen. Im Krankenhaus wurde die Beatmung dennoch durchgeführt. Die Frau kam wieder zu Bewusstsein.

Auf einer Spezialschreibmaschine, mit der allein sie sich noch verständlich machen konnte, schrieb sie:

»Ich möchte sterben, weil mein Zustand nicht mehr erträglich ist.« In einem unbeobachteten Moment schaltete der Ehemann das Beatmungsgerät aus, blieb am Bett seiner Frau sitzen und hielt ihre Hand fest, bis der Tod eintrat.

Das Landgericht entschied, ...

- *Wenden Sie zunächst die Unterscheidung von aktiver Sterbehilfe (= Tötung auf Verlangen), indirekter Sterbehilfe (= Therapie am Lebensende) und passiver Sterbehilfe (= Sterbenlassen) auf diesen Fall an. Welche Schwierigkeiten ergeben sich?*
- *Versetzen Sie sich in einem zweiten Schritt in die Rolle der Richter hinein und fällen Sie nach Abwägung der Argumente eine grundsätzliche Entscheidung, ob hier ein Tötungsdelikt vorliegt.*

Sterbehilfe?

Infoseite II (64) (65)

1. Hintergrund

Die Ambivalenz der gegenwärtigen technischen Möglichkeiten macht sich ethisch besonders am Ende des Lebens bemerkbar: Einerseits hat der medizinische Fortschritt zu einer deutlichen Verlängerung des Lebens geführt und die Qualität der gewonnenen Jahre wesentlich verbessert. Andererseits werden im Zuge der inneren Dynamik dieser Entwicklung immer häufiger auch die Grenzen des human Vertretbaren berührt oder sogar überschritten. Die Aufgabe der Lebenserhaltung gerät im Rahmen der Intensivmedizin manchmal zum Zwang, Leben auch über das Maß des menschlich Erträglichen hinaus zu verlängern.

Vor diesem Hintergrund ist es verständlich, dass sich die Vorstellungen vom Sterben immer deutlicher in Richtung eines selbstbestimmten Vorgangs entwickeln. Das Erschrecken vor einer Medizin, die die Menschen nicht mehr sterben lassen kann, sondern um jeden Preis am Leben erhält, schlägt um in den Wunsch, das Sterben selbst in die Hand zu nehmen und das eigene Leben dann selbst zu beenden, wenn es unerträglich und unzumutbar zu sein scheint.

Da dieser Wunsch wächst, muss es Regelungen, Vereinbarungen und institutionelle Hilfen geben, ihm in humaner und nicht willkürlicher Weise zu entsprechen. Das setzt ethische Diskussionen in Gang, weil keineswegs allgemein geklärt ist, wann Leben-Erhalten zum Zwang und Sterben-Ermöglichen zur Aufgabe wird. Bei vielen Menschen in ihrer aktiven Lebensphase spielen Ängste vor dem Sterben eine Rolle, bei denen nicht garantiert ist, ob sie noch in gleicher Weise vorhanden sind, wenn die Menschen sich in einer Krankheitsphase am Ende ihres Lebens befinden. Unsicherheiten bei den Angehörigen, beim Pflegepersonal und bei Ärzten und wirtschaftliche Interessen einiger Beteiligter erschweren die Diskussion zusätzlich.

Infoseite II beschränkt sich in diesem Problemfeld auf die Darstellung einiger Regelungen und Möglichkeiten und präsentiert sie in einer Mischung aus konkretem Beispiel und allgemeinen Standards, wie sie zurzeit (Sommer 2004) in Deutschland gelten. Durch Diskussion von Argumenten (Mitleidsargument), Vertiefung (Hospizwesen, Palliativmedizin), Anwendung von Regelungen auf Einzelfälle (Formen der Sterbehilfe) und den praktischen Umgang mit Vorsorgemaßnahmen (Patientenerklärung) haben Sch vielseitige Möglichkeiten, im Spannungsfeld von ethischen Vorgaben und konkreter Praxis ihre Kenntnisse und Urteilsbildung zu festigen.

2. Einsatzmöglichkeiten im RU

Informationen überprüfen und aktualisieren

- Sch recherchieren im Internet die aktuellen medizinischen und juristischen Grundlagen der auf *Infoseite II* angesprochenen Aspekte und vergleichen die neuen Erkenntnisse mit der Information auf *Infoseite II*.

Eine Falldiskussion zur Sterbehilfe

Um die ethischen Probleme, die die Differenzierung der Sterbehilfe mit sich bringt, ansatzweise zu erkennen, wenden Sch die Information der *Infoseite II* auf einen Fall an und diskutieren ihn.

- Sch lesen die Texte aufmerksam durch und halten die Argumente für die Diskussion der Einzelfälle fest.
- Sch bearbeiten AA 1 auf *Infoseite II* **65**. Er präsentiert kurz einen Fall, der durch die Mukoviszidoserkrankung einen Rückbezug zur PID (vgl. Lebensbericht *Deuteseite III* **61**) zulässt.
- Ergänzend bietet **AB 10.3.11, Lehrerkommentar S. 101**, einen realen Fall, der vor einem Landgericht verhandelt wurde. Das Landgericht hat den Ehemann freigesprochen. Es liege keine aktive Tötungshandlung vor, sondern nur ein Behandlungsabbruch. Dies sei einem bloßen Unterlassen gleichzusetzen und im Falle eines ausdrücklichen Sterbeverlangens nicht strafbar.

Um die ethische Urteilsbildung der Sch zu fördern, bearbeiten Sch den Fall zunächst in EA. Anschließend führen Sch die Diskussion des Falles in GA oder im Plenum fort und vergleichen ihre Positionen. In die Plenumsdiskussion kann ggf. die Entscheidung des Landgerichts Ravensburg eingebracht werden.

Filme zum Thema Hospiz

Der AA auf *Infoseite II* **65** unten kann, wenn eine solche Aktion nicht möglich ist, auch durch das Ansehen eines Films ersetzt werden.

- Eine etwas andere Perspektive auf ein Hospiz wirft »Das Kinderhospiz« (D 2003, 29 Min.), weil es um die Situation sterbender Kinder geht.
- Die Frage nach umfassender Sterbehilfe stellt die Dokumentation »Zeit, die mir noch bleibt« (D 2006, 44 Min.), die einen an Lungenkrebs erkrankten 41-jährigen Vater in seinem letzten Lebensjahr vorstellt.
- Hospize und Sterbehilfe in den Niederlanden, wo auch Formen aktiver Sterbehilfe legal sind, beleuchtet »Sterben auf Wunsch« (D 2001, 30 Min.).

Alle Filme sind in diözesanen Medienstellen mitsamt einer materialreichen Broschüre ausleihbar.

Ein Gespräch über die Patientenverfügung führen

Nachdem sich Sch über die verschiedenen Formen der Sterbehilfe informiert haben und die Unterschiede benennen können, führen sie ein Gespräch über die Möglichkeiten einer Patientenverfügung mit einer Person außerhalb der Schule.

- Sch lesen zur Vorbereitung die Grundlagen zur Patientenverfügung im *Lexikon* **112** und **114** und auf **AB 10.3.12, Lehrerkommentar S. 105**, sorgfältig nach.
  Ziel des Gesprächs ist nicht, für eine Patientenverfügung zu werben, sondern über Fragen, Ängste, Vor- und Nachteile zu sprechen. Zu diesem Gespräch nehmen Sch AB 10.3.12 und eine Kopie des Formulars der Patientenverfügung (*Lexikon* **112**) mit.
- Im oder direkt nach dem Gespräch notieren Sch die Fragen, die sie beantworten konnten, und die, die offenblieben, und halten einen Eindruck von der Gesprächsatmosphäre fest.
- Sch berichten im RU von diesem Gespräch, wahren dabei aber unbedingt die Anonymität ihres Gesprächspartners, da ggf. persönliche Einstellungen, Ängste und Probleme besprochen werden, die zu schützen sind.

3. Weiterführende Anregung

Eine Filmnacht zum Thema »Sterbehilfe« veranstalten

Einige in Europa und in den USA preisgekrönte Spielfilme widmen sich mit unterschiedlicher Ausrichtung dem Thema »Sterbehilfe«, z. B.
- Million Dollar Baby (USA 2004)
- Das Meer in mir (E/F/I 2004)
- Mein Leben ohne mich (CDN/E 2003)
- Sprich mit ihr (E 2002)

Zu einem brisanten Thema entwickeln die Filme unterschiedliche Perspektiven: Ob in »Million Dollar Baby« und in »Das Meer in mir« Sterbehilfe zu positiv dargestellt und die Chance eines kranken und behinderten Lebens zu gering eingeschätzt wird, ob in »Sprich mit ihr« das Verhältnis von Komapatientinnen und Sexualität ausreichend diskutiert wird oder ob »Mein Leben ohne mich« den Zusammenhang von drohendem Tod und Leben zu positiv aufnimmt – dies sind nur mögliche Fragen, die an diese formal gelungenen und vielschichtigen Filme gestellt werden können.

- Sch gestalten mit den Filmen oder einer Auswahl eine Filmnacht. In GA bereiten sie zu jedem Film Hintergrundinformation vor, die sie z. B. im Internet oder in Materialien und Begleitbroschüren zu den in den diözesanen Medienstellen ausleihbaren Filmen recherchieren.

Das Dammbruch-Argument   Stellungnahmen

1. Hintergrund

Die Befürchtung, neue technische Entwicklungen werden das tradierte gesellschaftliche Gefüge, seine ethischen Grundlagen und konkrete, bisher für unabdingbar gehaltene Verhaltensmaßstäbe verändern, begleitet die gesamte Moderne. Es drückt Verunsicherung und Sorge aus, die in der Regel von Veränderungen ausgelöst werden. Dieser irrationale Teil der Dammbruch-Vermutung – verbunden mit der nur schwer abschätzbaren prognostischen Seite – erschweren eine sachbezogene Argumentation. Andererseits kann das Dammbruch-Argument die Diskussion um die ethisch relevanten Folgen neuer Entwicklungen intensivieren, weil es auf historische Erfahrungen verweist und die Frage nach den mittel- oder längerfristigen Konsequenzen stellt. Insofern besitzt es eine kritische Funktion, die vor einer naiven Fortschrittseuphorie schützt, nach der alles, was neu ist, auch gut ist. Überhaupt spiegeln die Debatten um das Dammbruch-Argument sehr schnell grundsätzliche Einstellungen, die zwischen einer vorsichtigen, eher an Bewahrung orientierten und einer zupackenden, eher Veränderung fordernden Haltung pendeln. Das Dammbruch-Argument kann also beide Grundeinstellungen verdeutlichen und in einer differenzierenden Diskussion auch relativieren: Neues ist weder schlecht noch gut, nur weil es neu ist. Es bedarf vielmehr einer genauen Wahrnehmung der Sachlage, einer Deutung vor dem Hintergrund ethischer und weltanschaulicher Grundannahmen und einer umsichtigen Abschätzung von Handlungsfolgen, die sich nicht automatisch aus dem Vergleich mit anderen Fällen ableiten lassen.

Die Darstellung des Dammbruch-Arguments auf *Stellungnahmen* **66** versucht, die **Pro- und** die **Contraseite** als vermittlungsfähige Positionen zu bestimmen. Dies geschieht auf einer allgemeinen, nicht fallbezogenen Ebene. Beide Argumentationsreihen sind von Konjunktiven und Postulaten geprägt. Am Ende des Kapitels bietet das Dammbruch-Argument keine grundsätzlich neuen Informationen. Es fordert Sch auf, ihre erworbene ethische Argumentationskompetenz grundsatz- und fallbezogen zu resümieren.

2. Einsatzmöglichkeiten im RU

»Ich aber sage euch« IDEENSEITE

- Sch resümieren ihre Einstellungen zur Menschenwürde, ihren Hintergründen und Anwendungen durch die Formulierung von Antithesen. Dabei bieten die Antithesen ein sprachliches Grundgerüst an, das unterschiedlich gefüllt werden kann. Die These »Ihr hört, dass gesagt wird: …« bezieht sich entweder auf eine Pro- oder auf eine Contra-Position des Dammbruch-Arguments, die Antithese formuliert eine Gegenposition.

Beispiele:
- »Ihr hört, dass gesagt wird: Die Würde des Menschen ist abhängig von seiner Leistungsfähigkeit. Nur wer viel kann, gilt auch viel.
  Ich aber sage euch: Würde besitzt jeder Mensch, ob alt oder jung, gesund oder krank, fit oder müde. Sie ist nicht an Bedingungen geknüpft.«
- »Ihr hört, dass gesagt wird: Ein Arzt hat die Aufgabe, das Leben des Menschen auf jeden Fall zu erhalten.
  Ich aber sage euch: Sterben gehört zum Leben. So wie das Leben seine eigene Würde besitzt, muss auch ein würdevolles Sterben möglich sein. Dafür müssen Ärzte, Patienten, Angehörige und Pflegepersonal gemeinsam einen Weg finden.«

- Sch erarbeiten Aussagen, die abstrakt oder konkret sein können oder sich auf ethische Grundsätze oder Fallbeispiele beziehen, und präsentieren sie als Kaleidoskop von Positionen, Gedanken und Gelerntem dem Plenum.

Ein Gespräch führen

Als Hilfe für eine zusammenfassende Stellungnahme greifen Sch die Dilemmaerzählung von *Themenseite 50-51* auf.

- Wenn das Dilemma bislang noch nicht bearbeitet wurde, führen Sch in PA ein Gespräch zwischen Hans und Michael, in dem möglichst viele Aspekte des Kapitels – von der Begründung der Menschenwürde bis zum Dammbruch-Argument – berücksichtigt werden. Die Partner einigen sich auf die Rollenverteilung und die inhaltlichen Akzente: Wer von beiden ist für die Versuchsreihe und wer dagegen?
- In EA sammeln Sch Argumente zur Differenzierung der eigenen Position.
- Vor dem Plenum werden verschiedene Gespräche geführt und resümiert.
- Falls das Gespräch zu Beginn der Arbeit an diesem Kapitel schon geführt worden ist, kann für Sch auch eine Bearbeitung des ersten Versuchs reizvoll sein. Wie würden sie nun argumentieren? Was muss korrigiert, ergänzt oder ganz neu eingebracht werden?

Literatur

Der achte Schöpfungstag? Bioethik im RU, Informationen für Religionslehrerinnen und Religionslehrer, Bistum Limburg, Heft 1/2003 (vollständig unter: www.ifrr.de/archiv.htm)

Ernst, Stephan/Engel, Ägidius, Christliche Ethik konkret. Werkbuch für Schule, Gemeinde und Erwachsenenbildung, München 2001

Härle, Wilfried, Menschsein in Beziehungen. Studien zur Rechtfertigungslehre und Anthropologie, Tübingen 2005

Körtner, Ulrich H. J., »Lasset uns Menschen machen«. Christliche Anthropologie im biotechnologischen Zeitalter, München 2005

Scholz, Ruth, Die Diskussion um die Euthanasie. Zu den anthropologischen Hintergründen einer ethischen Fragestellung, Münster 2002

Singer, Peter, Praktische Ethik, Stuttgart 1984

Thiele, Felix (Hg.), Aktive und passive Sterbehilfe. Medizinische, rechtswissenschaftliche und philosophische Aspekte, München/Paderborn 2005

Die Patientenverfügung

Welche Formulare gibt es?

Das deutsche Recht kennt drei Möglichkeiten, Behandlungswünsche im Vorfeld einer schweren bzw. tödlich verlaufenden Erkrankung vorwegzunehmen:
- die **Patientenverfügung** als Willensäußerung eines Menschen zur zukünftigen Behandlung im Fall der Äußerungsunfähigkeit,
- die **Vorsorgevollmacht**, mit der eine Person Ihres Vertrauens mit der Wahrnehmung höchstpersönlicher Interessen beauftragt werden kann, und
- die **Betreuungsverfügung** als Anweisung für den Fall der gerichtlichen Betreuung.

Es müssen nicht alle drei Formulare ausgefüllt werden, im Fall einer schweren Krankheit ist der Arzt verpflichtet, die Wünsche des Patienten herauszufinden und eine Patientenverfügung zu berücksichtigen. Niemand darf gegen seinen Willen zu diagnostischen oder therapeutischen Maßnahmen gezwungen werden, seien sie noch so aussichtsreich.

Was ist eine Vorsorgevollmacht?

Eine Vorsorgevollmacht bietet die Möglichkeit, eine Person Ihres besonderen Vertrauens zu benennen, die die Aufgaben eines oder einer Bevollmächtigten übernehmen kann, falls das nötig wird. Die Patientenverfügung ist aber unabhängig davon gültig.

Was ist die Aufgabe einer bevollmächtigten Person?

Eine bevollmächtigte Person hat die Aufgabe, Ihre Interessen für den in der Vorsorgevollmacht bezeichneten Fall zu vertreten. Sie sollten deshalb mit ihr über Ihre Vorstellungen reden, die Sie in der Patientenverfügung und der Vorsorgevollmacht zum Ausdruck bringen wollen. Wenn die betreffende Person bereit ist, die Bevollmächtigung zu übernehmen, sollte sie dieses Formular unterschreiben und das Zweitexemplar des Formulars erhalten.

Bei der Auswahl der Person Ihres Vertrauens kommen selbstverständlich Angehörige (Ehepartner, Kinder, Geschwister) in Betracht. Aber auch langjährige oder enge Freunde und Freundinnen oder vertraute Bekannte können Sie bevollmächtigen. Sicherlich wird bei der Auswahl eine Rolle spielen, mit wem Sie Ihre Vorstellungen am besten besprechen können und wer voraussichtlich auch emotional mit der später eventuell eintretenden Situation umgehen kann.

Was regelt eine Betreuungsverfügung?

Die Betreuungsverfügung ist sinnvoll für den Fall, dass vom Gericht ein Betreuer oder eine Betreuerin bestellt werden muss. Dies ist insbesondere dann der Fall, wenn Sie aufgrund einer psychischen Erkrankung oder einer Behinderung Ihre Angelegenheiten ganz oder teilweise nicht mehr selbst besorgen können.

Für die Auswahl eines Betreuers bzw. einer Betreuerin gilt grundsätzlich dasselbe wie für die Auswahl der bevollmächtigten Person für die Vorsorgevollmacht. Sie können die Person, die Sie für die Vorsorgevollmacht bevollmächtigt haben, zugleich zur betreuenden Person vorschlagen.

- *Lesen Sie die Texte auf Infoseite II **64-65** und den Artikel im Lexikon **114** sowie den Vordruck einer Patientenverfügung im Lexikon **112**.*
- *Wenn Sie sich sicher fühlen, über die Patientenverfügung zu sprechen, suchen Sie sich in Ihrem Umfeld eine Person – z. B. ein Elternteil, Großvater oder Großmutter, Nachbar/in – , mit der Sie über eine Patientenverfügung sprechen können. Es ist nicht wichtig, ob diese Person sich schon für eine Patientenverfügung entschieden hat. Notieren Sie sich Fragen und Probleme, die im Gespräch auftauchen. Wenn Sie im Unterricht davon berichten, wahren Sie unbedingt die Anonymität ihres Gesprächspartners.*

Frei werden zum Neubeginn

Das Thema im Schulbuch

Bereits der Titel des Kapitels verheißt den Sch ein spannendes, wenngleich nicht immer angenehmes Thema. Er ist bewusst positiv formuliert und wird zu einer gewissen Neugierde bei den Sch führen, um welche Freiheit und neue Chance es sich wohl handeln mag. Das Thema »Schuld« wird mit dieser Formulierung nicht sofort in Verbindung gebracht, da es meist mit negativen Adjektiven wie beladen, belastet, niedergedrückt usw. assoziiert wird.

Themenseite **67** zeigt ein Foto, auf dem eine Mauer mit mehreren, unterschiedlich großen Durchbrüchen zu erkennen ist, die den Blick auf ein blaues, sonniges Meer freigeben, das scheinbar in den Himmel übergeht. Das Bild ruft ein positives Grundgefühl hervor, das, gekoppelt mit der Kapitelüberschrift, Interesse an den nachfolgenden Seiten weckt.

Themenseite **68-69** stellt in der Überschrift die Begriffe »Unfreiheit« und »Befreiung« als Gegensatzpaar gegenüber. Interessanterweise wird nicht das Wort »Freiheit«, sondern »Befreiung« gewählt, das den Prozess des Freiwerdens beschreibt. Dieser Gedanke wird fortgeführt in den Bibelstellen vom Weltgericht, dem Gleichnis vom barmherzigen Vater und der Geschichte von Jesus und der Ehebrecherin.

Ein Schaubild zum ökonomischen und ökologischen Nord-Süd-Gefälle stellt die Ungerechtigkeit des Verbrauchs globaler Ressourcen dar. Ein Märchen aus Sri Lanka und eine kurze Erzählung beschreiben Prozesse des Schuldigwerdens und des Umganges damit. Die kurze Bildgeschichte deutet auf lustige Art und Weise die Ambivalenz sündigen Verhaltens an.

Ideenseite **70-71** bietet den Sch die Möglichkeit, sich durch Bildgeschichten, Schreib- und Malmeditationen und kreative Impulse dem Thema anzunähern.

Deuteseite I **72-73** erzählt »Kopfhaut«, eine Begebenheit, in der verschiedene Menschen schuldig werden, und zeigt eine Radierung von Th. Zacharias.

Deuteseite II **74-75** gibt durch Fotografien, Grafiken und verschiedene Texte Einblicke in die Begriffe »soziale« und »strukturelle Sünde«. Sch suchen nach heutigen aktuellen Beispielen.

Deuteseite III **76-77** bietet mit der Geschichte »Haus ohne Mitleid« und dem Bild von Paul Klee die Möglichkeit, sich mit den Folgen schuldhaften Verhaltens auseinanderzusetzen.

Die anschließende *Deuteseite IV* **78-79** bietet eine Erzählung auf der Basis der biblischen Geschichte »Jesus und die Ehebrecherin« (Joh 8,1-11). Der Text und das Bild von Sigmunda May verdeutlichen das Verhalten Jesu gegenüber schuldig gewordenen Menschen.

Deuteseite V **80-81** greift durch verschiedene Texte und Bilder das Thema der unverdienten Versöhnung auf, die für Sch zu einem Schlüsselerlebnis im Umgang mit Schuld führen könnte.

Deuteseite VI **82-83** bietet durch zwei Gedichte, Arbeitsaufträge und eine Fotomontage mit einem Beichtstuhl den Sch die Möglichkeit, sich mit dem Bußsakrament und verschiedenen Formen der Beichte intensiver zu beschäftigen.

Die sich anschließende *Infoseite* **84-85** schildert die konkreten und vielfältigen Schritte der Versöhnung innerhalb der kirchlichen Praxis.

In den abschließenden *Stellungnahmen* **86** regt das Lied »Wie ein Fest nach langer Trauer« dazu an, die verschiedenen Aspekte von Schuld und Versöhnung von den vorangegangenen Seiten zu rekapitulieren und die eigenen Gedanken in Worte zu fassen.

Verknüpfungen mit anderen Themen im Schulbuch

Kap. 1 Jesus Christus neu entdecken: Jesus Christus und die entsprechenden biblischen Erzählungen sind ein Synonym für gelungene Versöhnungsmodelle.

Kap. 2 Aufbruch zu Partnerschaft, Ehe und Familie: Gelungene Partnerschaft beinhaltet immer auch einen befreienden und reflektierten Umgang mit der Schuld.

Kap. 3 Dürfen wir alles, was wir können?: Gerade im Zeitalter scheinbar unbegrenzter technischer und medizinischer Möglichkeiten kommt immer wieder die Frage nach dem Umgang mit Schuld auf.

Kap. 5 (Über)Morgen leben: Der Neubeginn nach vergebenen Chancen und falschen Verhaltensweisen in der Vergangenheit ist für die Gesellschaft unabdingbar.

Verbindungen mit anderen Fächern

Evangelische Religionslehre: Ich übernehme Verantwortung für mein Leben (10.3),
Gewissen, Zivilcourage, Umgang mit Schuld

Ethik: Übernahme von Verantwortung in Staat und Gesellschaft (10.1), Schuld, Wiedergutmachung und Versöhnung

Frei werden zum Neubeginn

Titelseite

1. Hintergrund

Das Titelbild zeigt eine Mauer, in die eine große Öffnung, zwei kleinere und eine ganz kleine, nur so groß wie ein einzelner Stein, gebrochen sind. Durch die Öffnungen ist der Blick freigegeben auf die Weite des Meeres, das durch das Sonnenlicht und den leichten Wassernebel scheinbar nahtlos in den Horizont und Himmel übergeht.

Mit dem Bild gepaart ist die Überschrift »Frei werden zum Neubeginn«, die in die größte Maueröffnung hineinplatziert wurde. Um welchen Neubeginn es sich da handelt, lässt das Bild offen, vielleicht um einen Neuanfang in der Partnerschaft, nach einem Streit usw. Auf jeden Fall scheint es sich um eine neue Chance mit unendlichen, unfassbaren Dimensionen zu handeln, die von der Erde bzw. dem Meer direkt in den Himmel hineinreichen. Der Begriff der »Freiheit« wird durch die Weite des Meeres unterstrichen, sodass das Unansehnliche und Dunkle der Mauer überwunden werden können. Obwohl die Mauer mit ihren einzelnen Bausteinen und dem Putz den größten Teil des Bildes einnimmt, sind der fast menschengroße Durchbruch und der Blick auf das verheißungsvolle Meer das Wesentliche des Bildes.

Wenn auch jedem Neuanfang ein Zauber innewohnt (vgl. das Gedicht »Stufen« von Hermann Hesse), sind dafür immer ein »Sprung ins (oftmals) kalte Wasser« und Mut notwendig. Im Laufe des Themenbereiches erfahren Sch jedoch, dass sich durch mutig umgesetzte Neuanfänge »Höhenflüge« für das eigene und das Leben anderer ergeben können.

2. Einsatzmöglichkeiten im RU

Zum Titelbild und zur Kapitelüberschrift assoziieren

- Sch betrachten die Fotografie und vollenden den Satz: »Ich möchte frei werden von ...«
- Sch betrachten die Fotografie und vollenden den Satz: »Neubeginn ist für mich wie ...«
- Sch finden neue Überschriften für das Titelbild und tragen sie in der Klasse zusammen. Welche unterschiedlichen Aspekte betonen die verschiedenen Überschriften?

Wenn die Mauer erzählen könnte ...

- Sch verfassen eine kleine Geschichte, in der die Mauer von sich und ihren Durchbrüchen erzählt.
- Sch zeichnen ein eigenes Mauerbild mit Durchbrüchen, wobei sie den Hintergrund selbst und völlig anders wählen können.

Unfreiheit und Befreiung

Themenseite

1. Hintergrund

Das Gegensatzpaar »Unfreiheit und Befreiung« bildet den Titel dieser Themenseite. Zunächst werden verschiedene Situationen der Unfreiheit durch das kleine **Schaubild** des ökonomischen und ökologischen Nord-Südgefälles wie auch in dem **Märchen aus Sri Lanka** aufgezeigt. Der **Erlebnisbericht** »Das verzeihe ich mir nie ...« hebt besonders die persönliche Schuld hervor, die die jugendliche Person bis in ihre Träume zu verfolgen scheint. Zwischen diesen verschiedenen selbst- und fremdverursachten Schuldsituationen wird auf einige **Bibelstellen** hingewiesen: Während Mt 25,42-45 von der Negativform menschlichen Verhaltens ausgeht, liegt der Schwerpunkt beim Gleichnis vom barmherzigen Vater (Lk 15,11-32) und der Erzählung von Jesus und der Ehebrecherin (Joh 8,1-11) auf der positiven Heilszusage und der unverhofft geschenkten Chance des Neuanfangs.

Die kleine **Bildgeschichte** verbindet auf humorvolle Weise das Problemfeld »Sünde« mit dem Thema Essen, wie es auch für die Werbung attraktiv geworden ist.

2. Einsatzmöglichkeiten im RU

Aufspüren von Situationen der Unfreiheit

- Sch suchen in verschiedenen Medien (z. B. Zeitungen, Zeitschriften, Internet, Film etc.) Beispiele ungerechter Situationen, in die Menschen häufig durch Fremdeinwirkung, manchmal jedoch auch durch eigenes Verschulden geraten, und dokumentieren diese auf einem Plakat.

Eine Geschichte aus der Schule

- Sch schreiben analog zu dem Märchen aus Sri Lanka eine Geschichte aus ihrem Schulalltag, die ähnlich komplex und mit vielen Beispielen der Schuldzuweisung verläuft.

»Das verzeihe ich mir nie ...«
- Sch schreiben eigene Erlebnisse auf, die, ähnlich dem Beispiel im Buch, bis heute Auswirkungen auf ihr Leben haben.
- Mit ihnen vertrauten Sch tauschen sie sich in GA darüber aus.

Geeignete Bibelstellen finden
- Sch lesen die angegebenen Bibelstellen und ergänzen auf einem selbst gemalten Mauerdurchbruchbild im Religionsheft weitere biblische Geschichten, die zu der Überschrift »Unfreiheit und/oder Befreiung« passen.

»Sünde ist ...«
- Sch nähern sich dem Begriff der »Sünde«, indem sie Sätze vollenden, die mit »Sünde ist ...« beginnen.

Werbeslogan »Kann denn Mode Sünde sein?«   IDEENSEITE ⑦¹
- Sch legen den beiden Gesprächspartnern der kurzen Bildgeschichte passend zur *Themenseite* 69 neue Inhalte in den Mund.

Ideenseite ⑦⁰ ⑦¹

Die Anregungen der *Ideenseite* werden im Lehrerkommentar auf folgenden Seiten aufgegriffen:
Schreib- bzw. Malmeditation: Schuld ist wie ...: S. 109
Sackgasse Schuld: S. 110 und 114
Umgang mit Schuld: S. 122
Werbeslogan: Kann denn Mode Sünde sein?: S. 108
Schuld hinterlässt Spuren: S. 110
Steine der Schuld auf dem Kreuz ablegen: S. 124

Kopfhaut   Deuteseite I ⑦² ⑦³

1. Hintergrund

Thomas Zacharias (*1930)
Thomas Zacharias ist seit 1966 Professor für Kunsterziehung an der Akademie der Bildenden Künste in München. Die Schwerpunkte seiner künstlerischen Arbeit liegen in der Druckgrafik, in Künstlerbüchern, Zeichnungen und Collagen. Darüber hinaus ist Zacharias Verfasser zahlreicher Publikationen zur Kunstgeschichte und Kunstvermittlung.
Zacharias lässt beim Betrachten seiner Radierungen an seinen Entdeckungen teilhaben und ermöglicht dabei überraschende und neue Einsichten. Die *Deuteseiten* 73 und 75 zu sehenden Radierungen sind Auftragsarbeiten für die Bebilderung einer Lutherbibel; sie sind Reaktionen auf das »Wort«.

Thomas Zacharias: »Die Berufung des Paulus«, 1990
Im unteren Zentrum der Radierung befinden sich drei Gesichter, auf unterschiedliche Art und Weise dargestellt. Das hellste und deutlichste Gesicht wird im Seitenprofil gezeigt und blickt nach rechts. Direkt im Hinterkopfbereich schließt sich ein weiteres maskenhaftes Seitenprofil an, das sehr dunkel schraffiert ist und durch den weißen Augenbereich leblos und blind wirkt. Fast über die gesamte Bildfläche liegt ein Körper vertikal ausgestreckt, scheinbar regungslos, niedergestürzt. Am unteren Ende der Vertikalen liegt der Kopf der Figur, von dem lediglich der mit Haaren und einer Hand verdeckte Hinterkopf zu sehen ist. Das »dritte Gesicht« ist vom Betrachter abgewendet. Sowohl die beiden Seitenprofile als auch die liegende Person sind durch starke, fast stürmische Striche miteinander verbunden und in Beziehung gebracht.
Das Bild zeigt Paulus bei seiner Bekehrung. Da gab es zunächst den Zustand des Gestürzt-Seins, der Leere und Verwirrung. Es ist förmlich zu sehen, was sich in diesem Kopf abgespielt haben muss: die schwere niederdrückende Last der Vergangenheit, der ungewohnte Wendepunkt seines Lebens und schließlich der erste neue Blick in die Zukunft, mit klaren Augen. Es handelt sich bei den Gesichtern immer um die derselben Person in unterschiedlichen Lebensaugenblicken. Wie ähnlich das Leben des Paulus doch dem Leben heutiger Menschen sein kann! Immer wieder geschieht eine Wandlung »vom Saulus zum Paulus«. Wenn sie auch nicht immer gelingt, so wird sie zumindest herbeigesehnt.

Die Geschichte »**Kopfhaut**« greift die Sehnsucht der Menschen nach Neubeginn und Versöhnung auf. Ein junger Mensch, der seinen Freund in einem Konflikt mit ausländerfeindlichen Jugendlichen im Stich lässt, bleibt rat- und hilflos, voller Schuldgefühle allein zurück. Er scheint mit seinem eigentlichen Wollen und seiner ursprünglichen Überzeugung aufgrund mangelnden Mutes gestürzt zu sein. Er sieht sein Bekenntnis zu dieser Freundschaft nur noch in einer starren, leblosen Maske. Es treibt ihn um; wie kann er seinem Freund wieder begegnen, ihm in die Augen blicken?

2. Einsatzmöglichkeiten im RU

Eine Bildkopie beschriften

- Sch erhalten eine Kopie der Radierung und ordnen darauf Denkblasen zu den drei verschiedenen Köpfen an. Der Inhalt der Denkblasen ergibt sich aus den Gedanken des Jugendlichen der Geschichte »Kopfhaut«, der seinen Freund im Stich gelassen hat.
- Sch zeichnen die Radierung nach rechts weiter und bringen dadurch die Zukunft des Jugendlichen aus der Geschichte, so wie sie sich diese vorstellen, mit ins Bild.

Schuld ist wie ...   IDEENSEITE (70)

- Sch formulieren in EA ein Gebet für einen Menschen, der in Schuld geraten ist. Das Bild von Thomas Zacharias kann mit den drei Orientierungspunkten »Sturz«, »Verwirrung« und »Zukunft« Richtschnur sein.

Einen Bezug zwischen Bild und Apg 9,1-9 herstellen

- Sch lesen die Bibelstelle und setzen sie in Bezug zur Radierung von Thomas Zacharias.
- Sch überlegen, ob sie selbst oder ihnen bekannte Personen schon einmal eine Wandlung »vom Saulus zum Paulus« gemacht haben, und kommen darüber ins Gespräch.
- Sch reflektieren, ob und inwieweit diese biblische Erzählung auch eine Hoffnungsgeschichte für die ausländerfeindlichen Jugendlichen aus »Kopfhaut« sein könnte, und begründen dies.
- Darüber hinaus notieren Sch in GA Verhaltensweisen, die eine Bekehrung solcher Jugendlicher auslösen oder unterstützen könnten.

Ein Trostlied kennenlernen

- Sch erhalten den Text des Liedes von Udo Jürgens »Wer nie verliert, hat den Sieg nicht verdient« und bearbeiten ihn. Der Text ist z. B. im Internet erhältlich.
- Sch setzen den Kehrvers des Liedes in Bezug zum Bild von Thomas Zacharias.
- Sch nehmen in einem kurzen Essay Stellung zu dem Satz: »Wer nicht verliert, hat den Sieg nicht verdient.«
- »Doch wer sich treu bleibt, hat nichts zu bereuen« – Um welche Treue zu sich selbst sollte es sich hierbei handeln, damit keine Reue notwendig ist?
- Sch finden einzelne Worte und Sätze heraus, die den Charakter des Liedes als »Trostlied« unterstreichen.

Soziale und strukturelle Sünde   Deuteseite II (75)

1. Hintergrund

Deuteseite II 74 greift durch einzelne Bilder und den Liedtext »Neue Brücken« konkrete Beispiele sozialer und struktureller Sünde in heutiger Zeit auf. Im erschließenden informativen Text werden die Auswirkungen und Verstrickungen sozialer und struktureller Sünde erläutert.

Soziale und strukturelle Sünde

Neben der Sünde des Subjekts kennt die christliche Tradition auch die Sünde als herrschende Macht. Da das menschliche Handeln die politische, soziale, wirtschaftliche Realität prägt, gibt es so etwas wie die soziale Konstruktion einer sündigen Wirklichkeit. Die Macht der Sünde betont z. B. die kirchliche Erbsündenlehre, die die radikale und universale Schuldverstrickung allen menschlichen Daseins erkennt, der sich kein Einzelner entziehen kann.

Die Kategorie der »sozialen Sünde« hat die Theologie der Befreiung entwickelt. In Anknüpfung an das Zweite Vatikanische Konzil (*Gaudium et Spes 25*) und vor dem Hintergrund der ungerechten Strukturen und der Armut großer Bevölkerungsgruppen in Lateinamerika spricht sie von einer »Objektivierung der Sünde im wirtschaftlichen, sozialen, politischen und ideologisch-kulturellen Bereich« (*Dokument von Puebla 1113*).

Gleichwohl kann nicht von einer Kollektivschuld gesprochen oder die Verantwortung der Person auf Strukturen verlagert werden. Die theologische Kategorie der Sünde betont immer auch die unverdiente Gnade Gottes, das Wirken des Heiligen Geistes und die Hoffnung auf Befreiung von der Sünde.

Literatur: Michael Sievernich, Art. Sünde/Soziale Sünde, in: Peter Eicher (Hg.), Neues Handbuch theologischer Grundbegriffe, Neuausgabe, München 2005, S. 203-207

Thomas Zacharias (*1930)
Information zum Künstler vgl. S. 108.

Thomas Zacharias: »Ich war krank«, 1993
Zu sehen ist die Hinterseite eines offensichtlich geschundenen nackten Männerkörpers, der durch die breiten, jedoch recht ausgemergelt wirkenden Schultern angedeutet wird. Auf den Rücken dieses Körpers sind in dünner, krakeliger Schrift Stichworte der Bibelstelle Mt 25,42f. vom Weltgericht notiert. Der helle, verletzte Körper ist von einer dunklen Schraffur umgeben, die fast mit den dunklen, längeren Haaren am oberen Bildrand verschwimmt.

In den Augen des Künstlers handelt es sich zweifelsohne um den Leidensmann Jesus, der sich so sehr mit den Folgen sündhaften Fehlverhaltens der Menschen identifiziert und sich mit den Opfern gleichsetzt. Er lässt sie in ihrem Leiden nicht alleine, sondern setzt sich diesem auf gleicher Ebene und mit aller Körperlichkeit (»mit Haut und Haaren«) aus.

2. Einsatzmöglichkeiten im RU

Unrecht überwinden
- Sch bearbeiten den Teufelskreis Armut auf **AB 10.4.1, Lehrerkommentar S. 111**, in GA und tragen die Ergebnisse der Klasse vor.

Ein Brückenbild beschriften   IDEENSEITE (70)
- Sch zeichnen auf ein DIN-A3-Blatt eine große Brücke, die die Ufer eines reißenden Flusses verbindet. In den Fluss schreiben sie die Stichwörter sozialer und struktureller Sünde, die sie in dem Liedtext und dem Bildmaterial auf *Deuteseite II* finden.
- Auf der Brücke notieren sie stichwortartig Möglichkeiten, diese Strukturen zu durchbrechen und Neuanfänge zu wagen.

Schuld hinterlässt Spuren   IDEENSEITE (71)
- Sch schreiben auf eine Kopie des Bildes von Thomas Zacharias aktuelle Beispiele sozialer und struktureller Sünde.
- Die Papiere werden nach der beschriebenen Bearbeitung als sichtbare Erinnerung neben dem Klassenkreuz aufgehängt.

Ein Mut-mach-Lied kennenlernen
- Sch lernen das Lied »Du kannst der erste Ton sein« **AB 10.4.2, Lehrerkommentar S. 113**, kennen und singen es gemeinsam.
- Sch gestalten die Bilder des Liedtextes auf einer langen Papierbahn und hängen diese als Wandfries im Klassenzimmer auf.
- Sch setzen das Lied in Beziehung zum Thema der sozialen und strukturellen Sünde.

Haus ohne Mitleid   Deuteseite III (76)(77)

1. Hintergrund

Die Geschichte »**Haus ohne Mitleid**« greift die fatale Erfahrung eines mit-leidenden Kaufmannes auf, der durch seine mildtätige Verhaltensweise, selbst unschuldig, in die Mühlen der Justiz gerät, ins Gefängnis kommt und schließlich verbittert und enttäuscht stirbt. Er wollte die Schuld, die ein anderer Mensch verursacht hat, durch seine Barmherzigkeit schmälern, indem er die Witwe und ihre Kinder finanziell unterstützte. Nur allzu menschlich ist seine Enttäuschung, nachdem er durch seine Taten die unberechtigte Aufmerksamkeit durch die Justiz auf sich gezogen hatte.

Das Verhalten des Kaufmanns ist bis zu einem gewissen Punkt parallel zu Jesu Verhalten dargestellt. Jesus hält an seiner Liebe zu den Menschen aber trotz aller Enttäuschungen fest, wenngleich auch er »zweifelnde und schwere Stunden« erlebte. Der Kaufmann verzweifelt jedoch angesichts des Leids, das ihm angetan wurde, und wendet sich von den Menschen ab.

Paul Klee (1879-1940)
Paul Klee wurde in Münchenbuchsee bei Bern geboren und starb in Locarno-Muralto. Ab 1900 studierte er an der Kunstakademie in München. Bei einer Reise nach Paris lernte er die Arbeiten von Georges Braque (1882-1963), Pablo Picasso (1881-1973) und Robert Delaunay (1885-1941) kennen. 1920 wurde er durch Walter Gropius an das staatliche Bauhaus in Weimar berufen, wo er seine Arbeit als Teil eines pädagogischen und gemeinschaftsbildenden Zukunftsprojektes sah.
Zwischen 1931 und 1933 hatte er eine Professur an der Akademie der Bildenden Künste in Düsseldorf inne. Nach der Machtergreifung durch die Nationalsozialisten kehrte er 1933 in die Schweiz zurück. Seine Werke wurden durch die Ausstellung »Entartete Kunst« 1937 in München geächtet. In seinen weiteren Schaffensperioden beschäftigte er sich mit der elementaren Neugestaltung des Verhältnisses von Linie und Fläche und erreichte damit lyrische und fantastische Ausdrucksformen.

Der Teufelskreis der Armut

Armut in Entwicklungsländern hat verschiedene Ursachen. Diese können sich gegenseitig jedoch derart negativ verstärken, dass sich daraus ein sogenannter »Teufelskreis der Armut« entwickelt.

- *Bringen Sie die folgenden Begriffe in die richtige Reihenfolge und stellen Sie anschließend den »Teufelskreis der Armut« dar.*

mangelhafte Ernährung   kaum Arbeit   geringes Einkommen   Krankheit

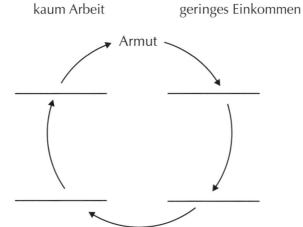

Der Teufelskreis lässt sich jedoch durchbrechen, wenn es gelingt, mindestens einen der oben genannten Faktoren positiv zu verändern. Dazu ist auch die Hilfe der reichen Industrienationen notwendig.

- *Überlegen Sie, an welchen Stellen im Kreis sinnvolle Entwicklungshilfe ansetzen könnte, und begründen Sie Ihre Meinung.*

Hilfe zur Selbsthilfe

Allein in Afrika brauchen die Menschen in 44 Ländern Hilfe gegen den Hunger. Diese darf sich aber nicht auf Lebensmittellieferungen o. Ä. beschränken, denn dadurch würden die Menschen lebenslang zu Almosenempfängern gemacht. Hilfe ist auf Dauer nur sinnvoll, wenn die betroffenen Menschen lernen, sich selbst zu helfen. In der Entwicklungspolitik ist dieses Prinzip als »Hilfe zur Selbsthilfe« bekannt. Selbsthilfeprojekte werden unter anderem von Organisationen wie missio, Misereor, Brot für die Welt unterstützt.
»Intelligente Hungerhilfe« kann z. B. so aussehen: Afrikanische Frauen lernen in Nähkursen, Kleidung nicht nur für den eigenen Bedarf, sondern darüber hinaus zum Verkauf herzustellen und so eigenes Einkommen zu sichern. Quellwasser wird eingefasst und gesichert, damit es nicht durch Tiere verunreinigt werden kann und Krankheiten verursacht usw.
Ein besonderes Problem stellen Schutzzölle und fallende Weltmarktpreise aufgrund der weltweiten Überproduktion dar: Kaffee, Kakao, Bananen und zahlreiche andere Produkte werden zu immer geringeren Preisen gehandelt; die Einkommen der Bauern und Landarbeiter und -arbeiterinnen in den Entwicklungsländern werden immer geringer. Im Eine-Welt-Laden, aber auch in den entsprechenden Abteilungen der Supermärkte können Produkte aus Entwicklungsländern zu einem fairen Preis gekauft werden. Die Produzenten der sogenannten »fair gehandelten« Produkte erhalten einen angemessenen Anteil des Kaufpreises, der deutlich über den Weltmarktpreisen liegt. So können die Kleinbauern ihre Lebensumstände sichern und verbessern. Fair gehandelte Produkte sind z. B. am »TransFair-Siegel« zu erkennen.

- *Erklären Sie, wie »intelligente Hungerhilfe« funktioniert und die strukturelle Sünde bekämpft werden kann.*
- *Wie können Sie selbst solche Projekte unterstützen oder sogar initiieren?*

Paul Klee: »Agnus dei qui tollis peccata mundi«, 1918

Das Bild ist als Folie 36 in der Mappe *Kunststücke 8, 9, 10* enthalten, vgl. S. 152.

Im Jahre 1918 malte Klee drei Aquarelle, die sich auf unterschiedliche Weise mit dem christlichen Glauben auseinandersetzen. Das vorliegende Bild ist das erste dieser Reihe und zeigt eine Figur aus schwarzen Federstrichen, auf deren Kopf eine wuchernde Konstruktion aus geometrischen Formen und Strichmännchen balanciert.

Den Abschluss der scheinbar ungeordneten Struktur zum oberen Bildrand hin bildet das Zitat aus der Abendmahlsliturgie »Agnus dei qui tollis peccata mundi« (Lamm Gottes, das du trägst die Sünde der Welt), das gleichzeitig der Titel des Aquarells ist. Der abschließende Bittruf »Miserere nobis« (»Erbarme dich unser«) fehlt jedoch. Die Schrift ist durch Schraffuren zum großen Teil unleserlich gemacht, nur die Worte »peccata mundi« sind deutlich zu lesen.

Die mit Feder und Tusche gezeichnete Komposition steht vor einem Hintergrund in den Farben Ocker, gebrochenes Weiß, Grün, Violett, Türkis, Orange, Gelb und Rot, die in Aquarelltechnik aufgetragen wurden und gleichzeitig durchscheinend und gedämpft wirken. Die Hände der Figur in der unteren Bildhälfte sind mit einem rötlichen Ton leicht übermalt, ansonsten steht sie bis etwa zur Körpermitte auf dem ockerfarbenen Grund, der z. B. den »Boden der Tatsachen«, die menschliche Realität o. Ä. symbolisieren könnte.

Die Figur, bei der offenbleibt, ob es sich um einen Mann oder eine Frau handelt, steht fest da, die Augen geschlossen, auf dem Gesicht einen Ausdruck von stillem Leiden. Die Geste der Hände signalisiert gleichzeitig Hilflosigkeit und Aufnahmebereitschaft.

Dem Kopf der Figur, der in den farbigen Bereich des Bildes hineinragt, entspringt eine Strichkonstruktion, die weitere Strichmännchen mit ernsten und z. T. finsteren Gesichtern enthält. Sie sind miteinander durch zahllose Diagonalen, Kreuze, Geraden verbunden, sitzen wie abwartend da, blicken die betrachtende Person direkt an und machen den Eindruck, in einem Netz gefangen zu sein. Oberhalb dieser Szene und etwa in der Mitte des Bildes verläuft eine gedachte waagrechte Linie, die das Bild in zwei Bereiche aufteilt. Unterlegt mit einem intensiveren gelblichen Farbton thront über den anderen Figuren und abgetrennt durch dichte, ringförmig angeordnete Quadrat- und Kreuzgebilde eine sechste Figur wie allmächtig über allem. Ihre Füße ruhen auf einer Kreisform, die möglicherweise die Erde symbolisiert. Neben dieser Figur ist ein dreizackiges szepterähnliches Gebilde zu sehen – eine Anspielung auf die Dreifaltigkeit? Die Figur, die dort abgeschirmt in einer eigenen Sphäre sitzt, hat keine Verbindung zum unteren Bildbereich. Die Darstellung erinnert an das Motiv des Weltenrichters.

Klee greift in diesem Werk dieses und das dazugehörige Motiv vom erlösenden »Lamm Gottes« (Joh 1,29) auf, die in der christlichen Kunst oft dargestellt wurden. Besonders scheint ihn dabei ein Holzschnitt Albrecht Dürers mit dem Titel »Die vierundzwanzig Ältesten vor dem Thron« aus dem Zyklus »Die Apokalypse des Johannes« inspiriert zu haben. Er greift den Aufbau des Holzschnittes auf, löst jedoch die bei Dürer noch fest gefügte Ordnung zugunsten einer formalisierten und pessimistischeren Interpretation des »Agnus dei«-Motivs auf.

Die Sphäre der Erlösung ist in Klees Gestaltung weit weg und unzugänglich. Der Mensch, der schwere Schuld auf sich geladen hat, steht allein, ist der »Leidtragende«, trägt buchstäblich die gesamte Last der Konstruktion. Doch hat er gleichwohl die Hoffnung auf Erbarmen, darauf, dass die erlösende Botschaft Jesu auch ihn erreiche. In der roten Farbe besteht eine Verbindung zwischen den Händen der menschlichen Figur und dem göttlichen Bereich, dem Lamm Gottes, d. h. zwischen Christus dem Erlöser und dem schuldbeladenen Menschen.

2. Einsatzmöglichkeiten im RU

Die Geschichte »Haus ohne Mitleid« bearbeiten
- Sch schreiben den Schluss der Geschichte um, damit sie ein »gerechtes Ende« nimmt, und stellen die verschiedenen Texte in der Klasse vor.

Verhaltensweisen vergleichen
- L konfrontiert Sch mit der Bibelstelle Lk 23,34a »Vater vergib ihnen, denn sie wissen nicht, was sie tun«.
- Sch betrachten anschließend noch einmal das Verhalten des Kaufmannes in der Geschichte *Deuteseite III 76* nach seiner Entlassung und überlegen, welche Möglichkeiten sich für ihn ergeben hätten, wenn er sich nach diesem Spruch Jesu verhalten hätte.

Fragen und Antworten zum Bild
- Sch betrachten das Bild von *Deuteseite III 77* und notieren auf kleinen Kärtchen Fragen an das Bild.
- Die Kärtchen werden eingesammelt und auf ein Plakat geheftet, sodass sie für alle Sch lesbar sind.
- Anschließend formulieren Sch mögliche Antworten und schreiben diese jeweils zu den Fragen auf das Plakat.
- Zum Schluss wählt die Klasse die interessantesten Fragen aus und diskutiert die Antworten, die auf dem Plakat stehen.

Du kannst der erste Ton in einem Liede sein

T: Christa Peikert-Flaspöhler/M: Reinhard Horn
© Kontakte Musikverlag, Lippstadt

1. Du kannst der erste Ton in einem Liede sein, das alle Grenzen selbst vergessen macht. Fürchte dich nicht. Fürchte dich nicht. Auch wenn der Ton ein Hauch ist. Fürchte dich nicht.

2. Du kannst der erste Funke in einem Feuer sein,
   das alle Waffen für die Pflüge schmilzt.
   Fürchte dich nicht. Fürchte dich nicht.
   Auch wenn der Gegenwind peitscht. Fürchte dich nicht.

3. Du kannst das erste Korn in einem Felde sein,
   das alle Hände füllen wird mit Brot.
   Fürchte dich nicht. Fürchte dich nicht.
   Auch wenn der Acker Steine trägt. Fürchte dich nicht.

4. Du kannst der erste Tropfen für eine Quelle sein,
   die in der Wüste Lebenslieder singt.
   Fürchte dich nicht. Fürchte dich nicht.
   Auch wenn die Wolke noch schweigt. Fürchte dich nicht.

5. Du kannst der erste Schritt zu einem Tanze sein,
   der alle Füße trägt vor unseren Gott.
   Fürchte dich nicht. Fürchte dich nicht.
   Auch wenn dein Fuß noch strauchelt. Fürchte dich nicht.

Eine Fantasiegeschichte schreiben
- L zeigt Folie 36; Sch schreiben eine Fantasiegeschichte zum Bild von Paul Klee. Dabei versuchen sie zu erläutern, was in den einzelnen Personen vorgeht, was sie im Gleichgewicht hält und welchen Gefahren sie ausgesetzt sind.
- Wer möchte, stellt die eigene Geschichte der Klasse vor.

Schuld und Erlösung IDEENSEITE
- Sch besprechen verschiedene Beispiele von Schuldverstrickung im Alltag. Welche Möglichkeiten finden sie, damit umzugehen?
- Anschließend überlegen Sch, welche (Er-)Lösung von Schuld Paul Klee in seinem Werk nahelegt.

Jesus und die Sünderin   Deuteseite IV (78) (79)

1. Hintergrund

Außer den Berufungs- und Heilungsgeschichten sind drei Erzählungen bekannt, in denen Jesus Sündern bzw. Sünderinnen begegnet: die Geschichte von Zachäus, der weinenden Sünderin und der Ehebrecherin. Albert Höfer betont die Tatsache, dass Jesus in keiner dieser Begegnungen einen Vorwurf an die entsprechende Person richtet, sie nicht zu einem Geständnis ihrer Schuld zwingt, sondern sie vielmehr vor der Menge in Schutz nimmt (vgl. Albert Höfer, Gottes Wege mit den Menschen. Ein gestaltpädagogisches Bibelwerkbuch, München 1993).

In der Erzählung Jesus und die Ehebrecherin (Joh 8,1-11) machen die Schriftgelehrten die Situation für Jesus zur Falle: Bleibt er bei seiner Frohbotschaft, verletzt er das geltende jüdische Gesetz. Stimmt er jedoch der üblichen Auslegung zu, verleugnet er seine eigene Botschaft. Jesus wählt einen anderen Weg: Er entzieht sich der Vorwurfssituation grundsätzlich. Ihm geht es nicht darum, Schuld aufzurechnen oder zuzuschreiben. Jesus begibt sich auf eine andere Ebene, auf die Ebene der Gnade. Der Ausspruch Jesu »Wer von euch ohne Sünde ist, der werfe den ersten Stein« macht sowohl die Umstehenden in der Erzählung wie auch die Leserinnen und Leser darauf aufmerksam, dass alle des Erbarmens Gottes bedürfen. Jesus stellt nicht die Frage nach der Schuld, sondern nach der Möglichkeit des Verzeihens. Damit hilft er sowohl den Männern des Rechts und der Theologie, die Ebene des Beschuldigens zu verlassen, um nach der eigenen Begnadigung Ausschau zu halten, als auch der Frau, die er vor dem Tod durch Steinigung rettet und zur Selbstreflexion veranlasst. Im übertragenen Sinn erlöst Jesus durch sein Verhalten auch die Gemeinschaft der Kirche vor dem Klima wechselseitiger Schuldzuweisung. Neben der **erweiterten Erzählung** von Joh 8,1-11 auf *Deuteseite 78*, die fiktiv aus der Perspektive der Frau geschrieben ist, greift diese Doppelseite den biblischen Text auch durch den prägnanten Holzschnitt von Sr. Sigmunda May auf.

Sigmunda May (*1937)
Sigmunda May wurde 1937 in Dalkingen, Kreis Aalen, geboren. 1958 trat sie in die Kongregation der Franziskanerinnen von Sießen ein, absolvierte in den folgenden Jahren ihre Examen in Geografie und Kunsterziehung und war von 1969 bis 2002 als Kunsterzieherin am Mädchengymnasium St. Agnes in Stuttgart tätig. Seitdem arbeitet sie als freischaffende Künstlerin im Kloster Sießen. Durch ihre großformatigen, eindrucksvollen Holzschnitte ist sie vielen bekannt geworden.

Sigmunda May: »Christus und die Sünderin«, o. J.
Während die umherstehende Menge mit ihren Fingern auf die vermeintliche Sünderin zeigt, hat diese ihren Blick ganz auf Jesus gewendet, der vor ihr kniet, sich nicht auch noch über sie erhebt, sondern mit dem Finger im Sand schreibt. Jesus wird in dieser Szene als die Person dargestellt, die sich am kleinsten macht, obwohl sie, wenn sie zu voller Größe aufstehen würde, die anderen überragte.

2. Einsatzmöglichkeiten im RU

Die Geschichte nachspielen
- Sch erhalten **AB 10.4.3, Lehrerkommentar S. 115**, und spielen nach der Anleitung in GA die biblische Geschichte von Joh 8,1-11 nach.
- *Alternativ* kann L mit den Papierschnipseln von AB 10.4.3 die Geschichte am OHP für die ganze Klasse darstellen.
- Sch überlegen und besprechen in GA, wie es Jesus gelungen ist, die Menschenmenge von ihrer ursprünglich beabsichtigten Gewalttat abzuhalten.

Die Geschichte aus der Perspektive Jesu schreiben
- Sch lesen den Text auf *Deuteseite 72* und machen sich mit der Perspektive der Frau vertraut. Im Internet, in Schulbüchern usw. informieren sie sich über die Stellung der Frau zur Zeit Jesu.

Jesus und die Ehebrecherin

- *Lesen Sie den biblischen Text Joh 8,1-11.*
- *Stellen Sie bunte Papierschnipsel für verschiedene Personen dieser Geschichte her. Spielen Sie dann in kleinen Gruppen die einzelnen Abschnitte der Geschichte nach.*
- *Schieben Sie dabei die Papierschnipsel hin und her, wie es im unteren Beispiel angedeutet ist.*

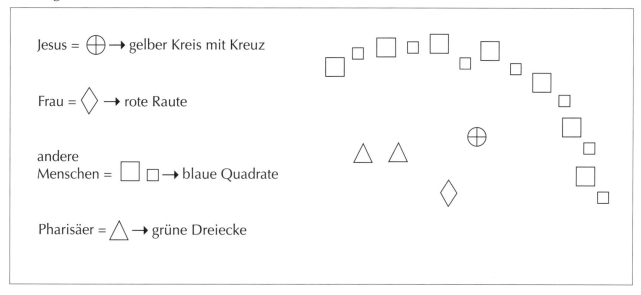

- *Überlegen Sie in Ihrer Gruppe, wer in dieser Geschichte ertappt worden ist.*
- *Erklären Sie, warum der Satz »Geh und sündige von jetzt an nicht mehr!« nicht fehlen darf.*

Weil du »Ja« zu mir sagst

T: Christine Heuser/M: Oskar Gottlieb Blarr
© Gustav Bosse Verlag, Kassel

1. Weil du »Ja« zu mir sagst und mich nicht nach gestern fragst, weil du »Ja« zu mir sagst: darum fang ich wieder an.

2. Hast mich hierhergestellt,
   du, du weißt, wie schwer mir's fällt,
   hast mich hierhergestellt:
   darum fang ich wieder an.

3. Weil du selbst mich bewachst,
   über Wichtigtuer lachst,
   weil du selbst mich bewachst:
   darum fang ich wieder an.

4. Ist mein Widerstand auch groß,
   komm ich doch nicht von dir los,
   komm ich doch nicht von dir los:
   darum fang ich wieder an.

- In einem nächsten Schritt schreiben Sch die Erzählung aus der Perspektive Jesu. Was geht ihm wohl zu den gesellschaftlichen und religiösen Verhältnissen seiner Zeit durch den Kopf?

Lied »Weil du Ja zu mir sagst«
- Sch lesen zunächst in Stille die Strophen des Liedes »Weil du Ja zu mir sagst« auf **AB 10.4.4, Lehrerkommentar S. 115**, durch.

- Sch erweitern den Text Joh 8,1-11, indem sie am Schluss der Sünderin den Liedtext in den Mund legen.
- Anschließend singt die Klasse dieses Lied gemeinsam.

Unverdiente Versöhnung

Deuteseite V

1. Hintergrund

Diese Seite bietet mit ihren zwei künstlerischen Gestaltungen unterschiedlicher Art und zugehörigen Texten breite Möglichkeiten, sich mit dem Thema der »unverdienten« oder »geschenkten« Versöhnung auseinanderzusetzen.

Charles Ray (*1953)
Der Künstler lebt in Los Angeles und arbeitet bevorzugt in den Bereichen Multimedia, Objektkunst, Film und Fotografie.

Charles Ray: »Puzzle-Bottle«, 1995
Das Bild zeigt einen in einer geschlossenen Glasflasche stehenden jungen Mann mit Brille, Hemd und Jeanshose, der einen gelähmten, traurigen, betroffenen oder auch schockierten Eindruck auf den Betrachter macht. Er scheint noch genügend Sauerstoff zum Atmen zur Verfügung zu haben; wie lange er allerdings aufgrund des geschlossenen Korkens ausreichen wird, ist ungewiss. Der junge Mann ist gefangen in seiner Umgebung, es ist nicht klar, wie er in diese Bedrängnis geraten ist.

Das **Lied »Großvater«** der österreichischen Musikgruppe STS handelt von einem jungen Mann und dessen guter Beziehung zu seinem verstorbenen Großvater, die der junge Mann jedoch mit einer Lüge aufs Spiel gesetzt hat. Der Großvater verzieh ihm gegen alle Vernunft, und der junge Mann möchte nun nach dem Tod des Großvaters gerne noch einmal mit ihm reden, um ihm seine Dankbarkeit auszudrücken und ihm zu sagen, dass er erst jetzt vieles im Leben verstehen und einordnen kann.
Sowohl die Skulptur als auch der Text regen Sch an, sich mit eigenen Schuldsituationen und deren Wiedergutmachung zu beschäftigen.

Roland Peter Litzenburger (1917-1987)
Litzenburger wurde 1917 in Ludwigshafen am Rhein geboren. Er legte 1939 sein Abitur in Kloster Ettal ab und studierte in den folgenden Jahren Architektur, Kunsterziehung und Kunstgeschichte. In diesen Jahren und ab 1952 war er primär als Maler und Bildhauer tätig. Er starb am 24. Dezember 1987 in Markdorf-Leimbach am Bodensee.

Roland Peter Litzenburger: »Der barmherzige Vater«, 1977
Die Kugelschreiber-Zeichnung von Litzenburger zeigt zwei Personen, die eng umschlungen ihre Gesichter einander zuneigen und dadurch fast einen Kreis oder sogar eine Herzform bilden. Die linke Person kniet und dreht ihren Kopf von unten nach oben der anderen Person entgegen. Die rechte Person scheint die kniende aufrichten und gleichzeitig schützen zu wollen, während sie diese fest umschlingt und anblickt.

Der Zeichnung ist auf *Deuteseite V* **81** ein verfremdetes **Gedicht** zum Gleichnis vom barmherzigen Vater (Lk 15,11-32) zugeordnet, das aus der Perspektive des reuigen Sohnes geschrieben ist. Dieser wundert sich über die unbegreifliche und über alles menschliche Maß gehende verzeihende Liebe seines Vaters.

2. Einsatzmöglichkeiten im RU

Sich in Bilder einfühlen
- Sch erhalten **AB 10.4.5, Lehrerkommentar S. 117**, und schreiben zunächst in die Gedankenblasen um die Flasche herum Gedanken des jungen Mannes aus dem Lied »Großvater«.
- Sch fügen weitere Gedankenblasen hinzu und beschriften diese mit Gedanken oder malen Symbole zu selbst erlebten Situationen, in denen sie durch ihr Verhalten schuldig geworden sind.

Einfühlbilder

- In einem nächsten Schritt betrachten sie das Bild von Roland Peter Litzenburger und schreiben in die dazugehörigen Sprechblasen mögliche Aussagen des Vaters und des Sohnes aus dem Gleichnis vom barmherzigen Vater (Lk 15,11-32).
- Auch hier können Sch weitere Sprechblasen hinzufügen und mit selbst erlebten Dialogen aus einem Versöhnungsgespräch beschriften.

Hundert weiße Bänder
- Sch erhalten **AB 10.4.6, Lehrerkommentar S. 119**. Ein Sch liest den Text »Hundert weiße Bänder« laut vor.
- Sch überlegen, welche Verbindung zwischen den hundert weißen Bändern in der Geschichte und der Überschrift »Unverdiente Versöhnung?« besteht.

Das Gleichnis vom barmherzigen Vater anders erzählt
Dieser Text beinhaltet eine Umkehrung der Vergebungssituation zwischen Kindern und ihrem Vater.
- Sch lesen den Text »Die Heimkehr« auf **AB 10.4.7, Lehrerkommentar S. 120**, und lassen ihn auf sich wirken.
- Sie schreiben die Geschichte weiter, indem sie am Abend auch den älteren Sohn von der Arbeit nach Hause kommen lassen.

Wer hilft mir? — Deuteseite VI (82) (83)

1. Hintergrund

Unter dieser Überschrift sind zwei Texte und ein Bild vorzufinden, die inhaltlich miteinander verwoben sind. Auf *Deuteseite VI* 82 zeigt das Bild eines **Beichtstuhles** vor dem Hintergrund einer Seite aus dem Telefonbuch mit Adressen von Psychologen und Psychotherapeuten, welche Möglichkeiten wir heute im Umgang mit Schuldgefühlen und Schuld haben. Es gibt einige wichtige Überschneidungs- und Ergänzungspunkte zwischen Psychotherapie und Theologie, die es durchaus zum Wohle der Menschen zu nutzen gilt. Zwei wesentliche Elemente bestehen in der Aussprache und Annahme von Schuld. Im Gegensatz zur psychotherapeutischen Sitzung sind ein Beichtgespräch und die über die menschliche Vergebung hinausgehende Wirkung der göttlichen Liebe »kostenlos« und nicht an finanzielle Interessen gebunden.
Literatur: Thomas Haenel, Keine Angst vor der Couch. Warum Religion Psychotherapie verträgt, München 2005

Im Text »**Zwei Ichs**« von Petrus Ceelen geht es um zwiespältige Gefühle eines Menschen gegenüber dem Guten, der Gemeinschaft, dem eigenen Selbstwertgefühl und dem Glauben. Das Gedicht greift die paulinische Erkenntnis aus Röm 7,19 auf: »Ich tue nicht das Gute, das ich will, sondern das Böse, das ich nicht will.«

Auf *Deuteseite VI* 83 geht Kurt Marti mit seinem Gedicht »**wenn die bücher aufgetan werden**« gegen Vorurteile bzgl. des »Gottesgerichtes« und im weiteren Sinne auch gegenüber der Beichte vor, indem er nicht einzeln aufzuzählende Sünden, sondern die mangelnde Lebendigkeit der Menschen als »Hauptverfehlung« anklagt.

Deuteseite VI will auf neue Weise mit dem Thema »Schuld und Sündenvergebung« umgehen und den Jugendlichen dadurch neue Zugänge ermöglichen.
Wenn in der Theologie von »Schuld und Sünde« die Rede ist, darf nicht vergessen werden, dass die wichtigsten Begriffe das Heil und die Erlösung sind. So unverständlich es zunächst auch klingen mag, aber die Aussage, dass es Schuld und Sünde im Leben eines Menschen gibt, gehört zu den humansten Aussagen des Christentums, da mit diesen Begriffen im menschlichen Leben immer auch Begegnung, Liebe, Verantwortung und Entscheidung verbunden sind. Sünde und Schuld gehören zum Leben. Der allzeit verzeihende und liebende Gott begegnet den Menschen dennoch und nimmt sie bedingungslos an mit all ihren Fehlern und Schwächen. Dabei möchte Gott den Menschen gerade aus der Unfreiheit und Unheilssituation, die ihn traurig und unglücklich machen, befreien und ihn heilen, d. h. »ganz« machen.

2. Einsatzmöglichkeiten im RU

Das Lied »Help« von den Beatles
- Sch hören sich das Lied an und versuchen es frei zu übersetzen.
- Anschließend erhalten sie **AB 10.4.8, Lehrerkommentar S. 121**, mit dem englischen Text und der Übersetzung und finden die Hauptaussagen heraus.
- Sch überlegen und sammeln, warum Jugendliche heute »help!« schreien könnten.
- Ein Hilfeschrei ist der erste Schritt zur Verbesserung einer Situation. Sch erinnern sich an Situationen in ihrem Leben, in denen sie um Hilfe gerufen haben. Was geschah danach? In GA tauschen sich Sch über ihre Erfahrungen aus.

Hundert weiße Bänder

Zwei Stunden Bahnfahrt – das ist eine lange Zeit. Zeit genug jedenfalls, um im Abteil miteinander ins Gespräch zu kommen, gerade wenn es draußen kühl und unfreundlich ist. Und außerdem hatten verschiedene Reisende das gleiche Ziel: einen kleinen Kurort, dessen Bahnhof weit draußen lag.

»Da hab ich manchmal schon Probleme mit meinem Gepäck gehabt«, erzählte eine ältere Dame. Und dann sagte sie zu einem Mitreisenden, der bisher recht schweigsam war: »Sie haben es gut, junger Mann. Wer so wenig Gepäck hat, hat auch wenig zu tragen.«

»Wenig Gepäck – da haben Sie recht«, gab der Angesprochene zurück, »aber mit dem Tragen nicht.« Und als er die fragenden Blicke der anderen sah, setzte er zögernd hinzu: »Wer aus dem Gefängnis kommt, hat wenig Gepäck – und doch viel zu tragen.«

Und weil er nun schon einmal angefangen hatte, erzählte er von dem Banküberfall damals in der Kreisstadt. Sein eigener Bruder war zufällig in der Sparkasse gewesen und verletzt worden. Das Urteil: sechs Jahre Gefängnis. Wegen guter Führung wurde er vorzeitig entlassen – heute. Nun war er auf dem Weg nach Hause.

Lange hatte er gezögert, ob er zurückkehren sollte. Die Ereignisse damals, die Zeitungsberichte, das Aufsehen, das hatte die Familie zutiefst getroffen. Nie hatten sie ihn im Gefängnis besucht. Wenn er nach Hause käme – würden die alten Wunden nicht wieder aufreißen? Würden sie ihn überhaupt wieder aufnehmen bei sich?

Schließlich hatte er einen Brief an seine Eltern und Geschwister geschrieben. Den möchten sie lesen, wenn alle am Tisch zusammen wären. Im Brief hatte er sie um Vergebung gebeten und ihnen den Tag der Entlassung mitgeteilt und den Zug, den er nehmen wollte. Und er bat sie um ein Zeichen. Der Zug führe ja nahe bei ihrem Haus vorbei. Wenn er ein weißes Band im Apfelbaum sähe, dann wüsste er, dass er nach Haus kommen könne. Wenn nicht, dann werde er im Zug bleiben und weiterfahren, um in der Großstadt, weit genug weg, neu zu beginnen.

Im Zugabteil wurde es still, als der Zug auf den Kurort zufuhr. Kaum wagten die Reisenden einen Blick aus dem Fenster. Was wäre, wenn ... Aber dann hatte ihn einer, dann hatten ihn alle entdeckt: den Apfelbaum und sicher hundert weiße Bänder in ihm.

Nach John Kord Lagemann

Die Heimkehr

Lk 15,11–32 anders erzählt

Da war ein Mann, der hatte zwei Söhne. Vor allem hatte er seinen Beruf und in dem ging er auf. Er wollte es zu etwas bringen und er war viel unterwegs. So kam es, dass er die Erziehung seiner Kinder immer mehr seiner Frau überließ und immer weniger Zeit und auch Lust verspürte, sich seiner Familie zu widmen. Wenn er von der Arbeit nach Hause kam, war er müde und bedurfte der Ruhe und die Interessen und Fragen seiner Frau und seiner Söhne wurden ihm lästig.

So kam es, dass er sich der Familie allmählich entfremdete. Auch mit seiner Ehe stand es bald nicht mehr zum Besten. Immer seltener kam er nach Hause. Er nahm sich ein Zimmer in der Stadt und eines Tages kam die Frau dahinter, dass ihr Mann mit einer anderen Frau zusammenlebte. Doch eine Scheidung, wie sie vorschlug, lehnte er ab. Die Söhne verachteten den Mann, der ihr Vater war und mit dem sie nichts mehr verband.

Eines Tages kam die Nachricht, der Vater habe sich im Geschäft gewisser Unterschlagungen schuldig gemacht und sei zu einer Gefängnisstrafe verurteilt worden.

***

Die Mutter fuhr in die Stadt, um ihn zu besuchen. Die Söhne jedoch lehnten es ab, sie dorthin zu begleiten: Der ist für uns gestorben, sagten sie, mit dem haben wir nichts mehr zu tun!

So verging die Zeit, ein Jahr ging vorüber. Und dann stand eines Tages der Vater vor der Tür. Er sah schlecht aus und wagte kaum ein Wort zu sagen.

***

Aber die Mutter umarmte ihn voller Liebe, legte ihm neue Kleider zurecht und ging in ihrer Freude daran, ein festliches Mahl zu bereiten.

Als der jüngere Sohn von der Schule kam, verschlug es ihm fast die Sprache. Aber als er sah, wie glücklich die Mutter war und wie verlegen der Vater, setzte er sich doch mit an den Tisch. Nachher stand er allein dem Vater gegenüber. Und der sagte schließlich: »Ich weiß, ich bin nicht mehr wert, mich deinen Vater zu nennen und überhaupt, hier bei euch zu sein. Eine Frau wie deine Mutter habe ich nicht verdient.« Und er begann zu weinen.

Da fiel ihm sein Sohn um den Hals und sagte: »Vater, für mich warst du tot, ein fremder Mann – aber jetzt habe ich das Gefühl, dass du lebst, dass es dich gibt.« Und sie weinten beide.

Lothar Zenetti

Help

Help!
Help, I need somebody,
Help, not just anybody,
Help, you know I need someone,
Help!

When I was younger, so much younger than today,
I never needed anybody's help in any way.
But now these days are gone, I'm not so self assured,
Now I find I've changed my mind
and opened up the doors.

Ref.
Help me if you can, I'm feeling down
And I do appreciate you being round.
Help me, get my feet back on the ground,
Won't you please, please help me!

And now my life has changed in oh so many ways,
My independence seems to vanish in the haze.
But every now and then I feel so insecure,
I know that I just need you like I've never done before.

Ref. Help me ...

When I was younger ...

Ref. Help me ...

Help!

John Lennon/Paul McCartney

Hilfe!
Hilfe, ich brauche jemanden,
Hilfe, nicht irgendjemanden,
Hilfe, weißt du, ich brauche jemanden,
Hilfe!

Als ich jünger war, so viel jünger als heute,
brauchte ich niemals Hilfe von irgendjemand.
Aber nun sind diese Tage vorüber,
ich bin nicht mehr so selbstsicher,
nun stelle ich fest, dass ich meine Meinung geändert
und meine Türen geöffnet habe.

Ref.
Hilf mir, wenn du kannst,
ich fühle mich niedergeschlagen
und ich würde es wirklich schätzen,
wenn du hier wärst.
Hilf mir, wieder Boden unter die Füße zu bekommen,
bitte, bitte hilf mir!

Mein Leben hat sich so unheimlich stark verändert,
meine Unabhängigkeit scheint sich in Nichts aufzulösen.
Immer wieder fühle ich mich so unsicher.
Ich weiß, dass ich dich gerade jetzt brauche wie nie zuvor.

Ref. Hilf mir ...

Als ich jünger war ...

Ref. Hilf mir ...

Hilfe!

Umgang mit Schuld   IDEENSEITE (70)

- Sch erläutern nach der Erarbeitung der Lexikonbeiträge »Schuld«, »Psychotherapie«, »Beichte« die Möglichkeiten der Psychotherapie und der Religion, mit Schuld umzugehen.
- Sch illustrieren diese Möglichkeiten mit eigenen Bildern.

Lebendigkeit ist für mich ...

- Sch notieren im Rahmen eines Brainstormings eigene Beschreibungen zum Begriff »Lebendigkeit« auf einem Plakat.
- Anschließend schreiben sie mit einer anderen Farbe Fragen oder Anmerkungen unter die Aussagen der Mit-Sch.

Gute und schlechte Eigenschaften benennen

- Sch lesen **AB 10.4.9, Lehrerkommentar S. 123**, und markieren die für sie wichtigsten Eigenschaften, die der »Lebendigkeit« im Sinne von Kurt Martis Gedicht dienen können.
- Anschließend kommen Sch über die unterschiedlichen Bewertungen der Eigenschaften ins Gespräch und versuchen, auch die Fragezeichen hinter einigen Wörtern der Liste zu klären.

Den Text »Dein Leben« fortschreiben

- Sch lesen in Ruhe oder mit leiser Musik im Hintergrund den Text von Ulrich Schaffer auf **AB 10.4.10, Lehrerkommentar S. 125**, und ergänzen einen eigenen vierten Absatz.
- Sch lesen bei Joh 10,10 nach und setzen den Bibelvers zum Text von Ulrich Schaffer in Bezug.

Verschiedene Schritte der Versöhnung   Infoseite I (84)(85)

1. Hintergrund

Im Zeitalter des »coolen« Verhaltens, in dem auch Verletzungen »locker« wegzustecken sind, ist es schwer, auf Menschen zu treffen, die sich trauen, auch ihre Verletzlichkeit offen zu zeigen. Wie wichtig jedoch Emotionen und damit zusammenhängend auch die Reue für die Bußerziehung sind, wird bei den verschiedenen Schritten der Versöhnung deutlich. In diesem Zusammenhang erleben Jugendliche in der heutigen Gesellschaft häufig sogenannte »Wegerklärungen« der Schuld, die aus der Angst heraus geboren sind, sich intensiver mit schuldhaftem Verhalten zu beschäftigen. Umso wichtiger ist es, sich mit dem Thema »Schuld« und dem richtigen Umgang mit Schuld im RU zu beschäftigen. Jugendliche plagen sich durchaus mit schuldhaften Situationen im Alltag herum und fühlen sich bei deren Verarbeitung nicht selten allein gelassen.

Die auf *Infoseite I* aufgezählten **acht Schritte der Versöhnung** zeigen den Sch verschiedene Möglichkeiten, eine Versöhnung zu erreichen. Damit wird der »Vergebungsreichtum« der katholischen Kirche bewusst gemacht. Die Kirche bietet den Menschen reichhaltige befreiende Rituale und Gesprächsangebote untereinander und zwischen Gott und den Menschen. Das Stichwort »Bußsakrament/Buße« im *Lexikon* **106** ergänzt diese Illustration.

2. Einsatzmöglichkeiten im RU

Einen Lebensweg malen

- Sch malen auf ein Blatt Papier ihren bisherigen Lebensweg mit allen Höhen und Tiefen und tragen »Schritte der Versöhnung«, die sie dabei schon einmal gegangen sind, ein.

Ein Lied zum Thema »Versöhnung« kennenlernen

Das Lied »Sag, dass es dir leid tut« der Gruppe PUR spricht noch einmal konkret die Reue als wesentliche Voraussetzung der Versöhnung an. Im Text wird deutlich, wie schwer es ist, in einem Konflikt den ersten Schritt zur Versöhnung zu tun, welche Bereicherung und Befreiung dies jedoch bedeutet.

- Sch erhalten von L den Text des Liedes »Dass es dir leid tut« der Gruppe PUR (z. B. im Internet zu finden).
- Sch markieren im Kehrvers die Voraussetzung für eine wirkliche Versöhnung farbig.
- Sch überlegen, welche Auswirkungen das Eingestehen eigener Schuld hat und welches Verhalten es nach sich ziehen könnte.

Ein moderner Beichtspiegel

Der moderne Beichtspiegel kann während aller »Schritte der Versöhnung«, v. a. jedoch vor der Einzelbeichte und dem Beichtgespräch, vor Bußgottesdienst und Eucharistiefeier bedacht werden. Die Jugendlichen werden in diesem Text wiederum mit einem erweiterten Sündenbegriff konfrontiert; hinter ihm steht der Wunsch nach einem »Leben in Fülle« (vgl. Joh 10,10).

Mögliche gute und schlechte lebendige Eigenschaften der Menschen

Ein Fragezeichen hinter einer Eigenschaft deutet an, dass sie unter bestimmten Umständen und Ausprägungen auch in das jeweils andere Feld gehören kann.

Bescheidenheit	Verständnis	Rechtsbewusstsein
Mäßigung	Toleranz	Unrechtsbewusstsein
Ruhe?	Nachgiebigkeit?	Schuldfähigkeit
Nachdenklichkeit	Versöhnungsbereitschaft	Selbsterkenntnis
Anspruchslosigkeit?	Klarheit	Muße
Energie	Geradlinigkeit	Gerechtigkeitssinn
Durchsetzungskraft?	Redekunst?	Zähigkeit?
Überzeugungskraft	Kreativität	Solidarität
Denkfähigkeit	Fantasie	Ehrlichkeit
Empfindsamkeit	Freude	Wahrheitsliebe
Einfühlungsvermögen	Ausstrahlung	Weichheit?
Liebenswürdigkeit	Wärme	Stärke
Integrationskraft	Nüchternheit?	Durchhaltevermögen
Vermittlungsfähigkeit	Widerstandskraft	Erkenntnis
Rücksichtnahme	Urteilsstärke	Großzügigkeit
Hilfsbereitschaft	Leidenschaft?	Optimismus
Höflichkeit	Liebe	Güte
Forschergeist	Freundschaft	Humor
Ausdauer	Bindungsfähigkeit	Mitgefühl?
Konzentration	Partnerschaftlichkeit	Aufgeschlossenheit
Erinnerungsstärke	Emanzipation?	Anpassungsfähigkeit
Traditionsverbundenheit?	Gestaltungswille	Reaktionsfähigkeit
Klugheit	Verantwortungsgefühl	Unabhängigkeit
Tapferkeit	Zuverlässigkeit	Achtung
Mut	Geduld	Friedfertigkeit
Zivilcourage	Treue	
Selbstbewusstsein?	Prinzipientreue?	

Wut?	Härte?	Weichlichkeit
Eitelkeit?	Coolness?	Launenhaftigkeit
Stolz?	Untreue	Angeberei
Machtgier	Hass	Phlegmatismus
Unmäßigkeit	Unversöhnlichkeit	Übertreibung
Egozentrik	Nachtragen	Pessimismus
Egoismus?	Faulheit	Wichtigtuerei
Selbstverliebtheit	Trägheit	Melancholie
Rücksichtslosigkeit	Null-Bock-Mentalität	Sadismus
Starrsinn	Radikalität?	Zynismus
Reizbarkeit	Fanatismus	Sarkasmus
Unzuverlässigkeit	Einseitigkeit?	Neid
Zorn	Engstirnigkeit	Eifersucht
Ungeduld	Teilnahmslosigkeit	Trotz
Verschrobenheit	Gleichgültigkeit	Ignoranz
Empfindlichkeit	Dummheit	Einbildung
Grobheit	Trägheit	Schamlosigkeit

- Sch lesen den Beichtspiegel auf **AB 10.4.11, Lehrerkommentar S. 126**, in meditativer Weise laut und abwechselnd vor. Den Satz »Schuld ist zu wenig Liebe ...« lesen alle Sch im Chor.
- Sch unterstreichen farbig die Textpassagen, die sie am meisten ansprechen.
- Sch erweitern den Beichtspiegel mit eigenen Gedanken und stellen, wenn sie möchten, ihre selbst verfassten Beichtsätze in der Klasse vor.
- Sch schaffen eine Verbindung zwischen dem Beichtspiegel und dem Text »wenn die Bücher aufgetan werden« auf *Deuteseite IV* **83**.

3. Weiterführende Anregung

Einen Priester zum Thema »Schuld und Versöhnung« befragen

L lädt einen Priester in den RU ein, der mit Sch über das Beichtgeheimnis, das Thema »Umgang mit Schuld« usw. eine Frage-und-Antwort-Stunde gestaltet.

- Sch überlegen sich zur Vorbereitung Fragen und Anmerkungen für das Gespräch.

Wie ein Fest nach langer Trauer — Stellungnahmen (86)

1. Hintergrund

Das Stichwort »Fest« ist der wesentliche Abschlussbaustein, wenn es um den Themenbereich »Schuld« geht. Ähnlich wie im Gleichnis vom barmherzigen Vater wird am Ende der Versöhnung ein Fest gefeiert, wie es auch innerhalb der kirchlichen Versöhnungspraxis wichtig ist. So wie Fehler, Schwächen und Versagen zum Menschsein gehören, folgt nach einer wahren Versöhnung unabdingbar ein Fest, bei dem das neue (Beziehungs-)Leben gefeiert wird.

Das **Lied** »Wie ein Fest nach langer Trauer« findet bildreiche Vergleiche und Metaphern dafür, wie befreiend und Leben spendend Versöhnung wirkt.

2. Einsatzmöglichkeiten im RU

Eigene Versöhnungslieder anfertigen

- Sch dichten und komponieren ein eigenes Versöhnungslied, z. B. einen Rap, und stellen es z. B. bei einem Schulgottesdienst ihren Mit-Sch vor.
- Sch suchen weitere (aktuelle) Lieder, in denen es um Versöhnung geht, und stellen diese z. B. auf einer »Versöhnungs-CD« zusammen.

3. Weiterführende Anregungen

Einen Projekttag »Frei werden zum Neubeginn« gestalten

- Sch entwickeln aus Anregungen dieses Kapitels verschiedene Lernstationen zum Thema »Schuld und Versöhnung«. Im Rahmen eines Projekttages oder, bei großer Schülerzahl, mit einer Jahrgangsstufe werden die Lernstationen genutzt.

Die einzelnen Stationen können z. B. lauten:
- Persönliche und globale Schuldsituationen heute
- Umgang mit der Schuld
- Auch in der Bibel ging es schuldhaft zu ...
- Möglichkeiten der Versöhnung
- Zum Abschluss des Projekttages feiern Sch einen gemeinsamen Versöhnungsgottesdienst.

Steine der Schuld auf dem Kreuz ablegen — IDEENSEITE 71

- Diese Anregung lässt sich in einen Bußgottesdienst integrieren.
- Sch nehmen zum Zeichen, dass im Christentum einer die Schuld des anderen trägt, einen anderen Schuldstein statt ihres eigenen mit nach Hause.

Literatur

Ernst, Stephen/Engel, Ägidius, Grundkurs christliche Ethik. Werkbuch für Schule, Gemeinde und Erwachsenenbildung, München 1998, bes. Kap. 9: Der Umgang mit der Schuld, S. 155-170

Dies., Sozialethik konkret, München 2006

Eicher, Peter (Hg.), Neues Handbuch theologischer Grundbegriffe, München 2005
  Sievernich, Michael, Sünde/Soziale Sünde, Individualethik: S. 203-207
  Hilpert, Konrad, Sünde/Soziale Sünde, Sozialethik: S. 208-214
  Steinkamp, Hermann, Umkehr/Buße, praktisch-theologisch: S. 395-403
  Basset, Lydia, Versöhnung/Vergebung, fundamentaltheologisch: S. 403-410
  Link, Christian, Versöhnung/Vergebung, dogmatisch: S. 410-417

Mokrosch, Reinhold, Scheitern – Schuld – Vergebung, in: Gottfried Bitter/Rudolf Englert/Gabriele Miller/Karl Ernst Nipkow (Hg.), Neues Handbuch religionspädagogischer Grundbegriffe, München 2002, S. 114-117

Dein Leben

Du,
du bist. Dein Leben hat begonnen. Ein Startpunkt wurde gesetzt und jetzt rollt es ab. Aber spürst du dein Leben? Hörst du dein Leben oder ist es das Leben anderer? Kennst du dich? Kennst du dich wieder in dem, was du tust und wie dich andere behandeln, oder wirst du dir immer fremder? Bist du bei dir?

Du,
dein Leben ist einmalig in all seiner alltäglichen Freude und in seinem Schrecken. Hörst du das Leben in dir klopfen? Es meint dich, es ruft dich und will zu dir gelangen. Dein Leben wartet auf dich. Es will von dir gelebt werden. Es wirbt um dich, es will dich. Nimm dein Leben zurück und lass es nicht von anderen leben. Sie können es nicht, es ist nicht ihr Leben.

Du,
erinnerst du dich an deine Träume? Weißt du noch, was du alles wolltest? Oder hast du vergessen, dass du einmal voller Sehnsucht nach vollem, lebendigem Leben warst? Hast du aufgegeben, wirklich zu leben, weil es zu anstrengend war? Hast du dich an das Absterben gewöhnt? Bist du vor den Schmerzen geflohen, die mit jedem intensiven Leben kommen? Sitzt du deine Zeit jetzt nur ab, grau in grau, ohne die Farben der Hoffnung?

Ulrich Schaffer

Moderner Beichtspiegel

Sünde ist zu wenig Liebe und Lebendigkeit – eine etwas andere Gewissenserforschung

1. Nicht der Familienstreit an sich

ist meine Sünde – Wann haben wir den schon? –, sondern dass ich nicht versuche, von mir zu erzählen, dass ich alles selbstverständlich finde, oft keine Lust habe und auch nicht zuhöre und zu verstehen versuche.
Ich löse dadurch Streit aus. Ich werde dann auch laut – manchmal gemein.
»Sünde ist zu wenig Liebe und Lebendigkeit. Gott, wir bekennen unsere Schuld.«

2. Nicht, wenn ich mein Recht und meine Freiheit durchsetze,

ist das Sünde, sondern wenn ich in meinem Egoismus anderen dabei ihre Rechte, ihre Freiheit und Chance nehme. Es gibt Menschen, denen ich das Leben schwermache. Das ist meine Sünde.
»Sünde ist zu wenig Liebe und Lebendigkeit. Gott, wir bekennen unsere Schuld.«

3. Nicht jedes Mal, wenn ich mit Mitmenschen aneinandergerate,

ist das schon Sünde, sondern dass mich Mitmenschen teilweise gar nicht interessieren. Es kann mir einer so egal sein, dass er neben mir verkümmert, ohne dass ich es bemerke. Sünde ist, sich mit der Not, dem Elend und dem Leid, die meinen Nachbar plagen, nicht belasten zu wollen. Es ist ja seine Sache! Soll er sehen, wie er damit fertig wird!
»Sünde ist zu wenig Liebe und Lebendigkeit. Gott, wir bekennen unsere Schuld.«

4. Nicht hoher Lebensstandard, toller Urlaub und Genuss

sind Sünde, sondern dass ich dabei der Not und dem Verhungern von Menschen untätig zusehe, mich damit abfinde. Nicht der Einsatz für meine Freunde und mein Glück ist meine Sünde, sondern dass mir das Unglück meiner Umgebung oft gleichgültig ist.
»Sünde ist zu wenig Liebe und Lebendigkeit. Gott, wir bekennen unsere Schuld.«

5. Nicht Sexualität an sich

ist Sünde, sondern der vorübergehende, lieblose Test und Verschleiß der oder des anderen zu meiner Befriedigung.
Es kommt darauf an, wie viel Liebe, Dauer und Ehrlichkeit hinter meinem Tun stehen – oder nicht.
»Sünde ist zu wenig Liebe und Lebendigkeit. Gott, wir bekennen unsere Schuld.«

6. Nicht, dass ich in heikler Situation lüge,

ist allein meine Sünde, sondern vielmehr dass ich verlogen bin, Theater spiele und nicht den Mund aufmache, wenn ein anderer Opfer von Lügen wird.
»Sünde ist zu wenig Liebe und Lebendigkeit. Gott, wir bekennen unsere Schuld.«

7. Nicht, dass ich bestimmte Menschen nicht leiden kann,

ist meine Sünde, sondern dass ich mein Urteil über sie bereits fertig habe. Es ist wahr: Gewisse Menschen sind bei mir so abgestempelt, dass sie keine Chance mehr haben. Ich will sie gar nicht verstehen.
»Sünde ist zu wenig Liebe und Lebendigkeit. Gott, wir bekennen unsere Schuld.«

8. Nicht dass ich über eine andere Person spreche,

ist Sünde, sondern dass ich ihren wehrlosen Ruf zerstöre, dass ich auf Kosten anderer groß rauskommen möchte.
»Sünde ist zu wenig Liebe und Lebendigkeit. Gott, wir bekennen unsere Schuld.«

9. Nicht, dass ich an Gott zweifle,

ist schon Sünde, sondern dass ich nicht leidenschaftlich im Gespräch mit anderen und in bewusster Stille nach einem neuen Zugang zu Gott suche. Ich habe meinen Kinderglauben abgelegt, mache mir aber nicht die Mühe, mich nach einem erwachsenen Glauben auszustrecken.
»Sünde ist zu wenig Liebe und Lebendigkeit. Gott, wir bekennen unsere Schuld.«

10. Nicht, dass ich kirchliche Personen und Formen leid bin,

ist meine Sünde, sondern dass ich durch all das nicht mehr durchstoße zu Gott und zu den anderen glaubenden Menschen. Ich kritisiere viel, aber ich bin nicht bereit mitzuhelfen, um es besser zu machen.
»Sünde ist zu wenig Liebe und Lebendigkeit. Gott, wir bekennen unsere Schuld.«

(Über)Morgen leben 5

Das Thema im Schulbuch

Am Ende ihrer Realschulzeit blicken die Jugendlichen nach vorne, weil die Klärung wichtiger Fragen ihrer eigenen Zukunft unmittelbar ansteht. Der RU nimmt diese Situation auf, stellt sie aber in einen grundsätzlichen Rahmen, der das Leben aller Menschen betrifft. So allgemein die Frage nach einer Gestaltung der Welt von morgen ist, so spezifisch sind die im Kapitel angebotenen Bearbeitungs- und Antwortversuche, da sie aus dem christlich-kirchlichen Leben stammen. Sie intensivieren einerseits die Fragehaltung angesichts der vielfältigen Bedrohungen für ein menschenwürdiges Leben, sie geben andererseits aber auch den Blick frei auf Chancen, Lösungsversuche vor dem Versprechen eines guten Endes praktisch anzupacken. Dafür stellt das Kapitel Materialien und Anregungen auf drei Ebenen bereit:

- Da Zukunftsträume schon vorhanden sind und christliche Vorstellungen vor dem Hintergrund der eigenen Wünsche und Ideen verstanden werden, erhalten Sch die Gelegenheit, ihre Hoffnungen in unterschiedlicher Weise zu verdeutlichen.
- Sch werden ermutigt, für die Fragen einer zukünftigen Lebensgestaltung über den Tellerrand ihrer subjektiven Lebenswelt zu blicken. Dafür soll die Bedeutung von Visionen und Utopien in prinzipieller Weise bedacht werden.
- Schließlich fordert das Kapitel Sch auf, sich mit Handlungsoptionen und den ihnen zugrunde liegenden Ideen aus dem kirchlichen Bereich auseinanderzusetzen.

Das Bild der *Titelseite* **87** gibt eine Vorstellung vom Paradies vor, die zur Bestimmung eigener Perspektiven herausfordert.

Vor dem Hintergrund eines Labyrinths versammelt die *Themenseite* **88-89** kleine Texte, die ein Spektrum an Sichtweisen für Wege in die Zukunft eröffnen.

Inhaltlich und methodisch breit gestreut ist auch die *Ideenseite* **90-91**. Experimentell, ästhetisch ambitioniert und handlungsbezogen können sich Sch mit Aspekten der Zukunftsfrage auseinandersetzen.

Die folgenden fünf Doppelseiten sind so strukturiert, dass die beiden rahmenden *Deuteseiten* (**92-93** und **100-101**) spirituelle Grundlagen religiös motivierter (Zukunfts-)Praxis vorstellen, die drei *Infoseiten* (**94-99**) dagegen ausgewählte Praxisfelder problematisieren.

Deuteseite I **92-93** kontrastiert einen biblischen Text mit einem Bild, die beide eine visionäre Aussage haben. Sie stellen die Frage, von welchen Zukunftsbildern wir uns leiten lassen.

Wesentliche Grundsätze der katholischen Soziallehre werden auf *Infoseite I* **94-95** als Prinzipien einer gegenwärtigen und zukünftigen christlich motivierten Praxis vorgestellt. Damit verbindet sich die Aufforderung, diese Grundsätze auf einen Einzelfall anzuwenden.

Die Goldene Regel findet sich in unterschiedlichen Versionen in den großen religiösen Traditionen. *Infoseite II* **96-97** betrachtet sie als eine Grundlage für ein alle verbindendes Ethos, aus dem sich Lösungsansätze für Probleme dieser Welt ableiten lassen.

Unsere Zukunft lässt sich nicht gegen andere Menschen, Gruppen und Völker gestalten, sondern nur mit ihnen. *Infoseite III* **98-99** weist unter der Überschrift »Zukunft für die Eine Welt« auf diesen Aspekt hin, indem sie Zeugnisse staatlicher und kirchlicher Entwicklungsleistungen mit Aussagen von Mitgliedern kirchlicher Eine-Welt-Gruppen verbindet.

Deuteseite II **100-101** präsentiert eine grundsätzliche Perspektive: Für Christen erwächst die Aktion für ein menschenwürdiges Zusammenleben aus einer spirituellen Haltung. Kampf und Kontemplation sind aufeinander bezogen.

Eine durchaus aufrüttelnde Werbung für das Freiwillige Soziale Jahr (FSJ) beschließt das Kapitel mit *Stellungnahmen* **102-103**. Sie zeigt eine Möglichkeit, sich für die Gestaltung einer zukünftigen Welt engagiert einzubringen.

Verknüpfungen mit anderen Themen im Schulbuch

Kap. 3 Dürfen wir alles, was wir können?: Die Themenabschnitte zum Beginn (PID) und Ende des Lebens (Euthanasie) betreffen auch Fragen, wie wir zukünftig Leben gestalten. Auf sie kann als ausgewählte Detailprobleme verwiesen werden.

Verbindungen mit anderen Fächern

Sozialkunde: Ziele und Maßnahmen der Wirtschaftspolitik 10.5: Solidarität – Eigenverantwortung

(Über)Morgen leben — Titelseite 87

1. Hintergrund

Ulrich Leive (*1957)
Der in Osnabrück geborene Künstler studierte zunächst Jura, bevor er sich 1984 ganz der Malerei zuwandte und seitdem als freischaffender Künstler tätig ist.

Ulrich Leive: »Paradies«, 2000
Das Bild der *Titelseite* trägt den Titel »Paradies«. Ulrich Leive fertigte es als Computerbild an. Auf unterschiedlichen Farbfeldern befindet sich eine verwirrende Vielzahl von Einzelheiten, die mal deutlicher zu sehen sind, sich mal in unbestimmbare Farblinien auflösen. Unterhalb des Bildzentrums sind Mann und Frau erkennbar, oberhalb links ein Elefant und verstreut weitere tierähnliche Gestalten. Blumen, eine Palme und die Andeutung von Hügeln oder Bergen verteilen sich auf dem Bild, sehr deutlich wirkt die überdimensionale Fratze neben den beiden menschlichen Gestalten. Der Rand setzt dem Bild zwar eine Grenze, die aber vor allem am linken und auch am rechten Rand nicht eingehalten wird. Auch dieses Detail verstärkt den insgesamt vorherrschenden Eindruck von Buntheit und ungeordneter Vielfalt.
Die erkennbaren Figuren lassen den Rückschluss zu, dass der Maler sich an die Paradiesvorstellung der beiden alttestamentlichen Schöpfungserzählungen anlehnt. Direkte Widersprüche zwischen dem Bild und den biblischen Erzählungen lassen sich nicht ausmachen. Diese Annahme wird durch ältere Arbeiten von Ulrich Leive gestützt, in denen er sich mit biblischen Szenen und Motiven künstlerisch auseinandergesetzt hat.
Ein Merkmal, das von der ersten Schöpfungserzählung ausgeht, besteht in der geordneten Struktur des Paradieses, das Gott aus dem Tohuwabohu geschaffen hat. Das Paradies als geordneten Zustand ersetzt der Künstler hier durch die Vorstellung von zwangloser, ungeordneter Buntheit. Die Geschöpfe haben weder einen besonderen Ort noch besitzen sie die ihnen zugeordnete Farbe – das blaue Ohr des Elefanten ist nur ein Beispiel –, und auch die Proportionen stimmen mit der natürlichen Ordnung nicht überein. Auf diese Weise könnte Paradies die Bezeichnung für einen Zustand sein, der gewohnte Ordnungsvorstellungen aufhebt und zur Suche nach anderen, bunten, unfertigen Beziehungen und Vorstellungen motiviert. Das Unfertige und Ungeordnete korrespondiert mit dem ersten Eindruck des Bildes, der an Kinderzeichnungen erinnert.

In dieser Perspektive steht das Bild am Anfang des Kapitels. Es entwirft das Paradies als eine Chiffre für einen Raum, in dem Platz für Hoffnungen und Erwartungen ist. Dieser Raum lässt sich mit unterschiedlichen Erwartungen, Wünschen, kulturellen Leitbildern und religiösen Visionen füllen. Das Kapitel will die christliche Erwartungshaltung als einen Horizont verdeutlichen, der konkrete Auswirkungen auf die menschliche Praxis besitzt.

2. Einsatzmöglichkeiten im RU

Text-Bild-Vergleich
Um die Eigenständigkeit des Bildes gegenüber der biblischen Textvorlage zu verdeutlichen, werden beide miteinander verglichen.
- Sch haben *Titelseite* 87 mit dem Bild von Ulrich Leive vor sich liegen. Ein/e Sch liest die beiden Schöpfungstexte oder nur Gen 1,1 – 2,4a vor.
- Mit einem stummen Impuls oder ggf. einer provokativen Aufforderung durch L, z. B. »*Der Maler hat die beiden Texte/den Text sehr getreu umgesetzt*«, beginnt die Bildinterpretation. Dabei kann das Gespräch sich immer deutlicher auf das Stichwort »Paradies« konzentrieren.

Ein Schreibgespräch führen
Die Buntheit und Zwanglosigkeit des Bildes lädt ein, eigene Erwartungen, ihre Gründe, Chancen und Probleme zu bedenken.
- In Gruppen zu fünft oder sechst führen Sch ein Schreibgespräch zum Bild und seinem Titel. In der Mitte der Gruppentische liegt je ein Plakat mit dem Begriff »Paradies«, um das Sch ihre Schulbücher mit der aufgeschlagenen *Titelseite* herumlegen. Während des Schreibgesprächs herrscht Ruhe, kommuniziert wird nur schriftlich. Die Beiträge können sich auf das Bild beziehen und eigene Gedanken zum Thema beinhalten. Ein gegenseitiger Bezug ist erwünscht.
- Nach einer gewissen Zeit tauschen die Gruppen ihre Plakate aus und kommentieren das jeweils neue Plakat.

Zukunftsträume — IDEENSEITE 91
- Sch skizzieren ein Bild mit dem Titel »Paradies« (evtl. als HA). Gefragt sind keine besonderen künstlerischen Fähigkeiten, sondern eine Auseinandersetzung mit dem Titel im Medium des Bildes. Wo Sch die Möglichkeiten haben, können sie selbstverständlich die Grafik- und Zeichenfunktionen vorhandener Computerprogramme nutzen.

- Sch präsentieren und kommentieren ihre eigenen Arbeiten.
- Sch interpretieren und vergleichen ihre Arbeiten mit dem Bild von Ulrich Leive. Welche Eigenheiten, Unterschiede und Gemeinsamkeiten für die Deutung des Begriffs »Paradies« werden deutlich?
- Wer nicht zeichnen will, erhält die Möglichkeit, die Paradiesvorstellungen zu verbalisieren. Dabei kann es hilfreich sein, eine sprachliche Form vorzugeben. Sch können etwa Elfchen (Gedicht aus elf Worten in fünf Zeilen) verfassen, von denen sich eines auf das Bild, ein zweites auf eigene Vorstellungen bezieht.

3. Weiterführende Anregung

Kurzfilm: »Endstation: Paradies«
Der Puppentrickfilm »Endstation: Paradies« (Jan Thüring, Deutschland 2000, 7 Min.) erzählt die Geschichte einer Gruppe von Ratten, die sich aus einer trostlosen Umgebung auf den Weg macht, ihr Paradies zu finden. Anlass ist eine idyllische Postkarte, die von einer der Ratten gefunden wird. Der Weg hat seine Tücken, die Pointe liegt aber im Ziel: Die letzte Kameraeinstellung zeigt, dass das ersehnte Paradies der Mittelstreifen einer viel befahrenen Autobahn ist. So klein und trügerisch das Paradies ist, so lebensgefährlich ist der Weg dorthin.

Der Film – mit viel Liebe zum Detail und einer guten Portion Humor gemacht – ist vielseitig interpretierbar: Einerseits kann er als Kritik vorschneller, idyllischer Paradiesbilder gesehen werden, andererseits betont er den Wert des Aufbruchs und wirbt dafür, sich neue Ziele zu geben und ihnen zu folgen.

- L hält den Film vor den Schlussbildern an, um die Reflexion eigener Paradiesbilder zu fördern. Sch benennen, welches Paradies sie nun erwarten.
- Sch vergleichen den Film mit dem Bild der *Titelseite 87* und seiner biblischen Grundlage und benennen den Unterschied zwischen einem vorübergehenden und einem von Gott verheißenen Paradies.

Wege in die Zukunft Themenseite 88 89

1. Hintergrund

Die fünf kleinen Texte, die sich in Inhalt und literarischer Form deutlich voneinander unterscheiden, bezeichnen verschiedene Einstellungen, um Wege in die Zukunft zu beschreiben. Von resignativer Grundstimmung bis zu einem programmatisch motivierten Aufbruch reicht ihre Spannweite, die didaktisch eine doppelte Funktion erfüllt: Einerseits sollen die Texte Sch mit einem Tableau heterogener Positionen bekannt machen und sie andererseits zu einer eigenen Stellungnahme herausfordern, die Voreinstellungen für die Bearbeitung des Kapitelthemas bewusst macht. Ihre Anordnung auf einem grafisch gestalteten **Labyrinth** unterstreicht, dass Wege in die Zukunft komplex und vielschichtig sind. Ob sie auf ein beschreibbares Ziel hin orientiert sind, gehört zu den Fragen, die im Laufe der Bearbeitung des Kapitels geklärt werden.

Mit **Röm 12,1-2** markiert Paulus einen neuen Abschnitt in der Argumentation des Römerbriefs. Die bisher thematisierten theologischen Grundlagen zum Christsein – Verhältnis von Gesetz und Evangelium, Bedeutung der Taufe, die Beziehung zu Israel – werden nun in konkrete Lebens- und Handlungsformen für die Gemeinde transformiert. Dafür bilden die beiden Verse am Beginn des zwölften Kapitels eine umfassende Überschrift. Um ein christlich motiviertes Leben in Zukunft zu gestalten, nennt Vers 2a zwei Bedingungen: Eine Anpassung an das »Schema« der vorfindbaren Wirklichkeit wird als nicht zukunftsfähig abgelehnt. Es bedarf vielmehr eines Denkens (gr. *nous* = Vernunft, innerer Sinn, Denken), das verwandelt ist. Im griechischen Text wird der Auftrag zur Erneuerung mit einem Imperativ passiv markiert, sodass eine genaue Übersetzung lautet: »sondern lasst euch umgestalten durch die Erneuerung des Denkens«. Worin diese Erneuerung besteht, fasst Paulus in Vers 2b zusammen: »damit ihr prüfen und erkennen könnt, was der Wille Gottes ist: was ihm gefällt, was gut und vollkommen ist«. Um das Gute zu erkennen und die Wirklichkeit daraufhin zu gestalten, ist eine stete Wandlung des Denkens nötig.

Die Parabel **»Die beiden Frösche«** wendet sich gegen Resignation, selbst wenn die Schwierigkeiten kaum überwindbar erscheinen. Sie setzt auf den offenen, nicht berechenbaren Charakter von Zukunft. Damit steht sie im Gegensatz zu dem Ausschnitt aus dem Gedicht **»Gründe«** von Erich Fried, der sich als Ansammlung zaghafter, resignativer oder feiger, alltäglich-formelhafter Ausreden für eine Einmischung präsentiert. Würde man ihnen folgen, könnte sich Zukunft nur als eine ewig gleiche Verlängerung der Gegenwart gestalten lassen.

Der Textausschnitt **»Prioritäten«** stammt aus einem Essay von Hans Magnus Enzensberger, in dem er auf Probleme und Schwierigkeiten der gegenwärtigen Welt in recht drastischen Bildern eingeht. Sein Fazit ist aber keineswegs pessimistisch. Er wirbt vielmehr für ein überlegtes, personal orientiertes Anpacken konkreter Aufgaben, damit unsere Zivilisation sich in der Zukunft entwickeln kann.

Der plakative Aufruf »**Kehrt um!**« der Europäischen Ökumenischen Versammlung besitzt als einziger der hier versammelten Texte eine inhaltliche Forderung für die Gestaltung der Zukunft. Der reizvoll gestaltete Text setzt sechs globalen Problemfeldern eine Aufforderung zur Umkehr entgegen, die sich aus einem theologischen Motiv – Umkehr zu Gott – speist. Auf diese Weise erhält das Motiv eine gesellschafts- und weltpolitische Konkretisierung, die die praktische, in die Zukunft gerichtete Seite des christlichen Glaubens hervortreten lässt.

2. Einsatzmöglichkeiten im RU

Lieblingstext finden
- Sch lesen die fünf Texte unter der Überschrift »Wege in die Zukunft« und wählen den Text, der ihrer eigenen Position am nächsten kommt. Bei einem Gespräch im Plenum begründen sie ihre Wahl.
- Wenn die Wahl der Lieblingstexte und ihre Begründungen unterschiedlich ausfallen, kann sich eine Diskussion über die Notwendigkeiten und Bedingungen für die »Wege in die Zukunft« anschließen.

Texte in eine Reihenfolge bringen
- In EA oder PA bringen Sch die Texte in eine Reihenfolge und benennen die inhaltlichen Kriterien.
- Zur Präzisierung visualisieren Sch die Beziehungen zwischen den Texten durch eine Grafik, auf der alle Texte durch ihre Überschriften einen Platz haben und die Beziehungen zueinander durch Linien, Pfeile, Felder o. Ä. dargestellt werden.

Texte mit einem Labyrinth verbinden
- Sch ordnen die Texte auf dem Labyrinth auf **AB 10.5.1, Lehrerkommentar S. 131**, neu an.
Auf den verschlungenen Pfaden in die Zukunft können die Texte in Bezug auf einen Anfang und ein Ende des Weges unterschiedliche Positionen haben. Es sind also Anfang und Ende des Weges zu benennen und die Position der Einzeltexte ist zu begründen.

Texte kommentieren
- Sch wählen einen oder mehrere Texte aus und kommentieren sie aus ihrer Sicht.
- Ein Kommentar kann hermeneutisch ausgerichtet sein, indem das eigene Verständnis des Textes, seine Vorzüge und Probleme benannt werden.
- Die Texte können auch mit einer Erfahrung oder einer von Sch erlebten Situation verknüpft werden.
- Schließlich kann auch intertextuell kommentiert werden, wenn Sch andere biblische, aktuelle oder literarische Texte um den gewählten Text gruppieren.

Einen Gegentext schreiben
- Sch wählen einen Text aus, um in einer gleichen oder ähnlichen literarischen Form einen eigenen Gegentext zu schreiben. Der Gegentext kann eine ergänzende oder eine widersprechende Position dokumentieren.
- Sie können auch einen Text wählen, um in der literarischen Form eines anderen Textes den Gegentext zu notieren:
Wenn z. B. ein Gegentext zur Parabel von den beiden Fröschen verfasst werden soll, kann dies auch in der Form eines Gedichts (»Gründe«) oder eines Plakattextes (»Kehrt um!«) geschehen.

Einen eigenen Zukunftstext schreiben
- Sch lassen sich von den unterschiedlichen Texten anregen, in einer frei gewählten Form einen eigenen Zukunftstext zu schreiben. Er lässt sich eher inhaltlich (vgl. »Kehrt um!«) oder eher formal ausrichten.
- Sch tragen die selbst verfassten Texte vor und diskutieren sie im Plenum.
- Für den Abschluss der Arbeit am Kapitel werden die Texte aufbewahrt, um sie dann im Detail oder ganz umzuschreiben.

Ideenseite (90)(91)

Folgende Impulse der *Ideenseite* werden im Lehrerkommentar auf folgenden Seiten besprochen:

Zukunftsbilder in Comics: S. 134
Perspektiven erweitern: S. 150
Was wäre, wenn ich niemals sterben würde?: S. 134
Fünf vor zwölf?: S. 140
Zukunftsträume: S. 128

Wege in die Zukunft

- *Bestimmen Sie zunächst den Beginn des Weges und sein Ende inhaltlich: Wo stehen wir und wohin führt der Weg?*
- *Durchfahren Sie mit einem farbigen Stift das Labyrinth, um die Strecke kennenzulernen.*
- *Ordnen Sie nun die fünf Texte auf* Themenseite *88-89 »Wege in die Zukunft« durch Ziffern oder Überschriften auf diesem Labyrinthweg ein und begründen Sie Ihre Entscheidung.*

Vom Ende her denken

Deuteseite I

1. Hintergrund

Die westliche Zivilisation erscheint gegenwärtig alternativlos und ihre Probleme sollen innerhalb des bestehenden Rahmens gelöst werden. Deshalb haben gesellschaftlich relevante Utopien derzeit keine Konjunktur. Von einem visionären Ende her die Gegenwart zu deuten und Handlungsoptionen zu entwickeln, ist durch den Zerfall sozialistischer Gesellschaften und deren Utopien sogar diskreditiert. Andererseits gewinnen ökologische und durch einen möglichen atomaren Krieg geprägte Schreckensszenarien an Bedeutung. Sie verbreiten Ängste und motivieren politisches Handeln, dessen Konsequenzen im Verbund mit den rasant fortschreitenden technischen Entwicklungen nur schwer zu überblicken sind. Wenn also **utopisches Denken** Aufbruch und Lähmung erzeugen kann, so bezieht die christliche Utopie eindeutig Position: Die prophetischen Visionen einer lebenswerten Zukunft, der Aufstand gegen alle Formen des Todes und die angebrochene Verheißung des Reiches Gottes fordern zu einem Aufbruch aus abschüssigen Tendenzen der Gegenwart auf. Dabei wenden sich die unterschiedlichen Bilder eines Gerichts gegen die weltflüchtige Verharmlosung des Visionären, die die Kontingenz und die Möglichkeit der Verfehlung leugnet. In diesem Kontext meint »Vom Ende her denken«, trotz der Schwierigkeiten Hoffnung zuzulassen, Grenzen zu erkennen und gerade deshalb das Unmögliche denken zu lernen. Für Sch geht es in einer grundsätzlichen Bearbeitung von Utopie zunächst darum, Wirklichkeit nicht mit der mehr oder minder gefahrvollen Realität zu verwechseln. Wirklichkeit formt sich aus Realität und Potenzialität, aus dem, was ist und auch anders sein oder werden kann. Gerade deshalb muss nach der Qualität des Möglichen gefragt werden.

Die *Deuteseite I* initiiert diese Frage durch eine Gegenüberstellung von biblischer Verheißung und modernem Schreckensbild.

Der Text **Jes 65,16e-25** stammt aus einer Sammlung von Gerichts- und Verheißungsworten, die dem dritten Jesaja (Tritojesaja) zugeschrieben werden. Er kann auf einer konkret-historischen und auf einer allgemeinen Ebene gelesen werden:
Tritojesaja schreibt in der Zeit nach dem Exil des Volkes Israel um das 5. Jh. v. Chr. Er will dem Volk deutlich machen, dass nun eine neue Zeit ohne Fremdherrschaft anbricht, die Gott seinem Volk zusagt. In dieser Zeit werden keine Abgaben (Hausbauten, Ernteerträge, vgl. VV21-23a) mehr abgeliefert und der gewaltsam erzwungene Tod sowie das Verbrechen haben keinen Platz. Der Prophet fordert sein Volk auf, die Chance eines neuen Lebens nach dem Ende des Exils zu ergreifen und Jerusalem zu einer Stätte des Jubels zu machen.

Vor allem von V17 aus lässt sich der Text auch in einem allgemeinen Sinn verstehen: Jetzt beginnt die Verheißung eines neuen Himmels und einer neuen Erde, die ihren Ausgangspunkt in Jerusalem hat und von da an für alle gilt. Das Neue bedeutet keine Vernichtung des Alten, sondern dessen Verwandlung. Der Tod ist nicht aufgehoben und die Arbeit bleibt. Verheißen wird also kein Schlaraffenland, sondern eine geerdete Verwandlung des Früheren. »Es bleibt bemerkenswert, dass in unserem Text die Grundvorstellung vom zukünftigen Heil jede Übersteigerung ins Jenseitige und Geistige vermissen lässt. Das Thema ›neue Schöpfung‹ bleibt ein der Schöpfung verbundenes Thema. Heil führt nicht zu einem jenseitigen, sondern zu einem sinnvollen Leben und zu einer wunderbaren Verwandlung aller Lebensverhältnisse. Das Zukünftige bleibt dem Jetzigen ganz nahe und verwandt, auch wenn bis ins Bewusstsein hinein das Frühere (V17) getilgt wird. Denn getilgt werden alle Angst und Sinnlosigkeit, die dem menschlichen Leben seine Würde und seine Erfüllung nehmen. Konsequent wird ausgeführt: Neue Schöpfung heißt neues Leben, kein entfremdetes, sondern zu seiner Bestimmung und Güte zurückfindendes Leben. Wurzelgrund dieses neuen Lebens ist die im Gebet konkrete Verbindung mit Gott (V24)« (vgl. Kraus 243). Zum Bild der neuen Schöpfung gehört auch der feste biblische Topos des Tierfriedens (V25).

Curt Stenvert (1920-1992)
Der Österreicher Curt Stenvert studierte Malerei, Bildhauerei, Theater- und Filmwissenschaften in Wien. Der Künstler hat sich in vielen Arbeiten politisch ambitioniert mit dem Wechselverhältnis von Tod und Leben, Liebe und Zerstörung auseinandergesetzt.

Curt Stenvert: »Opus 535: Null Null – Zukunft 2000«, 1970/71

Eine ganz andere Perspektive bietet das Objekt »Null Null – Zukunft 2000«, das auch als »Weltzerstörung« betitelt wird. Das Behältnis präsentiert sich als eine düstere Vision von Abfall, Nichtigkeit und Endzeitstimmung. Es vereinigt Dinge des alltäglichen Gebrauchs zu einem apokalyptisch anmutenden Ensemble: deformierte Gefäße, Nägel, Kabel, Zahnräder, Teile von Sprühdosen, Zifferblätter, Federn, Plastiktiere und -menschen mit abgebrochenen Gliedmaßen,

Vorhandenes + Mögliches = Wirklichkeit!

so ist es

so ist es
sagt man

ein baum zum beispiel
ist so

so ist ein Baum

und ein baum ist nicht so
und alles ist nicht so

so ist es

Peter Bichsel

Baum im Sommer

Baum im Winter

- *Lesen Sie das Gedicht und sehen Sie sich die beiden Baumfotos an. Beginnen Sie unter dem Titel »So ist ein Baum« zu erzählen.*
- *Nehmen wir an, der Stuhl, auf dem Sie sitzen, sei aus Holz. Seine Geschichte habe mit einem Baum zu tun und die Geschichte des Baumes sei mit dem Stuhl verknüpft. Erzählen Sie erneut unter dem Titel »So ist ein Baum«.*

leere Batterien, Widerstände und Kondensatoren, ein Skelettarm u. Ä. Das Ganze ist lackiert und mit Farbe übersprüht. Ein großes Kreuz ragt heraus, das sich offensichtlich in das Abfallsammelsurium einreiht und den apokalyptischen Eindruck noch verstärkt. Deutlich sichtbar ist eine platt getretene Dose »Null Null Reinigungsmittel für WC«, die es auch heute (April 2006) noch gibt und die mitverantwortlich für den Titel des Objekts ist. Die mehrfach auftauchende Produktwerbung »Ideal« verfremdet und ironisiert das Thema: Die ideale Zukunft liegt in einer weggeworfenen Putzmitteldose umgeben von Abfallprodukten, deformierten Menschen und Tieren in einer abgestorbenen Natur. Die düstere Zusammenstellung nimmt den Alltagsgegenständen ihre Banalität und ihre Funktion. Sie erhalten durch die Lösung aus ihrer Zweckgebundenheit eine neue ästhetische Qualität.

Bietet das Objekt eine existenziell verdichtete Beschreibung moderner Zivilisation, die vor dem Hintergrund der Müllprobleme der 70er-Jahre des 20. Jh. den Menschen, die Religion, die Technik als kaputten und weggeworfenen Abfall sieht? Oder stellt es eine negative Utopie künftigen Lebens vor, die das Überleben bedroht und die Betrachter provokativ auffordert, über Werden und Vergehen nachzudenken und daraus Rückschlüsse (welche?) zu ziehen?

Da Sehweisen auch von ihren Kontexten abhängen, favorisiert der Kontext der *Deuteseite I* durch die Konfrontation mit dem Jesaja-Text eher die zweite Perspektive.

2. Einsatzmöglichkeiten im RU

Da die *Deuteseite I* auf Perspektiven unterschiedlicher Zukunftsbilder und ihrer Bedeutung für gegenwärtiges Denken und Handeln aufmerksam machen will, kann eine Vorbereitung für die Erarbeitung nützlich sein, die verschiedene Zeitebenen als zusammengehörig für die Konstruktion von Wirklichkeit auffasst.

So ist ein Baum

AB 10.5.2, Lehrerkommentar S. 133, macht am Beispiel eines Baumes deutlich, dass seine Wirklichkeit aus mehr besteht, als aktuell von ihm wahrgenommen werden kann. Verschiedene Stadien seines Lebens durch die Jahreszeiten hindurch (vgl. die beiden Bilder des AB) und die potenzielle Form der Holzverarbeitung sind Elemente, die zur Wirklichkeit »Baum« gehören. Auf die kaum festlegbare Perspektive der Betrachtung macht das Gedicht von Peter Bichsel aufmerksam.

- Sch lesen das Gedicht laut vor und achten darauf, dass sie beim Lesen das Wort »so« jeweils angemessen betonen.

Was wäre, wenn ich niemals sterben würde? IDEENSEITE 91

Auf einer individuellen Ebene geht die auf *Ideenseite 91* gestellte Frage auf die Bedeutung der Zukunft ein. Der Blick auf die Gegenwart würde völlig anders aussehen, wenn das Ende des irdischen Lebens wegfiele.

- Sch überlegen: Was bedeutet »vom Ende her denken«, wenn es kein Ende gibt?
- Sch notieren ihre Gedanken (evtl. als HA).
- Bei der Sammlung und Auswertung der Sch-Beiträge steht die Veränderung des gegenwärtigen Lebensgefühls durch die – nur schwer vorstellbare – unbegrenzte Zukunft im Vordergrund.

Vom Ende her denken: ein konkreter Fall

Nachdem Sch sich unter der Leitfrage »Welche Vorstellungen vom Ende zeigen sich?« mit Text und Bild der *Deuteseite I* auseinandergesetzt haben (z. B. mit AA 3 auf *Deuteseite* **92**), beziehen sie die beiden Perspektiven auf einen konkreten Fall.

- Was bedeutet es, eine Situation entweder vom Erwartungshorizont des Jesaja oder dem, der sich im Bild ausdrückt, zu gestalten?
  Ich muss damit umgehen, dass
  – ich keine Lehrstelle finde;
  – eine Freundschaft geplatzt ist;
  – ich mich finanziell benachteiligt fühle etc.
- Sch wählen einen Fall und bearbeiten ihn aus beiden Perspektiven. Dabei betonen Sch, welche Folgen beide Zukunftsbilder für die eigene Motivation, Kreativität und Kraft besitzen, auch wenn die äußeren Umstände problematisch sind.

3. Weiterführende Anregung

Zukunftsbilder in Comics IDEENSEITE 90

In vielen Medien und auf unterschiedliche Weise werden Bilder von der Zukunft entworfen. Das Science-Fiction-Genre hat dies zum wichtigsten Inhalt. Es präsentiert sich in Filmen, Computerspielen, Romanen und Comics und wird von Jugendlichen in der Regel mehr rezipiert als etwa biblische Zukunftsbilder.

- Sch bringen Comics in den RU mit und präsentieren sie der Klasse.
- Anschließend vergleichen Sch einen Comic mit dem Text und dem Bild auf *Deuteseite I* 92-93.
- Neben der angebotenen GA sind auch Kurzreferate reizvoll, die Sch zu Hause erarbeiten und ansprechend präsentieren.

Grundsätze der katholischen Soziallehre

Die vier Grundsätze der katholischen Soziallehre lassen sich durch Sinnsprüche oder Sprichwörter verdeutlichen.
- *Verbinden Sie die Grundsätze mit je einem Sinnspruch durch einen Pfeil und begründen Sie Ihre Entscheidung.*
- *Füllen Sie die leere Grafikbox passend.*

Grundsatz der Nachhaltigkeit

Der Sabbat ist für den Menschen da, nicht der Mensch für den Sabbat.

Wir sitzen alle in einem Boot.

Grundsatz der Subsidiarität

Grundsatz der Personalität

Die Kirche im Dorf lassen

Grundsatz der Solidarität

....

Christen mischen sich ein

Infoseite I

1. Hintergrund

In den Auseinandersetzungen um die Lösung gegenwärtiger und zukünftiger sozialer Probleme in Deutschland ist für Sch nicht leicht zu erkennen, ob sich Menschen aus ihrem christlichen Selbstverständnis einmischen und wie dabei signifikant Christliches sichtbar wird. Auf beide Fragen bezieht sich die Überschrift.

Christen haben den Auftrag, sich einzumischen und tun dies auch. Sie mischen sich aber nicht nur praktisch ein, sondern stellen auch die Frage, wie man sich einmischen kann und soll. Dabei ist klar, dass Christen keine fertigen Patentrezepte für soziale Problemlagen besitzen, sie beziehen vielmehr eine Position in der gesellschaftlichen Diskussion. Die Grundlage ihrer Einmischung bilden vier **Prinzipien der katholischen Soziallehre**: Personalität, Solidarität, Subsidiarität, Nachhaltigkeit.

Diese Prinzipien besitzen einen biblisch und christlich-anthropologisch fundierten Rahmencharakter für die Bearbeitung sozialer Fragen. Ihre prinzipielle Ausrichtung bedeutet, dass ihre Anwendung im Einzelfall und im Detail zu durchaus unterschiedlichen Ergebnissen führen kann. Daher können sich Christen in verschiedenen politischen Gruppen und Parteien für die Lösung sozialer Fragen einsetzen und dort auf die Beachtung dieser Grundsätze dringen.

Im Anwendungsfall sollen alle Prinzipien gelten. Kein Prinzip darf isoliert gesehen werden. Das schließt jedoch unterschiedliche Akzentsetzungen nicht aus. Im »Wort des Rates der Evangelischen Kirche in Deutschland und der katholischen Bischofskonferenz zur wirtschaftlichen und sozialen Lage in Deutschland: Für eine Zukunft in Solidarität und Gerechtigkeit« von 1997 heißt es in Nr. 120: »Ebenso wie die gleiche Menschenwürde aller die Einrichtung der Gesellschaft nach dem Grundsatz der Solidarität verlangt, fordert sie zugleich dazu heraus, der je einmaligen Würde und damit der Verantwortungsfähigkeit und Verantwortlichkeit einer jeden menschlichen Person Rechnung zu tragen. Deshalb wird der Solidarität das Prinzip der Subsidiarität zur Seite gestellt.«

Das zitierte Wort der beiden Kirchen belegt den ökumenischen Charakter der Sozialprinzipien. In der gegenwärtigen Lage fügt das ökumenische Wort zur wirtschaftlichen und sozialen Lage in Deutschland den drei traditionellen Prinzipien noch einen weiteren Grundsatz hinzu (Nr. 122): »Die Solidarität bezieht sich nicht nur auf die gegenwärtige Situation; sie schließt die Verantwortung für die kommenden Generationen ein. Die gegenwärtige Generation darf nicht auf Kosten der Kinder und Kindeskinder wirtschaften, die Ressourcen verbrauchen, die Funktions- und Leistungsfähigkeit der Volkswirtschaft aushöhlen, Schulden machen und die Umwelt belasten. Auch die künftigen Generationen haben das Recht, in einer intakten Umwelt zu leben und deren Ressourcen in Anspruch zu nehmen. Diese Maxime versucht man neuerdings mit dem **Prinzip der Nachhaltigkeit** und der Forderung nach einer nachhaltigen, d. h. einer dauerhaften und zukunftsfähigen Entwicklung auszudrücken.« Zwar gehört dieses Prinzip nicht zur klassischen Trias der sozialethischen Prinzipienlehre, seine Integration belegt aber die Entwicklungsmöglichkeiten dieser Prinzipien. Gerade die katholische Soziallehre zeigt, wie kirchliche Lehre auf neue Herausforderungen reagiert.

Innerhalb der tatsächlichen sozialen Problemfälle liegt der geschilderte Einzelfall von Familie Schmitt in dem Text »**Leben unter der Armutsgrenze**« auf *Infoseite I* 95 bei einem mittleren Härtegrad. Strukturelle, aber auch selbstverantwortete Faktoren haben zu der prekären Situation der Familie geführt. In der Realität gibt es Situationen, die noch schwieriger und ausweglosor erscheinen.

2. Einsatzmöglichkeiten im RU

Umschreiben

Die vier Prinzipien der katholischen Soziallehre sind zunächst recht abstrakt formuliert und in ihrer z. T. fremdsprachlichen Bezeichnung auch nicht leicht zu merken.

- Sch erhalten **AB 10.5.3, Lehrerkommentar S. 135**, und lesen es gut durch. Durch redensartliche Umschreibungen werden die Prinzipien für Sch präziser und leichter zu memorieren.
- Das Prinzip der Personalität wird durch das biblische Bildwort »Der Sabbat ist für den Menschen da, nicht der Mensch für den Sabbat« charakterisiert. Der Satz akzentuiert den personalen Bezug von Regelungen, Gesetzen und Einrichtungen.
- »Wir sitzen alle in einem Boot« umschreibt den Begriff »Solidarität«.
- Das Prinzip der Subsidiarität wird mit »Die Kirche im Dorf lassen« gekennzeichnet, um den Eigenwert der kleinen, lokalen Gemeinschaft gegenüber übergeordneten Instanzen hervorzuheben.
- Für das Prinzip der Nachhaltigkeit finden Sch eine eigene Umschreibung. Sie muss keine Redensart sein, sondern das Gemeinte nur prägnant und einprägsam wiedergeben.
- Im Plenum klären Sch ihr Verständnis der Prinzipien.

Stopp dem Pleitegeier: Wege aus der Überschuldung

Wenn z. B. eine Familie Schulden gemacht hat und diese Schulden aus eigenem Einkommen nicht mehr begleichen kann, haben die Gläubiger – das ist jemand, der die Rückzahlung der Schulden fordern kann – zunächst das Recht, 30 Jahre lang für die Rückzahlung der Schulden zu sorgen. Für den Schuldner bedeutet dies aber häufig eine lange Zeit ohne Perspektive für sein Leben. Um einen Neubeginn für einen privaten Schuldner trotz hoher Schulden zu ermöglichen, gibt es ein Verfahren, mit dem Überschuldete unter Umständen auch gegen den Willen ihrer Gläubiger eine Befreiung von ihren Schulden erlangen können. Es trägt den Namen »Verbraucherinsolvenzverfahren« (Insolvenz = Zahlungsunfähigkeit). Wird das Verfahren mit Erfolg abgeschlossen, kann eine überschuldete Familie nach sechs Jahren wieder schuldenfrei sein.

Das Verbraucherinsolvenzverfahren läuft in drei Stufen ab:
Die *erste Stufe* ist ein außergerichtliches Verfahren. Hier geht es darum, alle anstehenden Zahlungsverpflichtungen, z. B. fällige Kreditraten oder unbezahlte Rechnungen, zu prüfen und zu ordnen und Regelungen mit allen Gläubigern zu treffen, die es dem Schuldner möglich machen, diese Schulden angemessen zu begleichen. Schuldner und Gläubiger versuchen gemeinsam, sich gütlich zu einigen.
Schuldnerberaterinnen und Schuldnerberater können durch ihr Fachwissen bei Gesprächen und Verhandlungen mit Gläubigern sehr hilfreich sein. Wie die Rückzahlung der Schulden gestaltet wird, hängt von der individuellen Situation der Schuldnerinnen und Schuldner ab und steht auch im Ermessen der Gläubiger.

Scheitert die außergerichtliche Einigung, kann auf einer *zweiten Stufe* der Schuldner nochmals versuchen, sich mit seinen Gläubigern zu einigen. Dies geschieht nun allerdings vor Gericht. Der Vorteil liegt darin, dass nun nicht mehr alle Gläubiger, sondern nur eine Mehrheit von ihnen dem vereinbarten Rückzahlungsweg zustimmen müssen.

Scheitert auch dieser Versuch, kommt es auf der *dritten Stufe* zu einem gerichtlichen Insolvenzverfahren. Der Schuldner muss dem Gericht alle seine Schulden, seine Einkünfte und sein Sach- und Geldvermögen angeben. Gemeinsam wird ein Treuhänder bestellt: Das ist in der Regel ein Rechtsanwalt bzw. eine Rechtsanwältin. Mit dem Treuhänder wird festgelegt, wie viel Geld die Familie im Monat zum Leben benötigt (das orientiert sich am Sozialhilfesatz), alles andere wird dem Treuhänder ausbezahlt, der das Geld auf die Gläubiger verteilt. Dies dauert bis zu sechs Jahren, in der der Schuldner natürlich keine neuen Schulden machen darf, möglichst wenig Geld ausgeben darf und versuchen muss, seinen Arbeitsplatz zu behalten oder einen neuen zu finden. Wenn Treuhänder und Gericht nach spätestens sechs Jahren festgestellt haben, dass sich der Schuldner ordnungsgemäß verhalten hat, werden ihm alle noch bestehenden Restschulden erlassen.
Er kann wieder ein schuldenfreies Leben führen.

- *Informieren Sie sich noch genauer über Einzelheiten dieses Verfahrens.*
- *Sollte Familie Schmitt (Infoseite I 95) ein Verbraucherinsolvenzverfahren beantragen? Diskutieren Sie Vor- und Nachteile.*
- *Genügt dieses Verfahren den Anforderungen der Prinzipien, die die katholische Soziallehre benennt? Begründen Sie Ihre Position.*

Pro und contra Unterstützung
- Sch lesen den Text auf *Infoseite I 95*.
- Die Überschuldung von Familie Schmitt verlangt eine Lösung. Sch diskutieren die grundsätzliche Frage, ob Familie Schmitt erst noch nach weiteren eigenen Lösungsmöglichkeiten suchen muss oder ob sie auf gesellschaftliche Unterstützung setzen soll.
- In GA entwerfen Sch je ein Plädoyer für die eine und für die andere Position. Dabei können die Prinzipien der Solidarität und der Subsidiarität in die Argumentation einfließen.
- Einige Plädoyers werden vorgetragen und auf ihre Tragfähigkeit hin überprüft.

Stopp dem Pleitegeier

Das Verbraucherinsolvenzverfahren ist eine – nicht einfache – Möglichkeit, auf geordnetem Weg mit gerichtlicher Unterstützung einer Jahrzehnte währenden Schuldenfalle zu entrinnen. Da sich die beiden christlichen Kirchen durch die Hilfsorganisationen Diakonie und Caritas in der Schuldnerberatung engagieren, bildet der Umgang mit Schulden ein wichtiges Feld, auf dem sich christlich motivierte Gegenwarts- und Zukunftsverantwortung für den Einzelnen bewähren können.

- Sch erhalten **AB 10.5.4, Lehrerkommentar S. 137**, das die Grundzüge des zurzeit geltenden Verbraucherinsolvenzverfahrens darstellt. Der Informationsgehalt reicht aus, um das Verfahren grundsätzlich auf den Fall der Familie Schmitt (*Infoseite I 95*) anzuwenden.
- Ggf. bereiten Sch die Bearbeitung durch eine Internetrecherche (evtl. HA) vor.
- Vor dem Hintergrund des AB 10.5.4 lädt die Klasse eine/n Schuldnerberater/in ein (evtl. in Kooperation mit dem Sozialkundeunterricht). Da es unter den Beratungsstellen auch unseriöse Anbieter gibt, sollte man sich an eine große Institution wenden (z. B. Caritas, Diakonie, Sozialamt).

Kein Überleben ohne Weltethos? Infoseite II 96 97

1. Hintergrund

Wenn sich christliche Vorstellungen von einer gerechteren und friedvolleren Welt im Zuge der immer dichter werdenden globalen Vernetzung von Aufgaben und Problemen durchsetzen sollen, muss es Verbündete geben, die sich ähnlichen Zielen verpflichtet wissen. Es liegt durchaus nahe, sie in den ethischen Prinzipien anderer Religionen zu suchen. Dieses Vorhaben wird wesentlich unterstützt durch die schon mindestens seit dem 19. Jh. bekannte Entdeckung, dass es in vielen religiösen Traditionen prinzipielle Gemeinsamkeiten von Handlungszielen gibt. Einen viel beachteten Ausdruck hat diese Gemeinsamkeit in der 1993 durch das Weltparlament der Religionen verabschiedeten **»Erklärung zum Weltethos«** gefunden. *Infoseite II 96-97* akzentuiert diese Gemeinsamkeiten durch eine kurze Inhaltsangabe der Erklärung und durch den Hinweis auf die universale Präsenz der »Goldenen Regel«. Die grafische Darstellung will auf die Gemeinsamkeit und auf die unterschiedliche religiöse Kontextualisierung der Regel hinweisen, womit ihr aber keine prinzipiell unterschiedlichen Interpretationsformen angetragen werden.
Auch das Weltethos hebt den eigenen Rahmen der unterschiedlichen religiösen Traditionen nicht auf. Mit Weltethos ist keine neue Weltideologie gemeint oder gar der Versuch zu einer uniformen Einheitsreligion. Der Appell an alle Menschen, gleich ob sie einer Religion angehören oder nicht, für ein Minimum an gemeinsamen Werten, Grundhaltungen und Maßstäben einzutreten, will die hochethischen Forderungen jeder einzelnen Religion nicht etwa durch einen ethischen Minimalismus ersetzen, sondern einen Bestand herausstellen, der für das Überleben der Menschheit notwendig ist. Er lädt alle Menschen ein, sich dieses Ethos zu eigen zu machen und entsprechend zu handeln.

Die **Goldene Regel** ist weder an eine religiöse Überlieferung gebunden, noch findet sie sich nur dort. Ihr formaler, auf Gegenseitigkeit abzielender Impuls macht sie als eine Grundregel leicht einsehbar und vielfach einsetzbar. Sie kommt in negativer Formulierung (vgl. das Sprichwort: »Was du nicht willst, dass man dir tu, das füg auch keinem anderen zu!«) genauso vor wie in ihrer mehr initiativen, positiven Fassung (vgl. z. B. die Fassung in der Bergpredigt, Mt 7,12). Beide Richtungen werben für die Gleichberechtigung der an einer Handlung Beteiligten, weshalb die Goldene Regel auch in unterschiedlichen individuellen, sozialen und politischen Kontexten angewendet wird. Da es sich um eine innerweltlich plausible Klugheitsregel handelt, muss ihre Interpretation durch unterschiedliche Religionen – etwa mehr eschatologisch ausgerichtet im Christentum, mehr pragmatisch orientiert im Konfuzianismus – nicht betont werden. Vielmehr kann die **Grafik** auf *Infoseite II 97* mit ihren farbigen Säulen und dem quer stehenden Schriftzug auch das Gegenteil deutlich machen: Obwohl die erwähnten Religionen z. B. unterschiedliche Gottes- und Erlösungsvorstellungen haben, besitzen sie gemeinsame ethische Grundorientierungen. In der Kon-

Erklärung zum Weltethos: Die erste unverrückbare Weisung

1. Verpflichtung auf eine Kultur der Gewaltlosigkeit und der Ehrfurcht vor allem Leben

Ungezählte Menschen bemühen sich in allen Regionen und Religionen um ein Leben, das nicht von Egoismus bestimmt ist, sondern vom Einsatz für die Mitmenschen und die Mitwelt. Und doch gibt es in der Welt von heute unendlich viel Hass, Neid, Eifersucht und Gewalt, nicht nur zwischen den einzelnen Menschen, sondern auch zwischen sozialen und ethnischen Gruppen, zwischen Klassen und Rassen, Nationen und Religionen. Gewaltanwendung, der Drogenhandel und das organisierte Verbrechen, ausgestattet oft mit neuesten technischen Möglichkeiten, haben globale Ausmaße erreicht. Vielerorts wird noch mit Terror »von oben« regiert, Diktatoren vergewaltigen ihre eigenen Völker, und institutionelle Gewalt ist weit verbreitet. Selbst in manchen Ländern, wo es Gesetze zum Schutz individueller Freiheiten gibt, werden Gefangene gefoltert, Menschen verstümmelt, Geiseln getötet.

A Aus den großen alten religiösen und ethischen Traditionen der Menschheit aber vernehmen wir die Weisung: Du sollst nicht töten! Oder positiv: Hab Ehrfurcht vor dem Leben! Besinnen wir uns also neu auf die Konsequenzen dieser uralten Weisung: Jeder Mensch hat das Recht auf Leben, körperliche Unversehrtheit und freie Entfaltung der Persönlichkeit, soweit er nicht die Rechte anderer verletzt. Kein Mensch hat das Recht, einen anderen Menschen physisch oder psychisch zu quälen, zu verletzen, gar zu töten. Und kein Volk, kein Staat, keine Rasse, keine Religion hat das Recht, eine andersartige oder andersgläubige Minderheit zu diskriminieren, zu »säubern«, zu exilieren, gar zu liquidieren.

B Gewiss, wo es Menschen gibt, wird es Konflikte geben. Solche Konflikte aber sollten grundsätzlich ohne Gewalt im Rahmen einer Rechtsordnung gelöst werden. Das gilt für den Einzelnen wie für die Staaten. Gerade die politischen Machthaber sind aufgefordert, sich an die Rechtsordnung zu halten und sich für möglichst gewaltlose, friedliche Lösungen einzusetzen. Sie sollten sich engagieren für eine internationale Friedensordnung, die ihrerseits des Schutzes und der Verteidigung gegen Gewalttäter bedarf. Aufrüstung ist ein Irrweg, Abrüstung ein Gebot der Stunde. Niemand täusche sich: Es gibt kein Überleben der Menschheit ohne Weltfrieden!

C Deshalb sollten schon junge Menschen in Familie und Schule lernen, dass Gewalt kein Mittel der Auseinandersetzung mit anderen sein darf. Nur so kann eine Kultur der Gewaltlosigkeit geschaffen werden.

D Die menschliche Person ist unendlich kostbar und unbedingt zu schützen. Aber auch das Leben der Tiere und der Pflanzen, die mit uns diesen Planeten bewohnen, verdient Schutz, Schonung und Pflege. Hemmungslose Ausbeutung der natürlichen Lebensgrundlagen, rücksichtslose Zerstörung der Biosphäre, Militarisierung des Kosmos sind ein Frevel. Als Menschen haben wir – gerade auch im Blick auf künftige Generationen – eine besondere Verantwortung für den Planeten Erde und den Kosmos, für Luft, Wasser und Boden. Wir alle sind in diesem Kosmos miteinander verflochten und voneinander abhängig. Jede/r von uns hängt ab vom Wohl des Ganzen. Deshalb gilt: Nicht die Herrschaft der Menschen über Natur und Kosmos ist zu propagieren, sondern die Gemeinschaft mit Natur und Kosmos zu kultivieren.

E Wahrhaft Mensch sein heißt im Geist unserer großen religiösen und ethischen Traditionen, schonungsvoll und hilfsbereit zu sein und zwar im privaten wie im öffentlichen Leben. Niemals sollten wir rücksichtslos und brutal sein. Jedes Volk soll dem anderen, jede Rasse soll der anderen, jede Religion soll der anderen Toleranz, Respekt, gar Hochschätzung entgegenbringen. Minderheiten – sie seien rassischer, ethnischer oder religiöser Art – bedürfen unseres Schutzes und unserer Förderung.

- Um die unterschiedlichen Ziele der Erklärung besser zu verstehen, geben Sie der Einleitung sowie den Abschnitten A bis E eine kurze Überschrift, die die Absicht des Abschnitts verdeutlicht.
- Unbedingte Gewaltlosigkeit und das Recht auf Selbstverteidigung stehen in einem spannenden Verhältnis.
  Sie werden angegriffen und müssen sich verteidigen. Wird in der beschriebenen »Kultur der Gewaltlosigkeit« ein Recht auf Selbstverteidigung bejaht? Begründen Sie Ihre Ansicht.

sequenz liegt ein Primat in der Ökumene des Handelns, in dem Christen und Nichtchristen im Einsatz für andere Menschen und für eine umfassende Entwicklung zusammenarbeiten. Dies kann Vertrauen und Respekt voreinander wachsen lassen, weil sich diese Ökumene in konkreten Projekten und nicht in folgenlosen Gesprächen über verschiedene Glaubensinhalte manifestiert.

Darin liegt auch die religionsdidaktische Intention der *Infoseite II* 96-97: Über die Information zum Weltethos und zum universalen Imperativ der Goldenen Regel können Sch zur Einsicht gelangen, dass gemeinsames, religionenübergreifendes Handeln möglich und zur Gestaltung unserer Welt auch notwendig ist.

2. Einsatzmöglichkeiten im RU

Fünf vor zwölf? IDEENSEITE (91)

- Sch stellen einige Konflikte, Probleme und strukturelle Schwierigkeiten auf verschiedenen Ebenen – von lokal bis global – zusammen, um sich die Dringlichkeit eines handlungsbezogenen Weltethos vor Augen zu führen.
- Dafür nehmen sie zunächst die Intention der Karikatur auf *Ideenseite* 91 auf. Sie signalisiert, dass eine Analyse der Sorgen, eine Demonstration des Wissens um die vorhandenen Schwierigkeiten nicht ausreicht. Wenn nicht schnell gehandelt wird, droht der Sturz in den Abgrund.
- Die Ausführung der Idee bedarf insofern der Vorbereitung, als die Ufergruppe anstehende Probleme deutlich benennen muss, während die Bootgruppe Vorwände, Ausreden und Schuldzuweisungen benötigt, die zwar ein Bewusstsein für die Schwierigkeiten zeigen, die Notwendigkeit, selbst zu handeln, aber abwiegeln.
- In einem zweiten Schritt vergleichen Sch die Haltung beider Gruppen mit den unverzichtbaren Weisungen der Erklärung zum Weltethos.
- Welchen Platz nimmt die Erklärung ein?
- Welche Funktion kann ein gemeinsames Ethos bzgl. der beschriebenen Lage einnehmen?

Unterschiede der Religionen

- Sch erarbeiten wichtige Unterschiede in der Lehre und der Praxis der Religionen, um den Wert der Goldenen Regel als allen großen Weltreligionen gemeinsamen Handlungsorientierung zu würdigen und ihre unterschiedlichen Kontexte ansatzweise zu erschließen.
- Je nach der Kompetenz der Lerngruppe sammeln Sch mit oder ohne Hilfsmittel (Internet, Lexika, Schulbibliothek) in GA Unterschiede der Religionen, z. B. Gottesnamen, heilige Schriften, Gebäude und Rituale, Gründerfiguren u. Ä.

- Darauf bilden sich neue Gruppen, die aus je einem bzw. einer Sch der ersten GA-Phase zusammengesetzt sind – Gruppenpuzzle. In der neuen Gruppe informieren sich Sch gegenseitig über die Ergebnisse der ersten GA.
- Nun lesen Sch den Text auf *Infoseite II* 96 und interpretieren im UG die Grafik auf *Infoseite II* 97.

Weltethos: Die erste unverrückbare Weisung

Auf den ersten Blick erscheinen die vier unverrückbaren Weisungen der Erklärung zum Weltethos wie sehr allgemein und idealistisch klingende Phrasen. Deshalb lohnt es sich, eine der Weisungen im Volltext zur Kenntnis zu nehmen und problematisierend zu bearbeiten. **AB 10.5.5, Lehrerkommentar S. 139**, präsentiert den vollständigen Text der ersten Weisung. Wie alle vier Weisungen ist sie schematisch aufgebaut:

Einleitung: Zunächst sind Bemühungen zur Verwirklichung der Ziele genannt, die in eine kurze Aufzählung der Missstände münden.

Teil A: Die religiöse Weisung und ihre Begründung werden beschrieben.

Teil B: Vor dem Hintergrund der beschriebenen Wirklichkeit wird ein zukunftsweisendes Motto formuliert, das einen Weg aus der genannten Krise zeigt.

Teil C: Hier werden entsprechende Erziehungsaufgaben für Familie und Schule genannt.

Teil D: Thema sind die Veränderungen, die sich aus der Weisung ergeben.

Teil E: Der Schlussteil sagt aus, wie unser Verhalten sein soll.

- Sch diskutieren die Frage, ob die Weisung das Recht auf Selbstverteidigung integriert, kontrovers.

Weltethos und Schwangerschaftsabbruch

Nachdem Sch die erste Weisung aus der Erklärung zum Weltethos erarbeitet haben, können sie diese auf ein konkretes, weltweit vorhandenes und umstrittenes Problem beziehen.

AB 10.5.6, Lehrerkommentar S. 141, wählt als ein signifikantes Problem den Schwangerschaftsabbruch, weil es eine direkte, auch in Deutschland virulente Frage ist, die in diesem Lehrerkommentar in Kapitel 3 nicht behandelt wurde. Das AB vermittelt zunächst einige Fakten zum Thema, stellt dann religiös und ethisch relevante Fragen zusammen, um abschließend den Rahmencharakter der Weltethoserklärung zu benennen.

- Sch bearbeiten die erste Aufgabe. Profunde und gut lesbare Information hierfür bietet das Kapitel »Abtreibung« in Michael Klöcker/Udo Tworuschka, Ethik der Weltreligionen, 2005.

Die Bearbeitung kann aber auch entfallen, da die Kenntnis der unterschiedlichen religiösen Positionen für die zweite Anregung nicht zwingend erforderlich ist.

Für eine Kultur der Gewaltlosigkeit und der Ehrfurcht vor dem Leben:
Die Frage nach dem Schwangerschaftsabbruch

Nach Schätzungen der Weltgesundheitsorganisation sind weltweit etwa ein Drittel aller Schwangerschaften ungeplant und etwa ein Viertel aller schwangeren Frauen entscheiden sich für einen Abbruch. Dies sind hochgerechnet jährlich etwa 46 Millionen Abtreibungen weltweit. Geschätzte 20 Millionen davon finden illegal und unter hygienisch problematischen Bedingungen statt, was in 40 Prozent dieser Fälle zu schweren medizinischen Komplikationen führt. Bei Schwangerschaftsabbrüchen, die unter medizinisch einwandfreien Bedingungen durchgeführt werden, kommt es bei weniger als einem Prozent der Fälle zu schweren Komplikationen. Unter »schwerer medizinischer Komplikation« werden hier jene Komplikationen verstanden, die Gesundheit oder Leben der Frau ernsthaft gefährden. Diese Zahlen sind jedoch mit Vorsicht zu betrachten, da es sich – was die Situation in Ländern ohne legalisierte Abtreibung betrifft – um Hochrechnungen und Dunkelziffern handelt. Denn dort werden nur die Fälle statistisch erfasst, in denen sich die Frau nach einer misslungenen Abtreibung in ärztliche Behandlung begeben muss oder stirbt. Nach Schätzung der Weltgesundheitsorganisation (2004) sterben jährlich etwa 70 000 Frauen infolge illegaler, durch unqualifiziertes Personal und/oder unter hygienisch misslichen Bedingungen durchgeführten Abtreibungen. Die Legalität allein macht Abtreibungen nicht unbedingt ungefährlich. Viele Länder haben eine derart unzureichende medizinische Versorgung, dass ohnehin nicht genügend Ärzte vorhanden sind, die die Eingriffe vornehmen können.

Die großen Weltreligionen sind sich in der grundsätzlichen Verurteilung eines Schwangerschaftsabbruchs einig, da eine Abtreibung einen gewalttätigen Eingriff in das Recht auf Leben bedeutet. Allerdings gibt es in und zwischen den Religionen unterschiedliche Positionen zu einigen Fragen:
- Ab welchem Zeitpunkt der Schwangerschaft liegt die Tötung ungeborenen Lebens überhaupt vor?
- Was ist mit Schwangerschaften, die durch eine Vergewaltigung der Frau entstanden sind oder das Leben der Frau gefährden?
- Ist eine Schwangerschaft verantwortbar, wenn das Kind weit unter der Armutsgrenze aufwachsen muss oder sein Leben durch lebensbedrohende Not gefährdet ist?
- Wie beziehen religiöse Gemeinschaften Stellung zur Frage einer begrenzten Legalisierung von Schwangerschaftsabbrüchen und zur hohen Zahl illegaler Abbrüche?

Die Erklärung zum Weltethos hat konkrete Probleme wie den Schwangerschaftsabbruch bewusst ausgeklammert, da es hier zu keiner Einigung unter den Religionen gekommen wäre. Die Erklärung will einen Rahmen setzen, in dem praktische Schritte zur Lösung konkreter Probleme erst noch gefunden werden sollen.

- *Informieren Sie sich zunächst über die Positionen der großen Religionen zum Schwangerschaftsabbruch. Dafür gibt es im Internet viele Möglichkeiten.*
- *Sie werden von den Vertretern der Religionen beauftragt, der ersten unverrückbaren Weisung aus der Erklärung zum Weltethos in der Frage des Schwangerschaftsabbruchs eine größere Geltung zu verschaffen. Bilden Sie eine AG und formulieren Sie ein Ziel, das Ihren Auftrag umsetzt. Geben Sie in mehreren, möglichst praktischen Schritten an, wie die Menschen diesem Ziel näherkommen können.*
- *Nach der Vorstellung Ihrer Arbeitsergebnisse diskutieren Sie die Ziele und Schritte der anderen Gruppen.*

- Sch beziehen das Problem des Schwangerschaftsabbruchs primär auf die erste Weisung der Weltethoserklärung und versuchen, die Komplexität des Problems in ein plausibles Ziel und konkrete Schritte zu transformieren.

- Sch diskutieren in Gruppen oder im Plenum einerseits, welche Schwierigkeiten diese Anwendung birgt, und entwickeln andererseits kreative Vorstellungen für eine zukünftige, gewaltarme Praxis.

Zukunft für die Eine Welt

Infoseite III

1. Hintergrund

Nachdem *Infoseite II* mögliche ethische Grundlagen für eine überregional ausgerichtete Praxis präsentiert hat, zeigt *Infoseite III* **98-99** Handlungsweisen von Einzelpersonen, Gruppen und Organisationen. Durch den informativen Charakter will *Infoseite III* auch ausdrücken, dass lokales, nichtstaatliches und staatliches Handeln für eine Verbesserung der globalen Lebensverhältnisse notwendig ist und die verschiedenen Handlungsebenen miteinander vernetzt sind.

»(Über)Morgen leben« wird nur erreicht, wenn immer mehr Menschen dem Motto der Agenda 21: »global denken, lokal handeln« folgen. Was dies praktisch bedeuten kann, macht ansatzweise die Arbeit der »Eine-Welt-Gruppen« deutlich. Vor allem bei den **Gruppen mit kirchlicher Anbindung** hat sich ein Wechsel des Selbstverständnisses und der Aufgabenstellung vollzogen. Standen jahrzehntelang Werke der Barmherzigkeit im Vordergrund, die sich in erster Linie im Sammeln von Spenden und deren Transfer ausdrückten, so betonen viele heute eher die Bildungs- und Informationsarbeit, um für strukturelle Änderungen in der Einen Welt zu werben. Dies wird durch einen lokalen Einsatz z. B. für zu Unrecht internierte Menschen oder für fairen Handel unterstützt. Dabei sind die Gruppen selbst aufgefordert, ihre Arbeit kompetent zu gestalten, damit ihr Engagement nicht als wirkungslos oder unsachgemäß – im Sinn von »gut gemeint, aber falsch« – abgewertet werden kann. Dies muss der RU unterstützen, denn es kommt nicht darauf an, irgendetwas für die Eine Welt zu tun, vielmehr muss sich ethische mit wirtschaftlicher Kompetenz verbinden. In diesem Sinne meint globales Denken z. B., dass

- die in den Ländern des Südens vorhandenen regionalen Wirtschafts- und Agrarstrukturen ausgebaut und gefördert werden;
- die Einhaltung ökologischer und sozialer Mindeststandards gefordert und unterstützt wird;
- die Länder des Südens verstärkt von den Ergebnissen der eigenen Wirtschaft leben und Gewinne in die Verbesserung ihrer Infrastruktur – z. B. Bildung und Gesundheit – investieren können;
- die Weltmarktpreise für Rohstoffe und Agrarprodukte nicht ausschließlich von wenigen multinationalen Konzernen bestimmt werden.

Agenda 21

Im Juni 1992 fand in Rio de Janeiro die »Konferenz der Vereinten Nationen für Umwelt und Entwicklung« statt. In der brasilianischen Metropole trafen sich Vertreter aus 178 Staaten. Fünf wichtige Dokumente wurden unterzeichnet:

Die *Rio-Deklaration* legt in 27 Artikeln die wesentlichen Grundsätze fest, die im Bereich Umwelt und Entwicklung das künftige Verhalten der Staaten bestimmen sollen.

Die *Klimarahmenkonvention* schafft völkerrechtlich verbindliche Grundlagen für die internationale Zusammenarbeit zur Verhinderung einer weltweiten Klimaerwärmung.

Die *Konvention über die biologische Vielfalt* schützt weltweit Tier- und Pflanzenarten sowie ihre bedrohten Lebensräume.

Die *Walderklärung* legt Grundsätze zur Waldbewirtschaftung und zur Walderhaltung fest, die völkerrechtlich allerdings nicht verbindlich sind.

Schließlich wurde die *Agenda 21* als ein Aktionsprogramm für das 21. Jahrhundert unterzeichnet. Sie enthält für wesentliche Bereiche der Umwelt- und Entwicklungspolitik detaillierte Handlungsaufträge an alle Staaten. Kapitel 28 der Agenda richtet sich an die Kommunen als unterste und den Bürgern am nächsten stehende politische Ebene. Ihnen wird der Auftrag erteilt, in einem Diskussionsprozess mit ihren Bürgern, Unternehmen und Verbänden Umweltschutz sowie wirtschaftliche und soziale Entwicklung durch die Aufstellung kommunaler Agenden 21 voranzubringen.

Eine kleine lokale Praxis, die diese globalen Ziele unterstützt, besteht in der Aufwertung von Produkten aus fairem Handel. Deshalb wird er in einem Beispiel auf *Infoseite III* **98** (Kaffee) und mit dem AB 10.5.7 (Bananen) hervorgehoben. Der kleine Schritt zur Aufwertung des fairen Handels macht religionsdidaktisch auch deutlich, dass es nicht um die Beantwortung ganz großer, global-ethischer Fragen geht, wie z. B. »Wie beseitigen wir den Hunger auf der Welt?«. An der Beantwortung muss der RU scheitern, weil er die Komplexität des Gegenstands nicht einholen kann,

Bananen – fair gehandelt

Die Europäische Union führt ca. 40 Prozent aller weltweit exportierten Bananen ein und bildet damit den größten Absatzmarkt. In Deutschland gehören Bananen nach Äpfeln zum meistverzehrten Frischobst. Der Bananenhandel ist unter wenigen Konzernen aufgeteilt, die den Markt und die Preise unter ihrer Kontrolle halten. Oft bestimmen ungerechte Löhne, hoher Pestizideinsatz und schlechte Arbeitsbedingungen den Alltag von PlantagenarbeiterInnen und Kleinbauern.

Für den fairen Bananenhandel gelten Mindestpreise. Sie sind unabhängig von den Preisschwankungen auf den Märkten zu bezahlen und enthalten in jedem Fall einen Aufschlag von 1 US-Dollar pro 18,4 kg-Kiste, und zwar für Investitionen in die Infrastruktur, in Bildung, Gesundheit und ökologische Verbesserungen. Außerdem decken sie alle Produktionskosten ab, die unter menschenwürdigen Arbeits- und Lebensbedingungen durchschnittlich entstehen.

Welche Kriterien erfüllen die Produzentenorganisationen?
In das Bananen-Produzentenregister können sowohl Genossenschaften als auch Plantagen aufgenommen werden, die sich zur Einhaltung folgender Kriterien verpflichten:
- Die jeweilige Organisation ist unabhängig und wird von ihren Mitgliedern demokratisch kontrolliert. Dies gilt besonders für die Verwendung des Mehrerlöses aus dem fairen Handel.
- Transparenz von Management und Verwaltung müssen gegeben sein.
- Die einzelnen Organisationen sind offen für neue Mitglieder und lehnen jegliche Diskriminierung ab.

Der Plantagenbesitzer geht zusätzlich folgende Verpflichtungen ein:
- Auf der Plantage ist eine eigenständige, unabhängige Vertretung der Landarbeiter zugelassen.
- Alle Beschäftigten sind berechtigt, sich einer unabhängigen Gewerkschaft anzuschließen und kollektiv über Löhne und Arbeitsbedingungen zu verhandeln.
  Genossenschaften und Plantagenbesitzer verpflichten sich, arbeitsrechtliche und ökologische Mindeststandards umzusetzen, dazu zählen u. a.
- das Verbot von Zwangs- und Kinderarbeit;
- Maßnahmen zum Gewässer- und Erosionsschutz;
- die schrittweise Reduktion im Gebrauch von Pestiziden.

Was müssen Importeure und Hersteller für das Siegel tun?
Nur wer sich vertraglich verpflichtet, die Kriterien des fairen Handels einzuhalten und dies auch von TransFair kontrollieren zu lassen, darf seine Produkte mit dem TransFair-Siegel auszeichnen.

Kaufverträge werden zu den festgelegten Mindestpreisen abgeschlossen. Stand Januar 2006: Der Mindestpreis liegt je nach Herkunftsland zwischen 6,75 und 10 US-Dollar pro Kiste. Die Prämie von 1 US-Dollar ist in allen Ländern zusätzlich zu bezahlen.

Für die Verwendung des TransFair-Siegels ist eine Lizenzgebühr von 0,03 Euro pro kg Bananen zu entrichten. Dies schmälert nicht die Einnahmen der Produzenten.

TransFair ist ein eingetragener Verein, der auch von kirchlichen Organisationen mitgetragen wird.

- *Informieren Sie sich weiter über fairen Handel, z. B. im Internet unter »www.transfair.org«.*
- *Was haben die Konsumenten in Deutschland davon, Produkte aus fairem Handel zu kaufen? Legen Sie eine Tabelle an: In der ersten Spalte listen Sie die Vorteile für die Produzenten, in der zweiten Spalte die für die Konsumenten auf.*
- *Schauen Sie sich in einem Supermarkt um, welche Produkte aus fairem Handel mit dem TransFair-Siegel dort erhältlich sind. Wie beurteilen Sie das Angebot?*

oder er führt zu unsachgemäßen und ggf. folgenlosen Formeln, wie »Wenn wir nur mehr teilen, werden alle satt«. Kleine, ethisch wie ökonomisch sachgemäße Schritte führen weiter als die Beschäftigung mit ganz großen Zielen.

Dies ist in der staatlichen und nichtstaatlichen Entwicklungszusammenarbeit nicht wesentlich anders: Auch sie stellt sich eher mittelfristigen Zielen und kann alleine – ohne eine Änderung weltwirtschaftlicher Strukturen – nur begrenzte Erfolge erzielen (vgl. unten).

2. Einsatzmöglichkeiten im RU

Pro und Contra Entwicklungshilfe

Entwicklungshilfe ist nicht nur im Detail, sondern als Ganze umstritten. Dies gilt selbstverständlich nicht für Katastrophenhilfe. In der Debatte um Entwicklungspolitik geht es weniger um divergierende ethische Grundpositionen, vielmehr steht die Sach- und Erfolgsorientierung der Entwicklungshilfe zur Diskussion. Um genau dies ins Bewusstsein zu heben, kann für Sch eine Beschäftigung mit dem Für und Wider der Entwicklungshilfe wichtig sein (vgl. Arbeitsauftrag 2 auf *Infoseite III* 99). Im Vordergrund steht die Kenntnisnahme einzelner Argumente, weniger ihre Bewertung.

- Sch suchen als HA in Tagespresse, Internet, Materialien der Schulbibliothek etc. ein Argument für und ein Argument gegen staatliche und nichtstaatliche Entwicklungshilfe. Der Unterschied zur Katastrophenhilfe muss den Sch bewusst sein.
- Sch sammeln Argumente und sortieren sie nach formalen Gesichtspunkten: Wo gibt es direkte Entgegensetzungen, was ist primär oder sekundär?
- Sch ziehen ein Resümee: Welche Formen orientieren sich an den vorhandenen Problemen und versprechen Erfolg?

Diese Auseinandersetzung können Sch vor oder auch nach der Bearbeitung von *Infoseite III* führen.

Fairer Handel mit Bananen

Zur Präzisierung und Differenzierung des Plädoyers für fairen Kaffeehandel in der Sprechblase auf *Infoseite III* 98 erläutert **AB 10.5.7, Lehrerkommentar S. 143**, die Regularien für den fairen Handel mit Bananen. Zwar stagniert der faire Handel bei einigen Produkten in den letzten Jahren, aber der Einzug fair gehandelter Produkte in einige Supermarktketten kann ihm bessere Marktchancen eröffnen. Das Logo von »transfair« hilft, Produkte, die die Kriterien fairen Handels erfüllen, schnell zu identifizieren.

- Sch bearbeiten AB 10.5.7 in kleinen Gruppen.
- Die letzte Anregung eignet sich für eine längerfristige HA (1-2 Wochen).

Zwar ist Geld nicht alles, aber ...

Damit die beiden – über das Internet auch leicht zu aktualisierenden – Grafiken auf *Infoseite III* 99 nicht bloß trockene Zahlen bleiben, bietet **AB 10.5.8, Lehrerkommentar S. 145**, einige kleine Rechenexempel an, die den Informationswert der Zahlen erhöhen.

- Sch stellen in EA oder GA weitere Rechnungen an, die Vergleiche, Hintergründe oder andere Beziehungen (z. B. zu Militärausgaben, privaten Investitionen, zur tatsächlichen Verteilung der Entwicklungshilfe) deutlich machen. Dazu recherchieren Sch z. B. im Internet.

3. Weiterführende Anregungen

Kleine Aktionen durchführen

- Sch führen innerhalb der Schule kleine Projekte durch, die auf die Vorteile und Einkaufsmöglichkeiten fair gehandelter Produkte hinweisen.
- Sch setzen sich für fair gehandelten Kaffee im Lehrerzimmer, im Sekretariat etc. ein.
- Sch verkaufen in der Pause frisch gepressten Orangensaft aus Früchten, die fair gehandelt sind.
- Sch erstellen und verteilen eine Liste von fair gehandelten Produkten und ihrer Einkaufsmöglichkeiten in der Umgebung und verteilen sie an Mit-Sch und L.
- Sch laden eine/n Mitarbeiter/in aus dem Eine-Welt-Laden oder einer Eine-Welt-Gruppe in den RU ein und lassen sich tiefergehend informieren und anregen.
- Sch erstellen zu ihren Aktionen ein Informationsblatt, z. B. selbst entworfene Flyer oder Zusammenfassungen aus angeforderten Materialien, und verteilen sie bei den Veranstaltungen.
- Zu den Aktionen laden Sch Vertreter der lokalen Presse, des Lokalradios oder -fernsehens ein und verfassen einen Beitrag für die Homepage der Schule.

Lokale Agenda 21

Es ist wenig bekannt, wie viele Kommunen, Pfarrgemeinden, Vereine sich am lokalen Agenda-21-Prozess beteiligen.

- Sch klären zunächst, was mit dem lokalen Agenda-21-Prozess gemeint ist (z. B. im Internet), und informieren sich dann über vorhandene, abgeschlossene, stecken gebliebene oder geplante lokale Initiativen zum Prozess. Einen ersten Zugang bietet das Bayerische Landesamt für Umwelt.
- Auch hier machen Sch die Ergebnisse durch lokale Presse, Radio oder Schulhomepage der Öffentlichkeit zugänglich.

Zwar ist Geld nicht alles, aber ...

Beispiel 1:
In einer Resolution der Vereinten Nationen (UNO) haben sich die reichen Länder schon 1970 (!) darauf verpflichtet, ihre Ausgaben für die Entwicklungszusammenarbeit auf 0,7 Prozent ihrer Wirtschaftsleistung zu steigern. Diese Verpflichtung ist immer wieder erneuert worden.
Bisher haben nur wenige Länder sie auch tatsächlich eingelöst (vgl. Tabelle auf *Infoseite III 99*).
Welche Mittel würden für die Zusammenarbeit mit den armen Ländern zur Verfügung stehen, wenn nur die fünf reichsten Länder der westlichen Welt (USA, Japan, Frankreich, Großbritannien, Deutschland) diese Verpflichtung 2004 erfüllt hätten?

Beispielrechnung: Deutschland 2004

$0,28 : 7497 = 0,7 : x =$
$(7497 \cdot 0,7) : 0,28 = 18\,742,5$ (Millionen Dollar)

Deutschland hätte 2004 statt 7 497 Millionen Dollar 18 742,5 Millionen Dollar aufwenden müssen.

- *Rechnen Sie dies auch für die anderen Länder aus (Taschenrechner ist erlaubt!), addieren Sie alle Beträge und vergleichen Sie mit den tatsächlichen Leistungen.*

Beispiel 2:
Das Spendenaufkommen für die großen nicht-staatlichen Organisationen, die Hilfe für arme Länder leisten, ist 2004 in Deutschland groß gewesen.
Es kann durchaus mit der staatlichen Hilfe kleinerer Länder mithalten.
- *Stellen Sie Vergleiche her.*

Beispiel 3:
Im Durchschnitt reichen 100 Dollar im Monat aus, um ein Kind in vielen Entwicklungsländern mit Nahrung und Kleidung zu versorgen und ihm das Schulgeld zu bezahlen.
Was wäre, wenn ...?
- *Führen Sie einige Beispielrechnungen durch.*

Kampf und Kontemplation Deuteseite II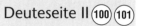

1. Hintergrund

Die fremd wirkende Überschrift der *Deuteseite II* möchte Sch gerade durch die Eigenart der Formulierung auf einen Zusammenhang hinweisen, der ihnen häufig nicht klar ist: Die religiöse Tradition betont, dass die gläubige Vergewisserung durch Gottesdienst, Gebet, Meditation (*Liturgia*) und aktive Weltgestaltung (*Diakonia*) zwei aufeinander bezogene Formen religiöser Praxis bilden. Die Formel von »Kampf und Kontemplation« pointiert diesen Zusammenhang. Sie ist durch Frère Roger aus Taizé seit Jahrzehnten verbreitet worden.

Wenn Sch fragen: »Was nützen Gebet und Gottesdienst, wenn sie nicht Folgen für den Alltag und die persönliche Praxis haben?«, dann betonen sie die eine Richtung des Zusammenhangs von Kampf und Kontemplation. *Deuteseite II* hebt auch die andere Richtung hervor, die für eine religiös verantwortete Lebensgestaltung Orientierung, Motivation und Korrektur aus dem bezieht, was Frère Roger unter dem Sammelbegriff »Kontemplation« zusammengefasst hat.

Auf drei Ebenen nähert sich *Deuteseite II* diesem Zusammenhang: Der **Text** bietet eine begriffliche Klärung, der Hinweis auf Taizé und markante Gestalten des Christentums (vgl. AA 1 *Deuteseite II* **100**) weist auf konkrete Umsetzungen hin, und das **Bild** kann als komplexe, christologisch akzentuierte, eigenständige Variante betrachtet werden.

> **Jacques Chéry (*1928)**
> Der in Haiti geborene Jacques Chéry war Friseur, bevor er die Malerei entdeckte und einer der prominentesten karibischen Künstler wurde. Er ist v. a. für seine historischen und folkloristischen Gemälde bekannt, in denen er das Alltagsleben in Haiti in einer Art magischem Realismus und mit Sinn für Humor darstellt. Seine Kunst erlangte weltweit Aufmerksamkeit durch Ausstellungen in New York, London, Paris und Berlin und nicht zuletzt durch das Hungertuch, das er für die Misereor-Fastenaktion 1982 gestaltete.

Jacques Chéry: »Die Welt der Bibel«, 1981

Im Zentrum der Misereor-Fastenaktion 1982 stand das Hungertuch des haitianischen Künstlers Jacques Chéry. Um einen Baum, an dem ein dunkelhäutiger Mann und überdimensionale Früchte hängen, gruppieren sich verschiedene Szenen, die zunächst keinen erkennbaren Zusammenhang aufweisen (zu den Details vgl. AB 10.5.9). Der Künstler mischt unterschiedliche Erzähl- und Realitätsebenen, in denen die verändernde Dynamik des biblischen Jesus für gegenwärtige Unrechtssituationen wirksam werden soll. In der Mitte symbolisiert der Kreuzes- bzw. Lebensbaum eine Lebensfülle, die die vielen Formen des Todes und der Gefährdung überwinden soll. Insofern besitzt das Bild einen visionären Charakter, der nicht einfach ein fertiges Paradies präsentiert, sondern Szenen des Kampfes für ein gelingendes Leben. Die vielfach abgebildete, mit haitianischen Zügen versehene Jesusgestalt leidet einerseits mit den Menschen, sie wird andererseits aber auch mit einem herrschenden und prophetischen Gestus gezeigt. In der Darstellung des Jesus wird eine kontemplative Seite des Bildes deutlich: Für den Maler kommt es darauf an, in den Ängsten und Sehnsüchten der Zeitgenossen Jesus zu sehen und daraus eine biblisch inspirierte Vision neuen, veränderten Lebens zu entwickeln.

2. Einsatzmöglichkeiten im RU

Kampf und Kontemplation in Taizé

Der Text auf *Deuteseite II* **100** deutet die Praxis von Kampf und Kontemplation in Taizé nur an.

- Evtl. waren einige Sch bereits in Taizé und können von eigenen Eindrücken berichten.
- *Alternativ* laden Sch eine Person von außen (aus einer Gemeinde, Jugendgruppe o. Ä.) in den RU ein und befragen diese zu ihren Erfahrungen.
- Sch schauen den Film »Taizé – Mystischer Ort des Christentums« (DVD, 45 Min, 4700234, erhältlich bei den diözesanen Medienstellen) an, um einen weitergehenden Eindruck zu erhalten, und stellen im Anschluss Elemente der Praxis von Taizé zusammen.

Kampf und Kontemplation konkret

- Zur Bearbeitung von AA 1 auf *Deuteseite II* **100** ziehen Sch die Homepage ww.ktf.uni-passau.de/localheroes als Informationsquelle heran. Auf dieser Website sind Berichte über Menschen gesammelt, die sich in ihrem Alltag auf irgendeine Weise für lebensfördernde Prozesse eingesetzt haben. Manchmal wird auch ihre christliche Motivation deutlich.

Das Hungertuch als Traumbild

- Sch setzen sich zunächst ohne Vorinformationen mit dem Bild von Jacques Chéry auseinander. Dabei kann es hilfreich sein, einige Details als Elemente eines Traums von einer besseren Welt miteinander zu verknüpfen. L gibt eine kurze Einführung:

Jacques Chéry: »Die Welt der Bibel«
Das Hungertuch aus Haiti

Die Zehn Gebote sind Ausdruck des Gotteswillens und des Bundes zwischen Gott und Israel. Der Künstler bringt sie mit den »Menschenrechten« in Verbindung, ein Hinweis auf die unveräußerliche Würde der Menschen. Er verdeutlicht diese Grundrechte in seiner französischen und kreolischen Heimatsprache.	Der siebenfarbige Regenbogen umspannt das Gesamtbild. Das dunkle Blau des Bogens wiederholt sich im Wasser der Sintflut. Dieser Regenbogen ist Zeichen für das »Ja« Gottes zum Leben des Menschen und zur ganzen Schöpfung. Er versinnbildlicht den Bund Gottes mit Noach und bedeutet die Zusage der Erde als Wohnraum für alle Menschen (Gen 9,8-15).	Jesus weist im Bild der Tempelreinigung (vgl. im Bild Mitte rechts) auf die Tischgemeinschaft: Sie ist Maßstab für jeden Gottesdienst, für alle Gottesverehrung, für jede Gemeinde. Menschen aller Rassen verdeutlichen jene geschwisterliche Gemeinschaft, in der Amt und Titel keine Rolle spielen. Kinder bringen dieser Gemeinschaft die Früchte der Verheißung und des Paradieses.
Jesus ist als der neue Adam dargestellt, der die Versuchung in der Wüste bestanden hat (Mk 1,13) und im Frieden mit den wilden Tieren lebt. Der Künstler malt die Versuchung zu Reichtum, Vergnügen und Macht in bildhaft-symbolischer Art: Haus, Auto sowie drei Männer, die die Erde ausbeuten und dadurch den Globus zerstören. Auch wir haben uns zu bewähren – in der Versuchung, andere zu beherrschen und unser Herz nur an die Dinge dieser Welt zu hängen.	Jesus hängt am Kreuz, gleich der Schlange, die Mose in der Wüste erhöht hat (Joh 3,14-21). Der Künstler hat einen Kreuzesbaum als Lebensbaum gemalt, dessen Wurzeln tief in das Dunkel der »Sintflut« reichen. Dazwischen sieht man die Samen als Zeichen der Hoffnung: »Wenn das Samenkorn nicht in die Erde fällt und stirbt ...« (Joh 12,20-33). Das haitianische Volk ist abgeschnitten von den eigenen Wurzeln, es leidet. Christus teilt dieses Leiden; der Künstler malt ihn als Haitianer.	Einige haben es geschafft: Sie stehen auf der Plattform des Tempels und handeln. Da kommt Jesus und vertreibt sie, weil er den Tempel missbraucht sieht. Er macht den Menschen deutlich, dass die Sachen und die Steine nicht das Wichtigste sind.
In unseren Tagen werden Gottesrechte und Menschenrechte mit Füßen getreten. Die »Sintflut« als Bedrohung der Menschen ist für den Künstler nicht zu Ende. Er zeigt die Missachtung eines konkreten Menschenrechtes – das Recht der Menschen auf Heimat. Jesus sitzt mitten unter den Heimatlosen.	Der Künstler bringt das Leiden und Opfer Christi in Verbindung mit der Szene im Halbdunkel des Wurzelwerkes. Jesus überwindet das Böse durch seine Passion. Er ist derselbe Christus, der am Kreuz hängt, der im Boot der Flüchtlinge sitzt, der unter den Knüppeln der Soldaten zusammengebrochen ist.	Einige Menschen sitzen am Fluss und weinen; die Mehrheit arbeitet an diesem turmartigen Berg, der aus dem Wasser ragt. Sie versuchen den Gipfel zu erreichen und benutzen dabei rücksichtslos die Mitmenschen als Trittbretter. Doch auch hier finden sich helfende Hände, die den Teufelskreis des Bösen durchbrechen wollen.

Im Hungertuch von Jacques Chéry aus Haiti scheint alles durcheinanderzugehen. Wie in einem Traum zeigen sich viele Szenen des Lebens, tiefe Ängste und Sehnsüchte nach Glück. Der träumende Maler verbindet dies mit seinem biblischen Glauben. Schauen Sie sich das Bild in Ruhe an und dann entdecken Sie, wie unterschiedliche Szenen miteinander verbunden sind.

- Sch nehmen diese Anregung in PA auf und präsentieren ihre Entdeckungen im Plenum. Je nach Deutungskompetenz der Gruppe kann dieser Arbeitsgang durch **AB 10.5.9, Lehrerkommentar S. 147**, ergänzt werden.
- In einem weiteren Schritt verknüpfen Sch das Bild mit der Überschrift der Seite und lesen die beiden Begriffserläuterungen am Beginn des Textes auf *Deuteseite II* **100**.

Aktualisierung des Hungertuchs

- Nachdem Sch sich mit dem Bild von Jacques Chéry auseinandergesetzt haben, aktualisieren sie es eigenständig. In GA ergänzen sie die vergrößerte Kopie von **AB 10.5.10, Lehrerkommentar S. 149**, durch Texte, Bilder und selbst gewählte Materialien. Dabei soll die visionäre Ausrichtung des Originals mit dem Blick auf das Stichwort »Kampf und Kontemplation« beibehalten werden.

Bildvergleich mit Marc Chagall: Weiße Kreuzigung

Wenn der Gruppe aus dem 9. Schuljahr noch die »Weiße Kreuzigung« von Marc Chagall bekannt ist (vgl. *Reli Realschule 9, Deuteseite III* **19**; das Bild ist als Folie 17 in der Mappe *Kunststücke 8, 9, 10* enthalten, vgl. S. 152), kann ein Bildvergleich helfen, einen Zugang zum Hungertuch von Jacques Chéry zu finden. Denn beide Bilder gruppieren um das Kreuz konkrete Situationen aus der Welt des jeweiligen Künstlers – wenn auch mit unterschiedlicher inhaltlicher Ausrichtung. Beide konfrontieren das Kreuz und den mitleidenden Jesus mit Situationen des Unrechts, wobei der Veränderungsimpuls bei Jacques Chéry deutlicher herausgestellt ist. Der Bildvergleich kann auch die Frage intensivieren, in welchen Formen ein religiös-christlich motivierter Kampf gegen Gewalt, Unterdrückung und Ausbeutung geführt werden kann.

- Sch betrachten das Bild und rufen sich ihre Deutung der »Weißen Kreuzigung« aus dem RU des letzten Schuljahres ins Gedächtnis bzw. deuten es erneut.
- Sie stellen Gemeinsamkeiten und Unterschiede zum Hungertuch von Jacques Chéry fest und beziehen beide Bilder auf das Wortpaar »Kampf und Kontemplation«.

Das Freiwillige Soziale Jahr

Stellungnahmen

1. Hintergrund

Am Ende des Kapitels und von *Reli Realschule 10* sind Sch zu einer konkreten Stellungnahme aufgefordert, die ihre unmittelbare oder mittelfristige Lebensplanung betrifft. Im Unterschied zu Zivil- und Wehrdienst sind das **Freiwillige Soziale Jahr** (FSJ) und das **Freiwillige Ökologische Jahr** (FÖJ) schon ab 16 Jahren möglich – das macht es für Real-Sch besonders interessant.

Eine Diskussion um das FSJ/FÖJ kann den Sch nochmals die Intention des Kapitels verdeutlichen: Die Frage nach einem gelingenden Leben in der Zukunft hängt auch an den Entscheidungen, die jeder Mensch für sich und seine Mitwelt trifft. Nicht nur kirchliche Lehre und Praxis sorgen sich um die Lebensbedingungen für Menschen in Gegenwart und Zukunft, es gibt auch für jede/n Einzelne/n konkrete Angebote, auf seinem Lebensweg einen eigenständigen und besonderen Beitrag zu leisten. Das FSJ/FÖJ ist ein solches Angebot. Am Ende der schulischen Pflichtlaufbahn sollten Jugendliche wenigstens so weit über dieses Angebot informiert sein, dass sie kompetent Stellung beziehen können. Die sparsamen Hinweise der *Stellung-*

Alternative zum Zivildienst

Für männliche Jugendliche bildet es eine Alternative zum Zivildienst, wenn das FSJ oder FÖJ für die Dauer von mindestens zwölf Monaten im In- oder Ausland *nach* der Anerkennung als Kriegsdienstverweigerer geleistet wird. Der Betreffende wird dann nicht mehr zum Zivildienst eingezogen. Auf Antrag beim zuständigen Kreiswehrersatzamt sind Musterung und der Antrag auf Kriegsdienstverweigerung auch schon mit 16 1/2 Jahren möglich, das FSJ/FÖJ kann mit 17 Jahren absolviert werden. Diese seit 2002 geltende Regelung macht das FSJ/FÖJ für die Lebensplanung männlicher Jugendlicher mit mittlerem Schulabschluss sicherlich interessant.

nahmen wollen lediglich auf die Möglichkeit eines FSJ/FÖJ aufmerksam machen und für eine vertiefte Bearbeitung mit weiteren Informationsquellen motivieren.

Ein aktualisiertes Hungertuch

2. Einsatzmöglichkeiten im RU

Perspektiven erweitern   IDEENSEITE (90)

Die Aufforderung, für eine wichtige Aufgabe nach Lösungen und Möglichkeiten zu suchen, bedarf manchmal neuer, erweiterter Perspektiven. Das FSJ könnte eine Erweiterung bisheriger Vorstellungen sein. Das kleine Spiel mit den Punkten, die durch Linien zu verbinden sind, kann diesen Prozess zeichenhaft vorbereiten.

- In EA oder PA versuchen Sch eine Lösung zu finden. Dafür muss das vorgegebene Quadrat unbedingt verlassen werden.

Lösungsvorschlag:

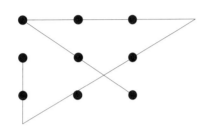

Wissen über FSJ/FÖJ erweitern

Da zu den Trägerverbänden, die die Möglichkeit anbieten, ein FSJ/FÖJ abzuleisten, sehr unterschiedliche Organisationen gehören (z. B. Deutsches Rotes Kreuz, Deutscher Caritasverband, Deutsche Sportjugend, Internationaler Bund, Arbeiterwohlfahrt, Bund der Deutschen Katholischen Jugend, Bundesvereinigung kulturelle Jugendbildung), lohnt es, sich mit der Vielfalt von Einsatzorten und Arbeitsmöglichkeiten näher zu beschäftigen.

- Sch informieren sich im Internet über das FSJ/FÖJ. Eine erste Anlaufstelle sind einschlägige Webseiten (z. B. »www.pro-fsj.de«, »www.fsj-web.org«), auf denen eine Mischung verschiedenster Informationen zu finden ist.
- In einem weiteren Schritt recherchieren Sch konkrete Informationen bei den Trägerverbänden des FSJ/FÖJ. In größeren Kommunen können Sch direkt Kontakt zu Niederlassungen einzelner Verbände aufnehmen.
- Sch knüpfen Kontakt zu Menschen, die ein FSJ/FÖJ leisten bzw. geleistet haben (z. B. über die Trägervereine, Gemeinden etc.), und laden sie zu einem Informationsgespräch in den RU ein.

Vor- und Nachteile auflisten

- Als Abschluss der Informationsphase zum FSJ/FÖJ listen Sch Vor- und Nachteile auf. Dies kann auf einer allgemeinen Ebene geschehen und/oder mit Bezug auf die persönliche Lebensplanung.

Literatur

Gabriel, Karl u. a., Handeln in der Weltgesellschaft: Christliche Dritte-Welt-Gruppen, Bonn 1995

Heimbach-Steins, Marianne (Hg.), Christliche Sozialethik. Ein Lehrbuch, Bd. 1 Grundlagen, Regensburg 2004

Klöcker, Michael/Tworuschka, Udo (Hg.), Ethik der Weltreligionen. Ein Handbuch, Darmstadt 2005

Kraus, Hans-Joachim, Das Evangelium der unbekannten Propheten. Jesaja 40-66, Neukirchen-Vluyn 1990

Küng, Hans/Kuschel, Karl-Josef (Hg.), Erklärung zum Weltethos, München 1993

Lähnemann, Johannes/Haußmann, Werner (Hg.), Unterrichtsprojekte Weltethos I/II, Hamburg 2000

Vogt, Markus, Der Zukunft Heimat geben – Pfarrgemeinden im Agenda-21-Prozess, München 1999

Text- und Bildnachweis

10.1.1 in: Gotteslob 6,7
10.1.3 Christus – Gottes Sohn, Ikone, 6. Jh., Katharinenkloster, Sinai
10.1.5 in: Alfred Läpple, Die Bibel heute – Wenn Steine und Dokumente reden, Verlag Martin Lurz, München 1978, S.136
S. 29 Abb.: Richard Neave, in: Jeremy Bowen, Son of God, TV-Produktion der BBC, London 2001
10.1.7 wie 10.1.3 – Matthias Grünewald (ca.1475-1528), Der Gekreuzigte, Isenheimer Altar (Detail), zwischen 1505 und 1516 für das Antoniterkloster in Isenheim, heute im Museum Unter den Linden, Colmar – Pompeo Batoni (1708-1787), Sacro cuore, 1760, Altargemälde, Chiesa del Gesù, Rom
S. 40 Cartoon: Zeichner unbekannt
10.2.2 T: Daniela Dicker/M: Siegfried Fietz, in: Für das Leben, Nr. 117 © Abakus Musik Barbara Fietz, 35753 Greifenstein
10.2.3 Stefan Herok, in: Christine Gottstein-Staack/Stefan Herok, einander das leben bedeuten. lebensthemen jugendlicher, Lahn Verlag, Limburg 1996, S. 140f.
10.2.4 in: Deutscher Katecheten-Verein (Hg.), Unterwegs zur Ehe. Wegweiser und Bausteine für die Ehevorbereitung, Deutscher Katecheten-Verein, München 1995, S. 98
10.2.5 wie 10.2.3, S. 137
10.2.6 wie 10.2.4, S. 54f.
10.2.7 Barbara Trötscher, Quelle nicht zu ermitteln
10.2.8 nach: Lutz Schwäbisch/Martin Siems (Hg.), Anleitung zum sozialen Lernen für Paare, Gruppen und Erzieher, Rowohlt Verlag, Reinbek 1974
10.2.9 T/M: Hartmut Engler, Ingo Reidl, © Live Act GmbH, Hirschberg
10.2.10 wie 10.2.4, S. 115f.
10.2.11 ebd., S. 112
10.2.12 in: Rainer Gaedt, Freundschaft, Liebe, Sexualität. Arbeitshilfen für den Religions- und Ethikunterricht in der Sekundarstufe I, Vandenhoeck und Ruprecht, Göttingen 1995, S. 108
10.2.13 Helmut Kentler, in: Brigitte 24/1992, S. 118
10.2.14 Ulrike Fischer, in: Brigitte 24/1992
10.2.15 Wilhelm Willms, wussten sie schon, in: ders., der geerdete himmel © 1974 Verlag Butzon & Bercker, Kevelaer [7]1986 5.5 (Veränderung mit Genehmigung des Verlages)
10.2.16 Christa Peikert-Flaspöhler, Stellenangebot, in: dies., Stellenangebot. Gedichte © Lahn Verlag, Limburg/Kevelaer [2]1982, S. 81
10.2.17 wie 10.2.3, S. 133f.
10.3.1 in: Fynn, Hallo Mr. Gott, hier spricht Anna, Scherz Verlag im S. Fischer Verlag, Bern 1975
10.3.2 Alexej Jawlensky (1864-1941), Verzückung und Andacht, 1937, Öl auf Malpapier auf Karton, 25,2 x 16,2 cm © VG Bild-Kunst, Bonn 2006 – Quelle nicht zu ermitteln
10.3.3 Illustration: Andreas A. Dorfey, München
10.3.8 Foto u. Bischofswort: Quellen nicht zu ermitteln – Peter Singer, in: Praktische Ethik, Reclam Verlag, Stuttgart 1994 – Cartoon: Jules Stauber/Baaske Cartoons
10.3.11 In: Stephan Ernst/Ägidius Engel, Christliche Ethik konkret, Kösel-Verlag, München 2001, S. 301
10.3.12 Christliche Patientenverfügung, Evangelische Kirche in Deutschland; www.ekd.de/download/patientenverfügung_formular.pdf
10.4.2 T: Christa Peikert-Flaspöhler/M: Reinhard Horn © Kontakte Musikverlag, Lippstadt
10.4.3 Idee nach: Günter Jerger, Jahresringe 7. Unterrichtswerk für kath. Religion an Realschulen, Stuttgart 1991, S. 116
10.4.4 T: Christiane Heuser/M: Oskar Gottlieb Blarr © Gustav Bosse Verlag, Kassel
10.4.6 nach John Kord Lagemann
10.4.7 in: Lothar Zenetti, Die wunderbare Zeitvermehrung, Erich Wewel Verlag [5]2000 (Sankt Ulrich Verlag, Augsburg)
10.4.8 T/M: John Lennon/Paul McCartney © Sony BMG; Übersetzung: Christian Klug, in: Referat Gemeindekatechese im Bistum Würzburg (Hg.), Sehnsucht nach Mehr ... ich lasse mich firmen, Würzburg o. J., S. 57
10.4.9 nach: wie 10.2.3, S. 41
10.4.10 in: Entdecke das Wunder, das du bist. Der Wunsch, wirklich lebendig zu sein, Kreuz Verlag, Stuttgart 1992, S. 14
10.5.1 in: Gernot Candolini, Die Faszination der Labyrinthe. Das Praxisbuch mit Kopiervorlagen, Kösel-Verlag, München 2004, S. 85
10.5.2 © Peter Bichsel – Fotos: W. Bauer/Stern (2)
10.5.5 in: Hans Küng/Karl-Josef Kuschel (Hg.), Erklärung zum Weltethos © Piper Verlag GmbH, München 1993, S. 29-31 – www.transfair.org (gekürzt) 4.4.2006
10.5.9 Jaques Chéry, Die Welt der Bibel, Hungertuch aus Haiti, 1982 © Misereor, Aachen
10.5.10 wie 10.5.9

Alle Bibeltexte gemäß der Einheitsübersetzung © Katholisches Bibelwerk, Stuttgart.
Alle namentlich nicht gekennzeichneten Beiträge stammen von den Autorinnen und Autoren und sind als solche urheberrechtlich geschützt.
Trotz intensiver Recherche konnten einzelne Rechtsinhaber nicht ermittelt werden. Für Hinweise sind wir dankbar. Sollte sich ein nachweisbarer Rechtsinhaber melden, bezahlen wir das übliche Honorar.

Reli Realschule

- handlungsorientiert und schülernah
- Grundwissen sichernd
- mit hilfreichen Begleitmaterialien:

Lehrerkommentare
DIN A4
Zw. 190 und 224 S.
€ 19,95

Folienmappen
Kunststücke 5, 6, 7
Kunststücke 8, 9, 10
Je 36 brilliante Farbfolien aus und ergänzend zu den Bänden
DIN A5-Mappen
80 S. Booklet. Information zur Künstlerbiografie, Bilderschließungen und Methodentipps.
Mit Stichwortregister
€ 39,95

978-3-466-50675-0

978-3-466-50676-7

978-3-466-50677-4

978-3-466-50678-1

978-3-466-50679-8

978-3-466-50680-4

978-3-466-50681-1

978-3-466-50686-6

978-3-466-50673-6

978-3-466-50674-3

Bitte bestellen Sie bei Ihrer Buchhandlung oder faxen Sie an Kösel-Verlag 089–17801111

Kösel-Verlag, München, e-mail: info@koesel.de
Besuchen Sie uns im Internet: www.koesel.de